JN272412

教職シリーズ 4
新井邦二郎・新井保幸 監修

道徳教育論

高橋 勝 編著

培風館

◆ 執筆者一覧 ◆
（2014年9月現在）

高橋　勝（たかはし　まさる）	帝京大学大学院教職研究科長・教授 横浜国立大学名誉教授 〔編者，第1章，付録〕
西野　真由美（にしの　まゆみ）	国立教育政策研究所総括研究官 〔第2章〕
羽根田　秀実（はねだ　ひでみ）	北海道教育大学教育学部函館校教授 〔第3章〕
荒井　聡史（あらい　あきふみ）	長野県短期大学幼児教育学科准教授 〔第4章〕
金田　健司（かねだ　けんじ）	仙台青葉学院短期大学教授 〔第5章〕
後藤　さゆり（ごとう　さゆり）	共愛学園前橋国際大学国際社会学部准教授 〔第6章〕
森山　賢一（もりやま　けんいち）	玉川大学教育学部教授 〔第7章〕
藤井　佳世（ふじい　かよ）	横浜国立大学教育人間科学部准教授 〔第8章〕
吉田　誠（よしだ　まこと）	尚絅大学文化言語学部准教授 〔第9章〕

本書の無断複写は，著作権法上での例外を除き，禁じられています。
本書を複写される場合は，その都度当社の許諾を得てください。

◆「教職シリーズ」の刊行に寄せて ◆

　私たち監修者は大学にて教職科目を担当してきた教育学や心理学の教員です。今回，培風館から「教職シリーズ」として次のような本を刊行します。

　　1　『教職論』（編者：新井保幸・江口勇治）
　　2　『教育基礎学』（編者：新井保幸）
　　3　『教育内容・方法』（編者：根津朋実・吉江森男）
　　4　『道徳教育論』（編者：高橋勝）
　　5　『特別活動』（編者：林尚示）
　　6　『生徒指導・教育相談』（編者：庄司一子・佐藤有耕）
　　7　『進路指導』（編者：新井邦二郎）

　なお，『教育心理学』については，培風館の「心理学の世界」シリーズの『教育心理学』（新井邦二郎・濱口佳和・佐藤純　共著）として既刊されていますので，ご利用ください。

　文部科学省がまとめた「魅力ある教員を求めて」を見るまでもなく，教員の資質向上は常に求められています。学生は大学を卒業して教員として採用されると，即実践の場へと向かわなければなりません。教職として必要な知識をしっかりと学べるのは，大学時代に限られています。そこで本シリーズでは，魅力ある教員となるのに必要な知識とともに，実践の場でも役立てることができるような情報を取り込んでいます。また，教員採用試験直前になって本シリーズの本を振り返ることで試験対策となり，現場に立ってから本シリーズを振り返っても有益となるような情報がまとめられています。

　今日，日本の教育が大きな曲がり角に直面していることは誰もが認めるところです。その主な原因として，社会そのものの急速な変化をあげることが

できます。そのために，学校も家庭も変わらざるをえなくなり，教師や子どもの意識も大きな変化をみせています。しかし社会がどのように変わろうとも，教育の本質は子どもたちの幸福への願いです。それゆえ，子どもの幸福に貢献できるような教師に成長しなければなりません。本シリーズがそのために少しでも役立つことができれば幸いです。

　最後になりましたが，本シリーズの出版の最初から最後までサポートしてくださった培風館編集部の小林弘昌さんに御礼を申し上げます。

　　　　　監修者
　　　　　　　新井邦二郎（筑波大学名誉教授，東京成徳大学応用心理学部教授）
　　　　　　　新井　保幸（筑波大学大学院人間総合科学研究科教授）

◆ 編 者 序 文 ◆

　本書は,「教育職員免許法施行規則」第6条でいう「教職に関する科目」の中の「道徳の指導法」に関する科目のテキストとして編集された。この科目名は,大学によっては,「道徳教育の研究」や「道徳教育の理論と実践」と称される場合も少なくないが,本書では「道徳教育論」とした。「道徳の指導法」に関する科目という点では同じである。
　本書の主な特長は以下の点にある。「道徳の指導法」に関するテキストは,これまで数多く出版されてきた。しかし,管見の及ぶ限りでは,その内容が,抽象的な倫理学やその学説史に傾きがちであったり,逆に,学校における「道徳の時間」の指導法の記述だけに終始するケースもあり,毎年,テキストの選択に難渋することが多かった。今回,「道徳の指導法」に関するテキストを編む機会に恵まれたので,本書では,かねてから編者が念願し,期待していた内容をできる限り具現化しようと試みた。
　すなわち,第1に,道徳教育の理論的基礎と実践的指導法をともに学べるテキストであること。第2に,道徳教育の問題を,学校だけに限定せず,家庭,地域社会,そして子どもが日常生活を送る「情報・消費社会」にまで視野を広げて,道徳教育のあり方をアクチュアルに考え,学習できるテキストであること。第3に,そうした社会的現実を生きる子どもたちに対して,特に学校では,道徳性の発達を促すための指導をどう計画し,どう実践すべきかを具体的に学習できるテキストであること。
　本書は,こうした3つのねらいのもとに編集されている。そのねらいを達成するために,本書を大きく3部構成とした。
　「第Ⅰ部　道徳教育を哲学する」では,道徳教育の実践や方法を説明するまえに,まず,子どもに「道徳」を「教える」とはいかなることかを,哲学的に考察している。すなわち,「道徳性の発達」「対話的な関係づくり」「共生感覚を育てる」という3つの視点から,道徳教育の原理的問題をわかりやすく説明している。

次に,「第Ⅱ部　子どもの世界と道徳教育」では,子どもが生活する家庭,学校,地域社会では,実際にどのような道徳教育が行われ,どのような道徳感覚が養われているのかを明らかにする。特に「情報・消費社会」といわれる現代社会を生きる子どもたちの生活世界の現実を詳しく説明し,学校や家庭に課せられた道徳教育の今日的課題を浮き彫りにする。

　最後に,「第Ⅲ部　学校空間における道徳教育の実践」では,学校における道徳教育の実践を,学校生活全体における道徳指導と「道徳の時間」における指導との関係,「道徳の時間」の計画と指導法,体験学習を活用した道徳指導の実践の深まりという3つの視点に分けて詳しく説明している。

　なお,巻末に「日本国憲法（抄）」「教育基本法（新法,旧法）」「教育ニ関スル勅語」,「小・中学校学習指導要領（抜粋）」(平成20年3月 告示)を収録し,研究や学習の便宜を図っている。

　本書が,教職をめざす学生や大学院生の研究や学習に,いくらかでも役立つことができれば,編者としてこれに優る喜びはない。

　2011年8月

編者　髙橋　勝

◆ 目　　次 ◆

第Ⅰ部　道徳教育を哲学する ── 1

第1章　「道徳性の発達」をどうとらえるか　2
　+ 1-1　近代社会における道徳意識の成り立ち　2
　+ 1-2　自律原理から共生原理へ　6
　+ 1-3　「道徳性の発達」をどうとらえるか　9
　+ 1-4　道徳性の発達理論　14

第2章　他者との対話的関係づくり　20
　+ 2-1　対話としての道徳　21
　+ 2-2　道徳教育理論における他者との対話　24
　+ 2-3　他者との対話としての道徳教育　38

第3章　子どもの共生感覚を育てる　42
　+ 3-1　共生とは　42
　+ 3-2　他者とは何か　46
　+ 3-3　他者との共生を求めて　52

第Ⅱ部　子どもの世界と道徳教育 ── 63

第4章　情報・消費社会に生きる子ども　64
　+ 4-1　若者・子どもたちの変容　65
　+ 4-2　親密圏への閉塞　70
　+ 4-3　情報・消費社会の道徳教育の可能性　75

第5章　学校生活における道徳教育　86
　+ 5-1　「道徳の時間」の特質　86
　+ 5-2　学校生活における道徳教育　92

＋5-3　学級経営と道徳教育　99
　＋5-4　教科を通じての道徳教育　101
　＋5-5　特別活動を通じての道徳教育　104
　＋5-6　道徳教育の方法——生活経験か徳目重視か　105

第6章　家庭生活における道徳教育　108

　＋6-1　家庭教育と道徳教育　108
　＋6-2　家庭教育における基本的生活習慣としつけ　110
　＋6-3　しつけにおける道徳的判断モデルのゆらぎ　113
　＋6-4　「自己実現」と道徳的ジレンマ　116
　＋6-5　「生命」・「自然」の尊重と家庭生活　117
　＋6-6　共同性への道徳意志を育む　123

第Ⅲ部　学校空間における道徳教育の実践　127

第7章　学校生活と「道徳の時間」　128

　＋7-1　「道徳の時間」の経緯と特質　128
　＋7-2　「道徳の時間」の指導指針と内容構成，指導体制　132
　＋7-3　小学校の「道徳の時間」と教科等の関連　135
　＋7-4　「道徳の時間」の指導における多様な展開と工夫　138

第8章　「道徳の時間」の指導構想　147

　＋8-1　「道徳の時間」の難しさとその背景　147
　＋8-2　「道徳の時間」の目標とその構想　154
　＋8-3　「道徳の時間」における具体的な工夫　159
　＋8-4　「道徳の時間」の授業者としての探究　166

第9章　体験学習による道徳指導の充実　170

　＋9-1　道徳教育における体験学習の意義　170
　＋9-2　「道徳の時間」と体験学習の連携　181

付　録　　191

　日本国憲法（抄）　191
　教育基本法　192
　教育基本法（旧法）　195
　教育ニ関スル勅語　197
　小学校学習指導要領（平成20年3月告示）（抜粋）　198
　中学校学習指導要領（平成20年3月告示）（抜粋）　205

索　引　　213

第Ⅰ部　道徳教育を哲学する

　道徳教育は，子どもに何を教える教育なのだろうか。いうまでもなく，「道徳」を教える教育であると，だれもが考えるだろう。しかし，それでは，子どもに「道徳を教える」とはどのような営みであるのか，とさらに問われると，その回答は必ずしも簡単ではない。

　まず「道徳」とは何かを明らかにしなければならないし，次に「教える」とはどのようなことを意味するのかをわかるように説明しなければならない。道徳教育とは，ごく一般的に理解されているほど，単純なことでも，自明なことでもない。

　そこで，「第Ⅰ部　道徳教育を哲学する」では，道徳教育の方法や実践を語るまえに，子どもに「道徳」を「教える」とはいかなることかを，「道徳性の発達」，「対話的な関係づくり」，「共生感覚を育てる」という三つの視点から哲学的に考察していきたい。具体的事例を示しながら，道徳教育の問題を原理的に説明しているのが第Ⅰ部の各章である。

第1章

「道徳性の発達」をどうとらえるか

　道徳教育とは，ごく基本的にいえば，子どもの「道徳性の発達」を意図的に育む行為といえるが，それには，指導にあたる教師や親たちが，子どもの「道徳性の発達」とは何かを，概念的であれ，感覚的であれ，まず理解していることが必要である。その理解なしに，道徳教育を行うことはできないからである。そこで，本章では，子どもの「道徳性の発達」とは何かを，教育学的に明らかにしておきたい。

1-1　近代社会における道徳意識の成り立ち

（1）「である」道徳から「する」道徳へ
　「道徳性の発達」を問題にするまえに，まず前近代社会と近代社会の道徳観の違いを明らかにするところからはじめよう。前近代社会において，「道徳的に善いふるまい」とは，基本的に，その人が所属する身分集団の規範に合致した行為にほかならない。その人の身分が武士であれば，武士らしくふるまうこと，農民であれば，農民らしく，商人であれば，商人らしく，その身分に応じたふるまい方が期待され，その期待された役割（expected role）に添う行為が道徳的とみなされていた。いわゆるタテ社会の道徳がそれであ

る。

　日本政治思想史家の丸山真男（1914-1996）は，これを所属集団の属性に従う道徳として，「『である』道徳」と名づけた。彼はこう述べている。

　　人々のふるまい方も交わり方もここでは彼が何であるかということから，いわば自然に「流れ出て」来ます。武士は武士らしく，町人は町人にふさわしくというのが，そこでの基本的なモラルであります。（中略）こういう社会では，同郷とか同族とか同身分とかいった既定の間柄が人間関係の中心になり，仕事や目的活動を通じて未知の人と多様な関係を結ぶというようなことは，実際にもあまり多くは起こりませんが，そういう「『する』こと」に基づく関係にしても，できるだけ「である」関係をモデルとし，それに近づこうとする傾向にあるのです。
　　（丸山真男，1968，p. 159）

　丸山真男によれば，前近代社会は，身分制度に縛られた「である」社会であり，そこでは「である」道徳が基本構造をなしている。日本の場合は，家族や親族，地縁，血縁集団という「既定の間柄」を基本とした儒教道徳がこれにあたる。しかし，ここでは，家族や地縁，血縁の共同体を超えた「アカの他人」との関係，いいかえると，市民社会における公共道徳やパブリックな道徳というものは，ほとんど発達しなかった。

　ところが，明治維新によって，近代的な国民国家が成立すると，身分制度は崩壊し，職住の分離が一般化することで，人々は，狭い地縁，血縁集団を超えて，未知の多様な人々と人間関係をとり結ばなければならなくなった。近代社会における道徳は，その時々の状況によって，まるで異なる多種多様な相手との関係の中で，つねに新たに構築されるものとなった。丸山は，こうした事態を，「『である』道徳」と対比させて，「『する』道徳」の出現と名づけたのである。

　近代社会は，個人がさまざまな役割を背負って行動する社会であり，交通や情報の広がりに従って，人々は，実に多種多様な人間関係の中で生活せざるをえない。「『する』道徳」とは，その時々に出会う他者とかかわり合う中で，一つひとつ選び取られる（つまり「する」）道徳である。その著書『日本の思想』において，丸山は，半封建的な共同体意識が残る日本社会の文化風土を否定的に解剖してみせたが，先進国である西洋近代社会をモデルとし

た，個人の道徳的自律と社会の産業化，近代化に限りない期待を寄せていたことがうかがえる。

丸山真男の『日本の思想』が出版されたのは，1961年である。あれからすでに半世紀の歳月が流れ，1970年代半ばで高度経済成長は完全に終わりを告げ，1990年代以降は，まさに市場経済中心のグローバリズムに席巻され，「個人の自立」と「業績原理」は，もはや理想とすべき課題ではなく，私たちを取り囲む厳しい現実となった感がある。私たちは，いまや「『である』社会」の消滅を経験すると同時に，無縁社会とも称される「『する』社会」のただ中に生きているといえるであろう。

（2）カントの道徳論

近代社会は，家族や地縁，血縁集団といった「既定の間柄」における人間関係が大幅に縮減し，逆に，仕事や目的活動を通じて「未知の人と多様な関係を結ぶ」（丸山真男，前掲）ことが日常化した社会である。ここでは，家族や親族，地縁，血縁関係といった集団の行動規範から自由になった個人は，自分の力で，多種多様な人間関係の海を泳いでいかなければならない。

そこでは，個人の欲望追求や感覚的快楽をもたらす幸福追求，つまりイギリスの功利主義者スペンサー（H. Spencer: 1820-1903）のいう「自己保存（self-preservation）欲求」が際限なく肥大化する傾向が生まれる（Spencer, 1861／三笠 訳，1969, p. 20）。たしかに近代産業社会とは，個人がそれまでの身分制度の桎梏から解き放たれ，私的欲望の追求によって経済が起動する社会でもある。その意味では「欲望の体系」（ヘーゲル）とすらいいうる社会である（Hegel, 1821／藤野 他訳，1969, p. 421）。そこでは，道徳，規範，公正，正義といった観念はますます影をひそめ，逆に，自由，競争，自己保存，利益，快適さなどの私的欲望の追求が無言のうちに奨励される社会でもある。

こうした個人の感覚的欲望追求が奨励される社会においては，自己の内奥から湧き出る「強い意志」で道徳的判断を下すことが必要になる。一方で，自由な人格の尊重という近代市民社会の理念を高く評価しながらも，他方で，個人の欲望や自己利益追求というアングロ・サクソン型産業社会の到来に強い危機感を抱いていたドイツの哲学者カント（I. Kant: 1724-1804）は，

市民社会における道徳のあり方を次のように述べている。

　　私の意欲が道徳的に善であるためには，つまり私は何をなすべきかを知るためには，かくべつ透徹した鋭い知力を必要とはしない。世情にうとく，世間の様々な出来事にそのつど適切に対処する能力がなくても，私はただこう自問するだけでよい。――君も君の格律が普遍的法則になることを欲しうるか，と。もしそれができなければ，そのような格律はとうてい是認されうるものではない。(Kant, 1785／篠田訳, 1966, p.34)

カントのいう「道徳の普遍的法則」を一言でいえば，動物にはなく，人間の内にのみ具わる人格性（Persönlichkeit）と，それを支える崇高なる人間性（Humanität）を，つねに目的として扱うこと，決して単なる道具として扱ってはならない，という行為の原則である。カントの言葉を引用すれば，次のようになる。

　　理性的存在者はすべて，各自が自分自身とほかの一切の理性的存在者とを，決して単に手段としてではなく，つねに同時に目的自体として扱うべきである。(Kant, 1785／篠田訳, 1966, pp. 83-84)

人格的存在である人間を，決して単なる道具や手段として扱うことなく，目的として扱うこと，それが，カントのいう普遍的な道徳原則である。それは，具体的には，さまざまな状況において出会う他者を人間性の体現者として扱い，その人間性と人格そのものを十分尊重しつつ行為するということにほかならない。

このようなカントの人間性や人格崇拝の崇高な道徳論（人格主義的道徳論）は，私的利益や欲望追求によって駆動する近代産業社会の現実からみるならば，あまりにもユートピアにすぎるように思われるかもしれない。しかし，カントは，こうした普遍的な道徳原則を打ち立てることで，道徳をも，自己保存や利益追求の手段にしかねないイギリス功利主義思想を牽制し，そこに一定の歯止めをかけようとしたのである。道徳は，個人の幸福追求や利益追求の下僕では決してなく，むしろ私的利益や個人の都合に解消されえない，絶対的なものであることを主張したのである。

人格の崇高な理念を掲げるカントの人格主義的道徳論は，市場経済や情報のグローバル化が急速に進行した現代において，ますます重要性が認められるようになった。グローバル化社会においては，家族や地縁，血縁集団とい

う「既定の間柄」はもとより，地域社会や国家という境界を飛び越えて，経済や情報が激しくせめぎ合う状況が生まれる。したがって，ここでは，道徳はつねに，個人の「逞（たくま）しく自己保存する力」を支えるための力の一部に組み込まれがちである。

　古代ギリシアの時代，ソクラテス（Sōkratēs: 470B.C.–399B.C.）もいったように，本来は「善く生きること」こそが大切であるにもかかわらず，その「善さ」が不問にされて，「強く生き抜くこと」が奨励されがちである。何のために，を問わず，能力を磨き上げること，それ自体が奨励されがちである。カントの道徳論は，人が単なる自己保存ではなく，**人間として「善く生きること」**の大切さを私たちに訴えかけているのである。

1-2　自律原理から共生原理へ

　前節では，社会の変化とともに，「である」道徳が「する」道徳へと変化してきたこと，しかし，その場合，「する」道徳は，ややもすれば「自己保存」中心の功利主義に流れがちになる現実に対して，カントが人間性の尊重を旨とする人格主義的道徳論で歯止めをかけようとしてきたことをみてきた。本節では，「道徳性の発達」の問題を考えるまえに，いまの日本の子ども・若者たちは，どのような道徳的問題状況の中におかれているのかを考えておきたい。

（1）若者の道徳感覚のゆらぎ

　以下の文章は，朝日新聞の「声」の欄に掲載されたものである。投稿者は17歳の男子高校生である。

　　　私は先日，鍵をかけていたのに自転車を盗まれてしまいました。むろん盗んだ人に対して憤りを覚えました。人の物を盗んでいいのかと。盗みは悪いことで，盗まれた人のことを考えるとできません。**私はそれが普通の考え方だと思っていました。**

　　　ところが，友人は「じゃあ他の人のチャリをパクっちゃえ」と言いました。「盗まれた人は，他の誰かから盗んでもいい」と言うのです。盗まれたら盗み返す，なぜそれがいいのか。おかしいと思いました。しか

し考えると，それが今の多くの人の普通の考えになりつつある気がします。

　私の友人の中にも，自転車を盗まれた人がたくさんいます。ということは，盗んだ人もたくさんいるのです。盗まれては他の人から盗み，盗まれた人がまた別の人から盗む。私はとても残念に思いました。たった17年間しか生きていませんが，**少し前と比べて，そんなことが増えてきた**と感じるからです。（2011年1月8日付朝刊，強調ゴシックは引用者による）

　この投書には，自転車を盗まれた経験をきっかけにして，「盗みは悪いこと」という「普通の考え方」が大きくゆらぎはじめた若者の心の葛藤が実に率直に語られている。自分の自転車が盗まれたら，ほかのだれかの自転車を盗んでしまえ，という友人の言葉が耳から離れない。自分一人だけがワリを食うことはない，という"メフィストフェレス（ゲーテの戯曲『ファウスト』にでてくる悪への誘惑者）のささやき"と必死に闘っている若者がいる。「盗まれたら盗み返す」，それはおかしいと思いつつも，「それが今の多くの人の普通の考えになりつつある気がします」という指摘は，この若者の生活世界における道徳感覚が，その根底から大きくゆらぎはじめている現実を読み取ることができる。

　問題なのは，こうした道徳感覚のゆらぎや葛藤の渦中にいるのは，決してこの高校生ひとりだけではない，という点である。日常世界において，多くの子どもや若者たちが，こうした道徳感覚のゆらぎの渦中に投げ出されているという現実を，私たち大人は，しっかりと受け止めていく必要がある。

　この投稿者の高校生に対して，親や教師たちは，いや大人たちは，どのような返事を送るべきなのだろうか。いや，それ以前に，同世代の中学生や高校生たちは，この若者の問いかけに対して，どのような返事を書くのだろうか。「じゃあ他の人のチャリをパクっちゃえ」という友人の言葉に，毅然としてノーと言えない弱い自分がいることに，中学生や高校生たちは気づかされるのではあるまいか。

　こうした葛藤状況の中におかれている子どもたちに対して，教師たちは，道徳教育と称して，彼ら／彼女らの現実とかみ合わない，建前だけのお説教をしてはならないであろう。それは，暗に道徳教育の無力さを感じさせるこ

とに等しいからである。子どもたちの生活現実に切り結び、彼ら／彼女らの道徳感覚を鈍化させず、むしろ道徳感覚を研ぎ澄ますような実践的理論の構築が必要である。

以下は、こうした葛藤やゆらぎの中に生きる子どもたちの現実を十分念頭においたうえでの提案である。

(2) 自律原理から共生原理へ

道徳的行為とは、カントもいうように、他者の人間性や人格を目的として扱う行為である。それには、定言命法にいう普遍的原則に照らして、人は「善を行う意志」をもって、なすべきことを淡々となすことが求められる。「情けは人のためならず」という日本的な解釈すら入り込む余地はない。電車やバスで高齢者に席を譲るのは、それが相手の人格を尊重する行為だからであって、相手が喜ぶからではないということにもなる。カントにおいては、行為の結果ではなく、純粋な動機こそがすべてだからである。

この普遍的原則は、個別の状況を超えたものである。だからこそ、個人的幸福追求の功利主義的道徳観の暴走に一定の歯止めをかけることができたのであるが、問題なのは、ここでは、個人の善を行う意志（つまり**善意志**）にすべてがかかっているという点である。まさにプロテスタント倫理がそうであるように、神の意志に匹敵する「善意志」に、自己という存在をまるごと服従させなければならない。ここには、たしかに**禁欲主義**（リゴリスムス）といわれても仕方がないカント道徳論の厳しい一側面が潜んでいる。道徳教育は、結局、個人の固い意志の訓練や鍛練の問題に帰着するのだろうか。

カント道徳理論に対するヘーゲル（G. W. Fr. Hegel: 1770-1831）の疑問もまた、まさにこの点にあったといえる。倫理を意味する英語 ethics の語源は、古代ギリシア語の ήθοσ である。『ギリシア語—英語辞典』によると、ήθοσ とは、もともとは土地や地域を示し、それがその土地の生活習慣や慣習を意味するようになったとある（Greek-English Lexicon, 1966）。そして、この語が倫理的意味を含むようになったのは、ある土地で続く慣習や習俗、生活習慣に合致する行為が、その土地では倫理的であると考えられるようになったことである。つまり ethics とは、元来、ある土地の慣習（エートス）や生活習慣に合致する行為、という意味なのである。ここでは、個人ではな

く，ある土地や共同体が，道徳的行為の基準を構成する重要な母体なのである。

　カントの道徳論がプロテスタント的で，個人主義的，自律主義的であるのに対して，ヘーゲルの道徳論は，明らかに古代ギリシア的であり，共同体的である。そこでは，個人ではなく，個人と個人を「つなぐ関係そのもの」に道徳的行為の起源が求められている。

　『法の哲学』「第2部 道徳 第3章 道徳から倫理への移行」の中で，ヘーゲルはこう述べている。

　　主観的な善と客観的な，つまり即自かつ対自的にある善との一体性が倫理（Sittlichkeit）である。（中略）道徳（Moralität）が総じて主観性の面からいっての意志の形式であるとすれば，倫理とは，単に意志の主観的形式と自己規定であるばかりでなく，その（倫理の）概念を，すなわち自由を内容としているということである。(Hegel, 1821／藤野 他訳，1969，p. 369)

　ここでは，明らかにカントを意識して，個人的な道徳の問題と，客観的で社会的な論理の違いが説明されている。ヘーゲルにとって，市民社会における道徳の問題は，すべて主人と奴隷という主従「関係」の変革の問題であり，それは，慣習，生活習慣を意味するゲルマン語の古語Sitteに起源を有するSittlichkeit（人倫）の問題なのである。ヘーゲルは，単に個人が「善意志」のみで道徳的行為を行うのではなく，人間性や人格を決して道具や手段としては扱わない「人倫の共同体」の実現をめざす過程，つまり人間的自由を獲得する運動の中に，道徳的行為のあり方を求めたのである。こうして，カントの自律原理に対して，ヘーゲルの「人格の相互承認の運動」ともいうべき共生原理が提示されたのである。

1-3　「道徳性の発達」をどうとらえるか

（1）他者とかかわり合い，人格を相互承認する道徳

　以上の説明からいえることは，道徳的行為とは，他者との共同生活において，相手の人間性や人格を尊重する行為であるということである。それは，カントのいう意味でも，ヘーゲルのいう意味でも，妥当するであろう。お互

いの人間性と人格とを尊重し合う行為が，道徳的行為とよばれるものである。しかし，ここまでは，ある意味では道徳の原理を説明する倫理学の領分であって，それを子どもや若者にどう伝えるかという指導方法の問題にうつらなければならない。

　すでに述べたように，現代のグローバル化された社会は，人々を家族関係や地縁，血縁集団の絆から解き放ち，あらゆる共同体から抜け出した「自由な個人」を登場させた。明治初期に活躍した福沢諭吉や先に紹介した第二次大戦後の丸山真男などは，封建的共同体や超国家主義からの解放感あふれる時代感覚の中で，「自由を獲得し，自律する個人」の登場に強い期待を抱いていたことは疑いない（福沢，1991，p. 134）。「である」道徳から脱した，自由な個人による内面的自己決定こそが，道徳的判断の根拠ともなっているからである。

　しかしながら，21世紀も10年が過ぎたいま，グローバル化社会の進展は，福沢や丸山の予想をはるかに超えて，国家という境界を超えて広がり，個人は，国家や共同体の保護や支えを失った「漂流するモナド（単子）」になったかにみえる。「個人であること」や「する」社会に希望を見いだしていた時代は終わりを告げ，「自律すること」を社会から強いられるという「超メリトクラシー社会」は，逃れようのない現実となった感がある。こうした時代に求められる道徳とは，いったい何であろうか。

　それは，「個人であること」や「自由であること」を無条件に承認する道徳ではなく，先の高校生の新聞への投書記事にもみられたように，孤立感を深めている子どもや若者の間をつなぐこと，他者とかかわり合う関係を自覚的に構築していく道徳でなければならない。つまり，近代社会に求められた自律原理だけにとどまることなく，ヘーゲルの道徳理論のように，他者との関係づくりから出発する共生原理の道徳が求められていると考えられる。

（2）デューイの道徳教育論——慣習道徳から反省的道徳へ

　その一つの事例として，アメリカの教育学者デューイ（J. Dewey: 1859-1952）の道徳教育論を紹介しておこう。彼にとって，道徳的行為とは，カントのように個人的なもので完結するのではなく，地域社会というコミュニティを作り上げていく活動に参加することの中に含まれている。その場合，

その共同体で行われている慣習（ethos: エートス）や生活習慣だけに従って行為するのでなく，その状況下において，いかなる行為が他者の人間性や人格を尊重する行為であるのかを，その場面に応じて，熟慮する「反省的思考」（reflective thinking）をめぐらすことが求められる。「反省的思考」とは，ある状況下において，その状況の関与者全体の人間性と人格を尊重するにはどうすべきかを，あらゆる角度からともに検討する思考のことである。デューイは，こう述べている。

> 何が正しく，何が不正であるかについて既成の信念が支配している限り，道徳理論は生まれることがない。なぜなら，こうした場合，反省（reflection）を行ういかなる機会も生まれないからである。道徳理論が誕生するのは，別々の欲求が，反対し合う善を約束し，両立しない行動のコースが，道徳的には共に正当化されるように見えるような複雑な状況に，人々が直面する場合である。（Dewey, et al., 1932／久野 訳, 1966, pp. 155-156）

たしかに，前近代社会においては，人と人とがかかわり合う状況は，身分制度やローカルな特定の集団内に限られていたから，社会状況は決して複雑ではなかった。家族，親族，地縁，血縁関係，特定の身分制共同体におけるしきたりなど，その時々にふるまうべき行動は，あらかじめ決められていた。まさに丸山真男のいう「『である』道徳」であり，武士は武士らしく，商人は商人らしく，家長は家長らしくふるまえばよかったのである。ところが，丸山のいう「『である』社会」が崩壊して「『する』社会」に突入すると，人々は，家族，親族，地縁，血縁関係とは異なった，膨大な数の未知の人々と出会い，関係をとり結ばなければならなくなった。

自分が生きてきた価値観や規範とまったく異なる人々とも日々接するようになる。そうなると，個人は，準拠すべき規範集団を失い，一つひとつの場面で，道徳的ふるまいを自分で熟考し，吟味し，選んでゆかなければならなくなる。これが，デューイのいう「反省的道徳」にほかならない。デューイ自身は，「慣習道徳」と「反省的道徳」とをどのように区別していたのか。彼の説明を，二つの引用文をとおして紹介しておこう。

> A　慣習道徳（customary morality）と反省的道徳（reflective morality）との区別は，知的には明瞭に区切りをつけることができる。**前者は，行動**

の尺度と規則のあり方を，祖先伝来の慣習におくが，後者は，良心，理性に訴えるか，あるいは思想を含む何らかの原理をよりどころにする。(Dewey, et al., 1932／久野 訳，1966，p. 154. 強調ゴシックは引用者による)

B　慣習道徳と反省的道徳との間の相違はどこにあるかといえば，前者からは，はっきりした命令や禁止が出てくるけれども，後者からは，そういうものは出てきようがないという点にある。(Dewey, et al., 1932／久野 訳，1966，p. 157)

引用文Aでは，「慣習道徳」は，行動の尺度や規則を，過去の生活習慣や規範におくのに対して，「反省的道徳」は，行動の尺度を，人々の良心や理性に訴えるか，あるいは何らかの道徳的原理に求めるという違いが指摘されている。また，引用文Bでは，「慣習道徳」からは，はっきりした命令や禁止がでてくるけれども，「反省的道徳」からは，個別具体的な指示がだされることはない，という違いが述べられている。

要するに，「慣習道徳」は，家族であれ，地域社会であれ，閉じられた人間関係や集団の中で行う行動規範であるのに対して，「反省的道徳」は，人々が，家族，親族，地縁，血縁関係といった狭い人間関係から脱却して，多様な生活習慣，多様な文化，多民族を含む実にさまざまな人々と接するときに求められる道徳である，ということができる。

(3) 学校生活における共同作業

以上のように，デューイの道徳教育論は，基本的に自律した市民による共同体，つまり民主的な市民社会を構築していくための道徳教育論である。ドイツにおける道徳論が，カントやヘーゲルにみられたように，個人の私的利益と快楽を含む幸福追求，すなわち功利主義に傾きがちな近代人の批判に傾いていたのに対して，アメリカ新大陸におけるデューイは，それを，西部開拓民の新しい開拓地における民主的コミュニティ形成の活動の中に求めた。デューイは，学校の中でも，子どもたちは，協力し合って，衣食住に関する作業活動（occupation）を行い，他者と一緒に生活する経験をたっぷりしなければならないと考えていた。つまり，学校は，慣習道徳を徳目にして，一つひとつ子どもたちに教え込んでいくのではなく，衣食住にかかわる活動を

ともにするプロセスをとおして，互いに人格を尊重し合う生活の仕方（democratic way of life）をごく自然に身につけていく場所と考えられている。デューイは，こう述べている。

> 学校が一つの萌芽的な典型的社会生活（an embryonic typical community life）とならない限り，かならずその道徳的訓練は，なにほどか，病理学的で形式的なものとなるだろう。訓練が病理学的になるのは，その重点が，積極的に役に立つことをするような習慣の形成にではなく，非行の矯正に置かれる場合である。生徒たちの道徳生活に関する教師の関心が，学校の規則やしきたりに従わないことを警戒する形をとっている場合は，きわめてしばしば見受けられる。（Dewey, 1894～1900／大浦編, 1977, p. 41）

デューイが強調したことは，学校の中に社会生活の縮小版を再現し，子どもたちが，互いに協力し合いながら生活することそのものが，道徳教育の基底となるという点である。それは，学校を家庭や地域社会から切り離すのではなく，むしろ家庭や地域社会の活動の延長線上に，子どもたちの学校生活を位置づけるべきだという，今日的にみても重要な主張を含んでいる。まさに「教え」（teaching）を中心とする教授学校論に対して，生活（life）を中心とした生活学校論の提唱である。

学校で，さまざまな他者とともに，教科を学び，学級会活動を行い，こうした共同生活を送ることそのものが，子どもの社会性や道徳性を育んでいるという認識がここにはある。「生活が陶冶する」（Das Leben bildet）という，スイスの教育実践家ペスタロッチ（J. H. Pestalozzi: 1746-1827）の有名な言葉（『白鳥の歌』（1825）新田新編集『ペスタロッチ全集』第12巻，佐藤正夫訳，平凡社，1959年，p. 40）は，農場で作物を作り，牛や羊を飼う作業に子どもが参加することで，ごく自然に子どもたちの勤勉の感覚や共生感覚が育まれていくという道徳教育論が下地となっているが，これは，デューイの生活学校論にも通底する考え方といえるであろう。

1-4　道徳性の発達理論

(1) コールバーグの道徳性発達の6段階論

　アメリカの心理学者コールバーグ（L. Kohlberg: 1927-1987）は，道徳性の発達理論を構築する際に，デューイから大きな影響を受けた一人である。コールバーグもデューイと同様に，道徳的行為における思考，とりわけ認知構造を重視している。彼によれば，「道徳性の発達」とは，子どもの認知構造の変化にほかならない。子どもは，道徳的規範を，単に受動的に受け入れるのではなく，それぞれの習慣的思考に合致する仕方で再構築する。その認知構造が，他者と意見交換やディスカッションをするプロセスで，少しずつ変化を遂げていく。あるふるまいの「理由づけ」が，自己中心的であったものが，他者との対話，討議をとおして，徐々に他者への配慮，他者の人格を尊重する方向に修正されていく。**コールバーグは，他者との対話，討議のプロセスで生じる思考や認知構造の変化を道徳性の発達と考えている。**

　彼の提唱する3レベル6段階の道徳性の発達理論を説明しておこう。3レベルとは，①慣習的水準以前，②慣習的水準，③自律的水準，であり，6段階論とは，図1-1のような志向性で説明される。

　一見して明らかなように，コールバーグは，慣習道徳から反省的道徳へという，デューイの道徳理論を下敷きにして，道徳性の発達理論を組み立てている。さらにいえば，3レベル論は，心理学者ピアジェ（J. Piaget: 1896-1980）の具体的操作から抽象的操作へという道徳理論にも通じる枠組みで

図1-1　コールバーグの道徳性認知発達のモデル

③自律的水準	6　普遍的・倫理的原理志向 5　社会契約的遵法志向
②慣習的水準	4　〈規則と秩序〉の維持志向 3　対人的一致〈良い子〉志向
①慣習的水準以前	2　功利主義的相対主義志向 1　罰と服従志向

ある。子どもが，自己の行為の「理由づけ」を説明する際に，無意識のうちにどの段階に依拠して語るかによって，その道徳的思考のレベルがみえてくる。

　ここで，少し具体的に考えてみよう。ある教室で，「人の物を盗むのは悪いことだ」と教師が言い，子どもたちも「わかりました」と答えたとしよう。通常では，この反応で，子どもたちは「わかった」「理解した」と教師に判断されてしまう。なにしろ，子どもたち自身がそう言っているのだから。しかし，言葉で「わかった」「理解した」と語ったとしても，その「わかり方」「理解の仕方」，つまり認知や理解の構造には，実に大きな差異があることは容易に想像できるだろう。したがって，子どもたちが「わかった」「理解した」と語ったとしても，教師は，子どもたちが本当に「わかった」「理解した」と考えてはならないのである。子どもたちは，教師のこのコトバを，実にさまざまな認知や理解のレベルにおいて「わかる」，つまり「解釈する」からである。

　例えば，ある子どもAは，「人の物を盗むのは悪い」のは，「取ったことがわかると，親や教師に叱られるから」（第1段階）と考えるかもしれない。またある子どもBは，「人の物を盗むと，今度は自分の物も盗まれるから，損をする」（第2段階）と考えるかもしれない。さらに，ある子どもCは，「人の物を盗むのは，決められた学校の規則に違反することになるから，悪いことだ」（第4段階）と考えるかもしれない。さらに，「人の物を盗むのは，自分の良心が許さない」（第6段階）と考える子どもDも，当然いるだろう。

　「人の物を盗むのは悪いこと」が「わかった」と答えた子どもAからDの間には，その「わかり方」のレベルにおいて，実に大きなひらきがある。ある子どもは，「慣習以前の力関係の水準」において理解し，ある子どもは「慣習的水準」で理解している。「自律的水準」で「わかる」子どもも当然いる。したがって，道徳教育，特に道徳時間の授業においては，「道徳的ジレンマ」を設定して，子どもたちに，より高い水準の「わかり方」の大切さに気づかせていくことが重要になる。

(2) 道徳性の発達に向けた道徳教育

　コールバーグは，教室の子どもたちを「道徳的ジレンマ」に直面させ，ジレンマに対する何人かの立場を表明させながら，その理由づけの妥当性を相互に吟味し合う授業展開を提案している。コールバーグは，この道徳的ジレンマのひとつの事例として，「ハインツのジレンマ」の物語をあげているので，簡単に紹介しておこう。それは，以下のような物語である。

　　　ヨーロッパのある国で，一人の女性が大変重い病気で死にかけていた。その病気は，特殊なガンだった。彼女の命をとり止める可能性のある薬があった。それは，ラジウムの一種で，その薬を製造するのに要した費用の十倍もの値段が付けられて，薬局で売られていた。女性の夫であるハインツは，すべての知人からお金を借りたが，その値段の半分の額しか集まらなかった。彼は，薬局の店主に，自分の妻が死にかけていることを話し，もっと安くしてくれないか，もしくは後払いにさせてくれないかと懇願した。しかし，店主は，私がその薬を見つけたのだし，それで金儲けをするつもりだから，ダメだと断った。ハインツは思いつめ，悩んだ末に，妻の生命を救うために，薬を盗みに薬局に押し入った。
　　　さて，ハインツは，そうすべきだったのだろうか？　その理由は何か？（永野，1986，p. 10）

　この物語の中には，数々のジレンマが含まれている。ガンによる女性の生命の危機的状況に対して，それを治す可能性のある薬を買う金のない貧しい夫。店主の悪どい金儲け主義と，妻の命を救おうと必死に懇願するハインツ。何としても薬を手に入れたい男と，結局盗みに入るという行為。こうしたジレンマ状況の中で，子どもたちは，「ハインツは，そうすべきだったのだろうか？　その理由は何か？」を考え，自分なりの回答を用意しなければならない。しかもその理由づけをしっかりと行いながら，人にわかるように，自分の意見を提示していくのである。

　たとえば，ハインツは妻の命を救うためだから，盗みもやむをえない，と答える子どもがいるだろう。その理由として，「人の生命は何ものにも代えがたい価値があるから」と答えるかもしれない。これに対しては，「人の生命を救うために，盗みが正当化されることになれば，高い治療費を払わざるをえない入院患者の貧しい家族は，みな堂々と薬局へ押し入ることになるだ

ろう。それでいいのだろうか？」という疑問がぶつけられる。もっともな疑問である。

　道徳時間の授業の中で，このように活発な討議が繰り広げられ，子どもたちの道徳的思考が深められていくことが，コールバーグ理論のねらいである。いうまでもなく，そこに模範解答があるわけではなく，子どもたち自身が，道徳的ジレンマ状況に直面する中で，望ましい解決策を模索し合いながら授業が展開される。ある道徳的判断とその根拠，理由づけを出し合い，吟味し合いながら，子どもたちの道徳的思考がより高いレベルへと押し上げられていくのである。

　コールバーグとコルビー（A. Colby）は，こうしたディスカッション中心の道徳授業において，教師が留意すべき点を以下のように指摘している（永野，1986，pp. 228-229）。

1. 教師がつねに正答を述べたり，子どもたちの発言が教師によって「評価」されているという教室の雰囲気をつくってはならない。
2. 机を円形に並べ，教師は後ろの席に座るなどして，子どもたちどうし，お互いがよく見え，発言がよく聞こえるような座席の配置を考える。
3. 一人ひとりの子どもの言いたいことに十分耳を傾けること。前もって用意した質問事項にとらわれて，子どもが実際に言った内容を見逃すことがないように注意を払う。
4. 子どもたち相互のやり取り，対話を促す。とりわけ，道徳的思考のレベルの異なる子どもたちの間における対話は，非常に重要である。
5. 討議や対話のさいに必要なさまざまな技法や能力を育てること。特に討議や対話が，相手を打ち負かすだけの議論の勝ち負けにこだわる論争にならないように注意し，互いに他者の意見を尊重し合い，率直に何でも言い合える許容的雰囲気や支持的風土をつねに維持するように心がける。
6. 教師は，一人ひとりの子どもの道徳的思考の筋道を明らかにしたり，子どもたちどうしの意見や理由づけの違いがより鮮明になるような質問をすることで，子どもたちの対話や討議が空回りしないように工夫する。

　以上が，コールバーグとコルビーの指摘であるが，これに加えて，筆者は，次の二点も付け加えておきたい。

7. 子どもたちを同じ意見のグループに分ける，または違う意見の者で一つのグループをつくって，意見表明や説明が苦手な子どもも，小グループ内での対話になじめるようにするなどの配慮が必要である。
8. こうした対話や討議法による道徳的思考の深化が可能になるためには，あらかじめその学級集団の風土が，人の話をじっくりと聴く，落ち着きを保ち，物事を公平に判断しながら運営されているのでなければならない。こうした教師の公平で傾聴的な学級集団づくりが土壌になければ，コールバーグの道徳教育理論を外からもち込んだとしても，対話や討議法による道徳指導は，空回りするだけの結果に終わることは目に見えている。

　したがって，コールバーグの「道徳的ジレンマ」による道徳授業は，授業の中だけで終わるのではなく，子どもたちが，お互いの意見を傾聴し合い，尊重し合い，お互いの考え方をすり合わせながら物事を決定し，互いに合意しながら学校生活を送るようになることが，その最終的なねらいとなるべきであろう。

（3）子どもの生活世界に根ざした道徳的思考の育成

　これまで，主にカント，ヘーゲル，デューイ，コールバーグなどの道徳理論を紹介しながら，道徳性の発達とはいかなることかを考えてきた。そこからいえることは，道徳的思考とは，道徳的問題状況において働く思考であり，それは，
　①慣習以前の暴力や力の抑圧による道徳的規制のレベル，
　②慣習的道徳のレベル，
　③反省的道徳のレベル
という3段階において働くものである。学校における道徳教育も，こうしたレベルの向上に向けて指導が行われることが必要である。もちろん，この道徳性の発達段階は，あくまでも概念的な把握であることを，最後に指摘しておかなければならない。

　子どもたちは，家庭，地域社会において，さまざまな道徳感覚を無意識的に身につけている。彼ら／彼女らが生きる具体的な生活世界の状況こそが，実は学校における意図的な道徳教育にも増して，甚大な影響を与えているこ

とを見逃すわけにはいかない。子どもたちは，学校内外の日常生活の中で，日々道徳的問題状況に直面し，親や大人たちのふるまいを模倣したり，反発したりしながら，その問題状況の解決をはかっているからである。その意味では，子どもたちが暮らす日常の生活世界における道徳的センスを磨くことが，実は非常に重要なことなのである。

［高橋　勝］

【引用・参考文献】

Dewey, J., 1894～1900／大浦　猛　編／遠藤昭彦・佐藤三郎　訳　『実験学校の理論』　明治図書　1977
Dewey, J., 1899／市村尚久　訳　『学校と社会・子どもとカリキュラム』　講談社　2000
Dewey, J., and Tufts, J. H., 1932／久野　収　訳　『社会倫理学』　河出書房　1966
福沢諭吉　『文明論之概略』　岩波書店　1977
Hegel, G. W. Fr., 1821／藤野　渉・赤澤正敏　訳　『法の哲学』　中央公論社　1969
Kant, I., 1784／篠田英雄　訳　『啓蒙とは何か』　岩波書店　1969
Kant, I., 1785／篠田英雄　訳　『道徳形而上学原論』　岩波書店　1966
Kant, I., 1788／樫山欽四郎　訳　『実践理性批判』　河出書房新社　1970
Liddell and Scott's, Greek-English Lexicon, Oxford University Press, 1966
丸山真男　『日本の思想』　岩波書店　1961
丸山真男　『日本政治思想史研究』（新装版）　東京大学出版会　1983
永野重史　編　『道徳性の発達と教育──コールバーグ理論の展開』　新曜社　1986
Pestalozzi, J. H., 1825／佐藤正夫　訳　『ペスタロッチ全集』　第12巻　平凡社　1959
Spencer, H., 1861／三笠乙彦　訳　『知育・徳育・体育論』　明治図書　1969
山住正巳　編　『福沢諭吉教育論集』　岩波書店　1991

第2章

他者との対話的関係づくり

はじめに——徳は教えられるか——

「徳は教えられるか」。古代ギリシアの哲学者ソクラテスは，この問いを幾度も探求した。その一つ，対話篇『メノン』は，こんな問いから始まる。

> ソクラテス。——人間の徳性というものは，はたしてひとに教えることのできるものであるか。それとも，それは教えられることはできずに，修練によって身につけられるものであるか。それともまた，訓練しても学んでも得られるものではなくて，人間に徳がそなわるのは，生まれつきの素質，ないしはほかの何らかの仕方によるものなのか……。
> (Platōn／藤沢 訳，1994, p.9)

この対話篇でのソクラテスは，この問いを考えるには，まず「徳とは何か」を問わねばならないとして，明確な答えをだしていない。しかし，探求の途上で，「学ぶとは何か」をめぐって，ある興味深い実験を行っている。

ソクラテスは，数学の知識をもたない召使の子どもをよび，「一つの正方形からその二倍の面積の正方形をつくるにはどうしたらよいか」と問う。子どもは，最初，思い込みから間違った答えをだし，誤りに気づかされて途方にくれてしまう。そこでソクラテスは，さらに問いを重ね，子どもに対角線の概念を理解させ，二倍の面積の四角形を描かせるのに成功するのだ。

この逸話は，プラトンが，**魂の想起説**（学習とは魂が生前に得た知識を想起すること）をはじめてソクラテスに語らせた場面として知られる。何も教えず質問しただけなのに，「この子は自分で自分の中から知識をふたたび取り出した」と。

　ここで想起説を離れて，この実験で実際に何が起こったかをみてみよう。召使の子どもは独力では誤った答えしかだせなかった。正答にたどり着いたのは，ソクラテスが対話によって子どもの思考を導いたからである。ソクラテスは，学びの本質は「対話」であると見抜いていたのである。

　「徳は教えられるか」と問われて，ソクラテスはなぜこの実験をしてみせたのだろう。ソクラテスが生きたギリシア時代，召使は一人前の市民とはみなされていなかった。その子どもから対話によって学ぶ力を引き出してみせることで，ソクラテスは，徳を学ぶ力はすべての人間に平等に具わっていると示そうとしたのではなかろうか。ソクラテスにとって徳とは，他者との対話の中で探求され学ばれるものであり，人間はみな，他者との対話的関係へ開かれた存在なのである。

　本章では，道徳を「他者との対話的な関係づくり」という視点からとらえ直し，他者との対話へと開かれた道徳教育のあり方を考えていくことにしよう。

2-1　対話としての道徳

　「道徳」という言葉から何が連想されるだろうか。

　ある人は，世間の常識とか守るべきマナーといった社会的な約束事を想像するかもしれない。また別の人は，個人の良心や理想的な人間像を思い浮かべるだろう。「思いやり」や「正直」など具体的な徳をイメージする人もあろう。

　語源を遡ってみると，道徳にあたる英語 moral の語源は，ラテン語の mos の複数形 mores である。この語は，(1) 社会的慣習や習俗，(2) 個人の性格，人柄や習慣，という二つの意味で用いられた。期せずして日本語の「道徳」も，物事の道理を表す「道」と，人間のよさを表す「徳」の二語から成立している。

　このように道徳という言葉には，主体的なものと客観的なものが同時に含

意されている。それは，良心のように人間の内面を表す言葉であると同時に，ある集団や社会に通用する規則の体系を示す言葉でもある。

　ある場面で自分の行為を選択するとき，自分が「どうしたいか（欲望や欲求）」ではなく，「どうすべきか（義務）」と問うならば，その時点で，私は，自己自身を越えて，他者（自己のまわりの世界）とかかわりはじめている。自己の直接的な欲求に従うのではなく，他人や社会規範など自分以外の何者かを参照してあるべき行為を問う。それは，自己の内で行われる他者との対話にほかならない。道徳とは本性的に，他者との対話的な営みなのである。

　ところで，「道徳」という現象は，人間や人間の社会についてのみ語られるようだ。動物の世界に「道徳」は存在しないのだろうか。

　アリストテレスは，人間を「社会的動物」と定義したが，今日では，動物の世界にも発達した社会生活が存在することが知られている。たとえば，ライオンのような肉食哺乳類は，群れによる協調的な狩猟行動をとることで知られる。他者を助ける行為（利他行動）も，動物の世界に広くみられる。しかし，私たちは，人間以外の動物の行為について，その行為が「道徳的であるか」を問わない。なぜ，人間だけが「道徳的」といわれるのだろうか。

　プラトンは，『プロタゴラス』において，プロメテウス伝説を援用し，動物と人間を分けるもの，人間だけに具わった知恵を二つあげている。一つは，火と道具を使い，ものを作る技術。もう一つは，「国家社会をなすため技術」，すなわち「アイドース（慎み）とディケー（正義）」である。

　動物も簡単な道具を使う。動物も他者と協力して社会を形成する。しかし，人間ほどこれらの知を複雑で多様に発展させてきた種は存在しない。人間と動物の世界を分ける「アイドースとディケー」の正体は何だろうか。

　認知心理学者トマセロ（M. Tomasello: 1950- ）は，人間だけが，他の動物と異なり「他者の視点を取り得る能力」を有していると指摘する。トマセロによれば，ヒト以外の霊長類は，他者に何かを教える目的で外界の物体を指でさしたり，ジェスチャーで示したりしない。トマセロはその理由を，ヒト以外の霊長類は，仲間の心に働きかけて影響を与えられることを理解していないからではないかと推測する。人間の乳幼児は，他者とのコミュニケーションをとおして，他者に自分と同様に（時には自分と異なる）心的状況が存在することを知り，次第に他者の視点を獲得していく。そして，他者の立

場にたって考えたり，他者から自分がどうみえるかを内省したりできるようになる。

　人間だけに与えられ，人間だけが育てることができる，他者の視点を取り得る能力。これこそ人間の道徳性の「源泉」にほかならない。そう見抜いたのは，18世紀スコットランドの道徳・経済学者アダム・スミス（A. Smith: 1723-1790）である。

　『国富論』と並ぶスミスの主著『道徳感情論』の冒頭は，「人間がどんなに利己的なものと想定されうるにしても」，人間には他人の幸福を喜び，その不幸を悲しむ本性がある，と書き起こされる。スミスは，他人の感情に同感できる人間の本性を「想像上の立場の交換」によって生ずる道徳感情と位置づけ，これを道徳の源泉とみなした。そのうえで，利己心と利他心をあわせもつ人間の道徳には，この生得的な道徳感情に加え，他者とのかかわりを通じて獲得される，自己の利害を公平な視点からとらえる力が不可欠である，と指摘した。

　利己心を補整するこの力をスミスは，次のようなたとえで説明している。

　いま，仮に，「中国で大地震が起こり，無数の住民が犠牲になった」とニュースが流れたら，ヨーロッパの人間愛に満ちた人々は，こぞって中国人民に対する悲哀を表明するだろう。そして一段落すれば，人々は日常生活に戻り，気晴らしをして眠りにつくであろう。しかし，もし彼らが，明日自分の指を失うことになったならどうか。おそらく，心配のあまり眠れぬ夜を過ごすに違いない。我々の利己心はそれほどに強いのだ。そうであるなら，自分自身の利害を他の人々のもっと大きな利害のために犠牲にするよう促す力は何か。

　スミスはこの問いに，こう答える。

> 自愛心の最も強い衝動にさえ対抗できるもの，それは，人間愛という優しい力ではなく，自然が人間の心に点じておいた，慈愛という弱い火花ではない。そのような場合に働くのは，もっと強い力であり，もっと強制的な動機である。それは理性，原理，良心，胸中の住人，内部の人，我々の行為の偉大な裁判官にして裁決者である。（Smith, 1759／水田訳, 2003, p. 314）

　人間には行為を選択する自由がある。利己心と利他心をあわせもち，集団

の中で生きる社会的存在でありながら，個人的でもあり，社会の慣習に従いながら，個人の理想を追求する。他者と共に生きる存在でありながら，集団の外に出て一人で生きることを欲する。人間は両義性を生きる存在なのである。

　弱い人間が生き延びるために与えられたという「アイドースとディケー」。それは，相反するものの間でゆれ動く人間を他者と社会へつなぐ紐帯である。一人では弱く傷つきやすく，また誤りやすい有限な人間が，利己心をコントロールして他者と協同し，他者と共に生きる可能性へと開かれるために人間に付与された力，それが「道徳」だといえるだろう。

　人間だけが道徳的であるというのは，人間が自己と他者の間で迷い，悩みながら，他者と対話しつつ共に生きる存在であることを示している。以下では，この道徳の対話的性格に着目して，道徳教育理論をみていこう。

2-2　道徳教育理論における他者との対話

(1) 自律と他者

　西洋近代哲学は，人間の理想像を自律した道徳的主体として描き出した。18世紀啓蒙時代を代表する哲学者カント（I. Kant: 1724-1804）は，自律への啓蒙こそが教育の課題であるとして，次のようにいう。

> 　啓蒙とは，人間が自分の未成年状態から抜け出ることである。ところでこの状態は，人間が自ら招いたものであるから，彼自身にその責めがある。未成年とは，他人の指導がなければ自分自身の悟性を使用し得ない状態である。ところでかかる未成年状態にとどまっているのは彼自身に責めがある，というのは，この状態にある原因は，悟性が欠けているためではなくて，むしろ他人の指導がなくても自分自身の悟性を敢えて使用しようとする決意と勇気とを欠くところにあるからである。それだから，「敢えて賢こかれ Sapere aude」。「自分自身の悟性を使用する勇気をもて！」──これがすなわち啓蒙の標語である。（Kant, 1784／篠田訳，1950, p. 7）

　そもそも自律（autonomy）とは，auto＝self と nomos＝law からなり，自己立法を意味する。そこには，二つの意味が含まれる。第一に，文字どお

り，自己を律すること，つまり，欲望に引きずられずに理性によって自分の行為をコントロールすること。第二に，自分でルールを決めること，他から干渉されず，自分で行為を選択・決定し，行為に責任をもつことである。

　カントが理想に掲げる人間像は，理性的に自律した人間，自己の欲望をコントロールし，善を意志する道徳的主体である。同時にそれは，自己の課したルールにのみ従う真の自由を享受する人間でもあった。

　ここでひとつの疑問が生まれる。権威への従属から解き放たれ，自分で考え自分で決定する自律を理想として掲げるなら，他者と対話し，他者の助言を聞き入れる姿勢は自律的でない，劣ったものとみなされるのだろうか。

　「自分で考え決定すること」を理想とする自律的人間像は，啓蒙時代に鮮明化したが，古代ギリシアのソクラテスが掲げた理想と無縁ではない。真理探求の過程を「産婆術」と名づけたソクラテスは，「君自身にそう思われるところをそのまま答えよ」と繰り返した。真理探求に至る道として「対話」を発見したソクラテスであったが，ソクラテスの「対話」が究極にめざしたのは，「自己自身との対話」であったとみることもできよう。

　たとえば，冒頭にあげたソクラテスと召使の子どもの対話は，「学習」であって，対等な大人どうしのそれではない。一方は「教師」，他は「学習者」である。なるほど対話によって子どもは真理に到達した。しかし，両者の対話をよくみると，召使の子どもは，ソクラテスの問いに何度も「おっしゃるとおりです」，「はい。たしかに」と繰り返している。ソクラテスの問いは，純粋な質問ではなく，巧妙な誘導ではないかとの疑問も浮かんでくる。

　同様な展開は，ソクラテスとソフィストたちとの対話にも，しばしば見受けられる。ソクラテスと他者との間に，はたして「対話」は成立していたのだろうか。実はソクラテスが対話していたのは，他者ではなくもう一人の自分だったのではないだろうか。

　西欧の道徳哲学に，「他者」は存在しなかった，という告発がある。20世紀初頭の実存主義者ヤスパース（K. Jaspers: 1883-1969）は，自律的で自己完結した主体を前提とする従来の哲学を批判，主体は他者との関係において成立するとして，他者とのコミュニケーション（交わり）から人間をとらえ直そうとした。少し遅れてフランスのユダヤ人哲学者レヴィナス（E. Lévinas: 1905-1995）は，主体からではなく，「他者」の存在から出発する「他者

論」として倫理学を構築した。レヴィナスによれば，西洋哲学の伝統は，自己から出発して他者を対象化してとらえ，自己の視点で他者を理解する。そこでは，自己とは絶対的に異なる存在としての他者に出会うことはできない。レヴィナスは，他者や多なるものの多様性を自己の視点から同一性へと回収してしまう西洋哲学の暴力を描き出し，このプロセスを乗り越えられるのは，自己の外部に存在する他者に出会うことによってである，と主張した。この出会いにおいて，もはや「私」は他者と対等な自律的主体ではない。他者に直面し，応答せざるをえない，他者への責任を課された一人の存在者なのである。

ヤスパースやレヴィナスが開いた「他者」の世界は，道徳教育理論にも他者との対話への道を開いた。だが，それらをみていくまえに，ひとつ確認しておこう。カントが描いた自律的人間には，本当に他者が不在だったのか。

実は，カントの考えた自律は，他者との相互性を必要としている。なぜなら，カントが最終的に構想したのは，自律的市民が相互に協力して成立する公共世界の実現であり，そこでは，自己の意見を開示し，他者とコミュニケーションするよう要請されるからである。

カントは，啓蒙を成就するのに必要なものは，「自由」，しかも「自分の理性をあらゆる点で公的に使用する自由」であるという。その自由を妨げるもの，カントによれば，それは，「君たちは論議するな！」という声なのである。自分で考える自由とは，一人，孤独に引きこもって独力で考えることではない。カントにおいて「自由に考える」とは，「自由に議論できること」なのである。

カントは「思考の方向を定めるとはどういうことか」においてこういう。
　　他人に自分の思想を伝達しまた他人が彼らの思想をわれわれに伝達するというようにして，いわば他人と共同して考えることがなければ，われわれはどれだけのことを，どれほどの正さをもって考えるであろうか！（Kant／円谷訳，2002, p.84）。

なぜ一人で考えるのではだめなのか。カントは，人間の両面性を見抜いていた。人間は，動物のように本能だけに従って行動するものではないが，逆に，ただひたすら理性的に行動できるわけでもない。社会を組織しようとする傾向をもつと同時に，仲間を離れて孤立しようとする傾向を備えているこ

とも知っていた。

　時にはいっさいを自分の意のままにしたいと欲する利己的な人間が，他者に出会い，「他者の抵抗」に出会う。カントは，その抵抗こそ，人間が本来具えているいっさいの力を覚醒させるものだという。未成年状態の眠りから目覚め，自律へと覚醒していくのは，抵抗ある他者との対話なのである。他者との対話的関係は，カント哲学に萌芽していたといってよいだろう。

　カントの限界は，「他人と共同で考える」ことを「他人に自分の思想を伝達しまた他人が彼らの思想をわれわれに伝達する」こととして描いたことだ。コミュニケーションを，「自分の主張，意思や要求を発信する主体」と「それを受信する客体」，そして両者を結ぶ媒介言語の存在を前提としてとらえる見方は，主体が世界を客体として認識する近代的な主体主義に立脚している。

　これに異を唱えたのが，ヤスパースやレヴィナスである。はじめに主体があって，主体どうしが「対話的関係」を結ぶのではなく，そもそもまず「対話的存在」として自己をとらえる。「自己」と「他者」という区別以前に，他者とのかかわりの中に投げ込まれた存在として自己をとらえる。それが，ヤスパースやレヴィナスが開示した世界であった。その世界にあるのは，「他者の認識」ではなく，「他者との出会い」である。互いを自己と他者として互いを認識しあうまえに，まず出会ってしまっているという事実こそ，他者と出会い，対話がはじまる実践的地平を開く。他者との対話的関係とは，一方的，ないし双方向の発信や受信ではなく，対話という共同行為にほかならない。

　コールバーグが構築した「道徳性認知発達論」は（1-4節参照），カントがめざした対話による自律への道を発達段階として明示したが，そこには，他者との対話的関係づくりという視点はなかった。以下では，その乗り越えをめざす三つの方向，すなわち，ケアの倫理，討議倫理，そして，徳倫理学において，他者との対話的関係がどうつくられているかをみていこう。

（2）ケアリングと他者

　コールバーグの道徳性認知発達論は，カントの義務論の再生をめざしたロールズ（J. Rawls: 1921-）の社会契約論と，功利主義の立場から道徳の

普遍化可能性を提起したヘア（R. M. Hare: 1919-2002）の道徳論を統合して，道徳的判断力が正義の原理へと発達していく段階を示した理論である。

このコールバーグ理論を「正義の倫理」と位置づけ，「正義の倫理」は道徳性の全体像ではない，別の道徳性がある，として，「ケアの倫理」を提起したのが，ギリガン（C. Gilligan: 1936-　）である。そのギリガンが，正義の倫理を父性，ケアの倫理を母性として両者を性差に還元したのに対し，イギリスの道徳教育学者ノディングス（N. Noddings: 1929-　）は，「ケアの倫理（ケアリング）」こそ人間の道徳性として提起されるべきだとして，ケアする心を育む道徳教育理論を構想する。以下では，この両者の「ケアの倫理」を確認しよう。

コールバーグの高弟ギリガンは，『もうひとつの声――心理学理論と女性の発達』（1982年）において，コールバーグの発達段階では，女性が十分に理性的に成熟した道徳主体とみなされなくなってしまうことを批判し，女性の道徳性の発達の独自性を「ケアの倫理」として描き出す。

ギリガンをケアの倫理の発見へと導いたのは，一人の少女の声であった。ギリガンは，コールバーグが道徳性の発達段階論に活用した「ハインツのジレンマ」（1-4節(2)参照）を追試する過程で，コールバーグの発達段階マニュアルでは，女性の道徳性が低く評価されてしまうことに気づいた。

『もうひとつの声』には，同じ11歳の少年ジェイクと少女エイミーが登場する。ジェイクが，法律も間違うことはある，命はかけがえがないから薬を盗むべきだ，と判断してジレンマを解決するのに対し，エイミーはジレンマに悩み続ける。そして，「盗めば奥さんが悲しむ」と考え，薬屋に事情を話してわかってもらうべきだという考えを捨てない。コールバーグのマニュアルでは，この少女は自分で判断を下すことができないとみなされる。

ギリガンによれば，エイミーは，この世界を自律した個人からなる世界ではなく，人間関係で成り立っている世界と考え，また，世界は，規則のシステムで成り立っているのではなく，人間のつながりで成り立っていると考えている。二人の思考の違いをギリガンはこう分析する。

> ジェイクが，盗みをハインツのなすべき正しいことだとするのに，裁判官も同意するだろうということを確信しているのと同様に，エイミーは，「もしハインツと薬屋がそのことについて十分話し合えば，彼らは

盗み以外のなにかの方法を考えつくことができるだろう」ということを確信しているのです。（中略）どちらの子どもも他人の同意を求める必要性を認識してはいるのですが，それに至るのにそれぞれちがった方法を考えているのです。ジェイクは個人的なレベルではなく，論理と法律のシステムを通じて，またエイミーのほうは個人的なレベルで，人間関係のなかでのコミュニケーションを通じて他人の同意を求めようとしているのです。(Gilligan, 1982／岩尾 他訳, 1986, pp. 47-48)

この声に隠された意味を聴きとって，ギリガンは，女性は，道徳的問題を思いやりや責任を軸に考える傾向があると見いだした。そこから，性によって道徳的関心が異なると結論づけ，「正義の倫理」とは異なる「ケアの倫理」という，もう一つの道徳性の発達段階を提唱したのである。

ケアとは，気遣い・配慮・世話することなどを意味する。ギリガンによれば，女性の道徳性は，本性的に，ケアすることをとおして他者との対話的関係へと開かれている。

コールバーグは，「ハインツのジレンマ」の解決にあたって，「妻はどうしたいと思っているか」を問題にしなかった。妻も当事者であるにもかかわらず，「妻の意見も聞くべきだ」という発想はなかった。それは，コールバーグが，道徳的判断を一人で考えるべきものと想定していたからである。

ギリガンによれば，女性のアプローチはまったく異なる。女性は，自分自身よりも他者の声に配慮し，他者の立場を取り込んで判断しようとする。だから，まず，他者がこの問題を「どう思っているか」を実際に尋ねるところから出発する。そして，対話を重ねて他者と問題を共有し，そこから解決への糸口を見いだそうとする。その都度，具体的状況の中で，他者の要求に応答し，他者への責任を果たす選択を行う。それがケアの倫理である。

正義の倫理が，具体的状況と目の前の他者を離れ，普遍的な視点から問題をとらえるのに対し，ケアの倫理は，目の前の他者とのかかわりの中へ没入し，コミットメントしていく。今，ここの他者との関係をつくる倫理なのである。

二つの倫理の存在を見いだしたギリガンは，どちらか一方を否定しようとしたのではない。人間には，性によって異なる道徳性があり，両者は相互補完的な関係にある。それがギリガンの問題提起であった。

他方，ノディングスは，ギリガンのケアの倫理を性差としてとらえず，ケアリング（ケアすること）を人間一般の倫理として道徳教育の中心概念に据えるよう提起する。ケアリングは，とりわけ大人と子どもがかかわりあう教育の場面においてこそ重要な役割を担うからである。

　ケアは，ケアする人だけでも，ケアされる人だけでも成立しない。両者の相互行為によってはじめて成立する関係概念であり，相互行為を表している。そして，その関係は，非対称である。なぜなら，ケアする人とケアされる人は，互いの立場を入れ換えることができないからである。ケアされる側は弱者であり，ケアする人とは，人間の弱さや傷つきやすさに応答する人である。

　学校において，大人と子どもの間に「対話」は成立しているだろうか。ノディングスはこう問題提起する。子どもは命令口調で話しかけられる。授業では，教師のみが正答を知っている問題を子どもたちが解き，正解をだして褒められる。そのような形態で進められる「対話」は，一般社会にはほとんどない，とノディングスは指摘する。

　一般社会で現実に起こる道徳的問題は，だれも正解を知らないことのほうが多い。わからない問いを皆で意見をだし合って考えていくのが普通なのに，そのような対話の訓練は，学校教育でほとんどなされていないのではなかろうか。

　そこでノディングスは，学校で「教えられる内容」よりも「教えられている状況」に注目する。そして，「真理を求めて議論すること」でなく，「他者と対話すること」，互いに語り合い，傾聴し合い，分かち合い，応答し合う営みそのものを道徳的実践として学校教育に導入すべきだと訴える。

　他者の弱さに出会い，その声を聴き，応えようとして自らケアする人になる。他者との対話を実現し，ケアリングを自らの理想として育むこと。それこそが学校における道徳教育の課題であるとノディングスは強調する。

（3）討議倫理と他者

　「ケアの倫理」の提唱は，正義の原理を道徳性の発達の最高段階とするコールバーグには大きな打撃であった。しかし，その批判を受け入れつつも，コールバーグは，正義を普遍的道徳性とする立場を貫徹した。なぜだろ

うか。

　コールバーグが求めたのは，価値観が多様化した社会において人々の自由な生き方を保障する道徳原理であった。人が実現したいと思う「善き生」は多様であり，絶対的な「善」などない。しかし，その多様性を互いに尊重しあい，かつ，他者と協同して社会生活を営むためには，共有しなければならない普遍的な基盤があるはずだ。それは，すべての人が，自分の「善き生」を追求し実現する権利をもつことへの尊重であり，それを実現する正義への承認である。この基盤を失えば，強者だけが自由な生き方を享受できる社会になってしまう。正義の原理は，すべての人の自由な「善き生」の追及を可能にする基盤でなければならない。これがコールバーグの確信であった。

　この理念を共有し，多元的社会に生きる人々のコミュニケーションによって正義の実現を求めたのがハーバーマス（J. Habermas: 1929– ）の討議倫理である。

　ハーバーマスも，道徳的問題とは，価値観が多様化した社会において，さまざまな人々が幸福に生きたいと願って実現しようとする人生計画，すなわち多様な善の追求を可能にするための基盤としての正義の実現にあるととらえる。人が大切に思うものや人生への願いはさまざまであり，何を「善き生」と考えようと自由だ。だが，その「善き生」をこの社会において実現しようとすれば，別の願いをもつ他者との利害衝突は避けられない。そこでハーバーマスは，道徳を公共世界において個々人の行為を調整する手続き原理と位置づけるのである。

　ハーバーマスがコールバーグを批判するのは，道徳性の最高段階において正義の原理が個人の内面的判断に委ねられている点である。ハーバーマスはこれを「モノローグ的」と批判し，必要なのは正義を求めてなされる実際の討議であると主張する。そして，コールバーグ理論における道徳性発達の第五段階を評価し，正義は，実践的討議において討議の参加者の合意によって創り出されるとした。

　実践的討議とは，多様な価値観をもち，それぞれの利害関心をもった当事者たちが，問題の解決に向けた合意を求めて実際に議論することである。しかし，当事者間で行われるどんな議論であっても実践的討議とみなされるわけではない。互いに異なる利害をもつ人間どうしが議論するとき，もし，互

いに一歩も譲らず自己利害に固執するなら，合意形成の道は閉ざされてしまう。討議において合意をめざそうとするなら，討議の参加者は，自分の利害を相対化し，すべての当事者の利害関心を考慮しなければならない。自己の利害を離れて全体を見渡しながら問題を考える視点とは，社会学者ミード（G. H. Mead: 1863-1931）が描いた「一般化された他者（the generalized other）」の視点である。この視点こそ，実践的討議において合意をめざす参加者に普遍的に求められる道徳的視点なのである。

　実践的討議は，理想的な発話状況であるとされる。そこでは，討議にかかわるすべての人が，合理的な主張への賛成を求められる以外には何の強制もない中で，真理を求める協同的探究に自由にそして平等に参加することが保証されねばならない。また実践的討議は，すべての関与者が，互いに相手の立場に立ち合うこと，すなわち，コールバーグが道徳的判断に必要だと考えた理想的役割取得を実行するプロセスでもある。討議の参加者が，討議に参加しない（できない）当事者も含めてすべての当事者の利害を公正に斟酌しうる道徳的視点をもつこと，それは，心の中で他者との対話を想像することによってではなく，討議に参加して他者と実際に対話することによってはじめて可能となる。コールバーグにおいて自己内対話としてモノローグ的に行われた理想的役割取得を，ハーバーマスは，討議の中で公共的に，相互主観的に実践されるプロセスと位置づけたのである。

　道徳教育の課題は，このような討議を実践できる主体の育成である。ハーバーマスは，「私にとって何が善い人生か」という善の問題（倫理問題）と正義を実現するための道徳的問題を峻別する。そのうえで，ハーバーマスは，正義を補完する原理としてケアの倫理をもちだすことも批判する。

　ケアの倫理は，一方が他方の世話をするという非対称的な 我-汝 の一方的関係であり，私的で親密な領域の倫理である。それに対し，実践的討議は，対等な相手が平等に参加して行う協同探求である。この討議に，ケアする，されるという非対称な関係はなじまない。実践的討議の場では，どちらかが傷ついている，どちらかが弱者，ということはない。対等な主体が相手の中にある「傷つきやすさ」を相互に承認しあう双方向の関係でなければならないのだ。このような実践的討議において，正義の原理を補完するのは，ケアの倫理ではない。同じ公共世界の原理であり，相手も自分同様に傷つき

悩み苦しむ存在であることを認め合う「連帯」である，とハーバーマスは提起する。

　もちろん日常生活では，非言語コミュニケーションの役割が大きい。ハーバーマスは，その意義を認めたうえで，実践的討議では，人間のもつ弱さや傷つきやすさを互いに認め合い，同じ傷つきやすさをもつ主体として，言語に媒介されたコミュニケーションによってのみ合意を求めていこうとしたのである。

　ハーバーマスが，言語によるコミュニケーションに固執し，実践的討議を参加者に高い倫理が要求される「理想的対話状況」として設定したことへの批判は根強い。「合意に到達」するという理想を捨ててはならない，と強調されても，理想的な発話状況，そして理想的な討議の担い手を想定しなければそもそも対話が成立しないとなれば，現実の世界では，いつまでも対話がはじまらない。まして，合意の形成など困難となってしまうのではなかろうか。

　討議倫理にとってもう一つの問題は，だれが討議の参加者に含まれるかである。当事者間で行われる討議は，十分な発話と行為の能力のない人々を道徳的主体から排除しているようにみえる。幼い子どもや障害者，さらには動物や自然など生態系の利害はどのように討議に反映されるのか。討議の参加者がどこまでそれらの他者に責任を負うのか。それらの答えは討議倫理からはみえてこない。

　ハーバーマスが，実践的討議を提起したのは，多元的価値社会における善の多様性を認め，この社会で自らの「善」を追求するならば，それを他者に対して正当な理由で主張する道徳的義務をもつ，とみなすからである。他者に対する説明責任を負うという道徳的義務こそ，ハーバーマスが多元的社会の基底としたものなのであった。理想的なコミュニケーションが簡単に実現すると期待しているわけではない。それはむしろ，多元的社会に生きる人間への道徳的要請なのである。

　そもそも異なる相手と対話しようとする「合意」を相手に強制することはできない。対話への要請は，公共世界の論理からではなく，私たちの生活世界から生じてくるものだ。なぜなら，私たちは，生活世界において，さまざまなコミュニケーションなしに日常を過ごすことはできないからである。実践的討議は生活世界から遊離した抽象的議論ではない。生活世界におけるコ

ミュニケーション的行為と実践的討議は，相互依存的なのである。だからこそ，道徳教育では，他者とともに生きるその場において対話の実践を続け，合意形成をめざす力を育成することを課題として引き受けねばならないのである。

（4）徳育と他者

　徳育の歴史は古い。そして，徳育への疑問へも同様に長い歴史をもつ。冒頭に紹介したように，「徳は教えられるか」という問いは，ソクラテスの時代から問われ続けている。近代公教育における道徳教育は，共同体における伝統的な徳目の継承を主たる目的として実践されてきたが，20世紀以後，その勢いは失われていった。アメリカでは，徳育は**人格教育**（または**品性教育**（Character Education）として19世紀から20世紀初頭まで広く実践されていたが，その実効性を批判した研究によって，支持を失った時期が長く続いた。

　しかし，1980年代以降，徳育の再生をめざす動きが世界各国で顕著な高まりをみせるようになる。アメリカの公教育では，政策的な後押しにより人格教育（キャラクター・エデュケーション）が復活し，ヨーロッパやアジアにおいても，学校教育で教えるべき「共有価値（Core Values）」を模索する試みが活性化する。

　徳育の理論的根拠となる**徳倫理学**（Virtue Ethics）は，1952年，イギリスの哲学者アンスコム（G. E. M. Anscombe: 1919-2001）がアリストテレス倫理学の伝統に帰れと訴えた論文「近代道徳哲学」を契機に現代に再生した。アンスコムは，義務や正しさなど道徳哲学の基本概念を批判し，規範となりうるのは，義務の観念ではなく，アリストテレスが探求した，「幸福（エウダイモニア）」であるという。アリストテレスがめざしたのは，徳を身につけ，充実した生きがいのある幸福な人生を送ることであった。倫理学は，「どう行為すべきか」を抽象的に問うのではなく，「有徳な人ならどう判断し，どう行為するか」を問うべきだ。道徳ではなく「徳」を問え。これが徳倫理学の出発点である。

　では，徳とは何か。有徳の人とはどんな人か。歴史を振り返ってみると，その答えは時代や社会によって異なるように思われる。徳倫理学では，普遍

性よりも，文化依存的で特殊的な徳の存在にあえて着目し，人間の存在が所属する共同体と不可分に結びついていることを明らかにする。徳倫理学は，個人のアイデンティティは，共同体における他者との関係の中で獲得されるというコミュニタリアニズムの主張へと通じている。

コミュニタリアニズムの論者たちは，共同体という紐帯を離れ，他者との関係から切り離された自由で独立した自律的個人を「負荷なき自我」（サンデル（M. J. Sandel: 1953- ）），「遊離せる自我」（テイラー（C. Taylor: 1931- ））と名づけ，空虚で抽象的な近代的自我を批判した。テイラーによれば，西欧の道徳哲学は個人の権利や自由から出発してきたが，社会がなければ「人間的能力」や「人間的可能性」を実現することはできない。ハーバーマスが掲げた理想的発話状況も，対話や討議に価値をおく生活世界の文化を共有してはじめて求められる。コミュニタリアニズムは，アトム化し孤立した個人を具体的な歴史と伝統の中に引き戻し，共同体の中で他者とともに未来を創る人間的主体の形成をめざす。徳倫理学に基づく道徳教育は，「いかに生きるべきか」という善にかかわる徳目の育成を共同体の教育課題として引き受けるべきだと主張している。

徳倫理学にとって，人間とは，本質的に他者とともにある存在，他者と対話する存在である。テイラーはこういう。

> 人間の生の一般的な特徴として引き合いに出したいのは，人間の生が元来，対話的な性格のものだということです。わたしたちが人間の名に十分価する行為者となり，自分自身を理解できるようになり，したがってアイデンティティを定義できるようになるのは，人間のもつ表現力豊かな言語を身に付けることによってです。ここでは議論の目的にふさわしいように，「言語」を広い意味で理解します。つまり「言語」とは，わたしたちが話す言葉だけでなく，わたしたちが自分自身を定義するときに用いる他の様々な表現様式にまでわたります。（Taylor, 1992／田中訳，2004，p. 45）

私たちが，生きがいのある人生，意味ある人生を生きるには，自律——自分で決定する——という能力だけでは十分ではない。人間は理論的には，どんな価値観，信念，ライフスタイルを選択しようとも自由であるが，その選択可能性は，私たちが実際にどんな社会に生きているかによって限界づけら

れている。徳倫理学は，私たちが今，生きているこの社会における自己実現をめざすために，共同体に受け継がれてきた文化や価値を他者から学びながら自己を形成していく教育が必要だとする。

徳倫理学では，子どもたちには，学ぶべき「形と内容」としての一連の徳——人間としてのよさ——があると考える。人生を豊かにするのは，正直，勇気，節制，寛容，誠実といった徳を身につけることである。これらの徳を身につけた「性格（人格）」を育てること，それが徳育の目的となる。

しかし，徳への教育が，旧態依然とした徳目の押しつけになってしまえば，その効果には疑問符がつけられてしまうだろう。

テイラー同様，イギリスの政治学者オークショット（M. Oakeshott: 1901-1990）も道徳を言語にたとえてこういう。

> 道徳とは，一般的諸原則の体系でも，ルールの法典でもなく，日常言語である。一般的諸原則やルールは道徳から引き出されるかもしれないが，（他の言語と同様に）道徳は文法家の創造物ではない。道徳は，話し手によって創られるのだ。道徳教育において学習されなければならないのは，善い行為とは公正にふるまうことだとか，慈悲深いことだなどといった定理でもなければ，「つねに真実を語れ」といったルールでもなく，その言語をいかに賢く話すかである。道徳は，反省の言語であると同時に，コミュニケーションの言語なのである。（Oakeshott, 1975／野田訳，1993, pp. 78-79）

「学ぶ」という視点からみると，徳育と言語学習はいっそう近似してくる。生きて働く言語が，文法書の学習だけでは修得できないのと同様に，道徳もその道徳が生き働く世界において学ばれるものだ。生活から切り離して学習させようとした途端，道徳教育は，押しつけになってしまうだろう。そこで今日の徳育は，他者とかかわりながら学ぶという学びのスタイルを重視し，徳が生きて働く日常生活の中での実践を豊かに展開するカリキュラムを提案している。その一例として，アメリカにおける人格教育（キャラクター・エデュケーション）の推進者リコーナ（T. Lickona）を取り上げよう。

そもそも「何が徳であるか」は，時代や社会によって異なるという見方が一般的であり，徳は文化依存的なものと位置づけられてきた。しかし，リコーナは，人間の人格を形成する徳には，時代や文化を超えた普遍性がある

と指摘する。

> 徳とは，賢明，正直，親切，勤勉，そして自己修養などのように，客観的に存在し，人間にとって善とされる特質です。(中略) 徳は本質的に善であり，時代によって変化しないものです。思慮深さ，忍耐，粘り強さ，勇気はいつでも徳であり，将来もそうでしょう。徳は時代や文化を超越しています。(Lickona／水野 訳, 2001, pp.16-17)

そのうえで，学校でどの徳を教えるかという具体的な決定に際しては，文化の影響を認め，「民主的な徳」(個人の権利の尊重や意見の違いに対する寛容さ) を強調する。そして，最も重要なのは，どの徳を教えるかを決定する方法だという。そこでは学校から徳を押しつけるのではなく，教師や保護者，地域，そして子どもの意見を集約していく機会をもつことが求められているのである。

リコーナの徳育論を具体的にみていくと，徳の学びが，学校における他者との対話やかかわりを豊かにする方向にあるとわかる。リコーナが重視するのは，模範者としての教師，教室における肯定的なコミュニケーション技術の修得，民主的な意志決定，協同学習であり，コールバーグが提唱したモラルジレンマによる道徳的討論による道徳的思考力の育成や**紛争解決**（conflict resolution）の学習も含まれる。さらに，学校に道徳的文化を創造するための民主的な参加型の生徒会の育成，学校外のコミュニティとの連携によるサービス・ラーニングや地域の人材の学校参加など，さまざまな人種，民族，社会経済背景の人と交流し，学ぶ機会を確保すべきであると提案している。

徳育論は，学校教育を子どもが他者と出会い，他者と対話し，他者から学ぶ場にしようとする実践をめざしているといえるだろう。しかし，その「他者」とは，同じ共同体に生き価値観を共有する他者である。自分とは異質の他者と出会い，その他者と対話的関係を結び，そこから新たな価値を創造していくダイナミクスが，徳育においてどう位置づけられるのかは明らかにされていない。道徳教育が他者との対話的関係づくりをめざすとき，「他者とは誰のことか」というもう一つの問いが生まれる。学校において，子どもたちは，どんな他者とどのように出会っているか。そして，「真の他者」に出会う場をどう創っていくか。現代の道徳教育論は，あらためてこの問いに向きあうよう求められているといえよう。

2-3　他者との対話としての道徳教育

　ソクラテスがギリシアの原初において発見した対話による学び。今日の学習論は，ようやくそれに追い付こうとしている。

　20世紀初頭に誕生した学習心理学は，飼育動物への条件づけの実験に基づいて，学習を賞罰で動機づけされた受動的な知識伝授ととらえていた。この古典的な学習観の乗り越えには，人の学びにしかない特徴が発見される必要があった。1980年代に乳幼児研究が盛んになると，人間の学びは，賞罰によって動物に行動を教え込む行動形成とは本質的に異なり，学習者である子どもが主体的に環境や他者と相互交渉して自己と世界に関する了解を獲得していく過程であることが明らかになってきた。

　人間の子どもは，一方的に知識や情報を伝達される受け身で無力な存在ではなかった。生まれながらに自ら他者とのコミュニケーションを求め，学ぶ意欲をもつ存在だったのである。人間が他者とかかわる力をもってこの世に生まれてくるということは，人間には生得的に道徳を学ぶ力が具わっていることを示すと同時に，人間が，学び，すなわち他者とのかかわりによって多様に成長しうる可塑性を有する存在であるということを示している。

　私たちは，言語によって思考し，それによって私たちが投げ込まれているこの世界の人々とつながっている。言語で考えるということは，つねに，だれかとともに考えるということにほかならない。言語は，それを育む文化や社会と切り離すことはできないからである。もちろん，「だれかとともに考える」というのは，必ずしも現実の他者を意味するわけではない。想像上の他者や自分自身との対話もありうる。だが，実際に現実の他者とともに考えるという実践こそ，道徳の世界を豊かに広げる可能性をもつ。なぜなら，一人ひとりの人間の力は有限であり，一人の人間は弱く，また誤りやすいからである。

　人間には，他者とコミュニケーションし，協同できる力が生得的に具わっている。道徳教育の課題は，人間に具わったその力を，実際に他者とかかわり，他者との対話的関係をつくることによって発達させることなのである。

　科学技術倫理の研究者ウィットベック（C. Whitbeck）は，道徳的問題の特徴とは，それが私たちが「何らかの対応をしなければならない」実践的問

題であることだと指摘する。道徳的問題は，論理的・合理的に思考して回答をだすだけで終わりではない。問題にどう取り組み，解決すべきかが問題である。ウィットベックは，道徳的問題解決の道筋をエンジニアが理論を応用して実際に何かを設計するプロセスに重ね，道徳的問題も設計問題も，「正しい解答ないし，対応策が一つしかないとか，正しい対応策の数があらかじめ決まっているといったことは，たとえあっても稀である」と強調する。

そのうえで，ウィットベックは，ギリガンの調査に登場する少女，エイミーの発想を高く評価する。エイミーは，「薬を盗むか盗まないか」という二者択一の問いに陥らず，「ローンを組む」「薬屋に値引きを掛け合う」などの現実的な代替案を提案しようとしているからだ。

ウィットベックはこう指摘する。これまで道徳的とみなされてきたのは，行為者自身の視点ではなく，審判者の視点，つまり「どこにもない」場所から関係のない立場で問題を眺め，あたかも人間に関する数学の問題であるかのように扱う評論家の視点であった。しかし，道徳的問題とは，問題に直面した当事者が，どう意志決定すべきかという実践的問いなのだ，と。

実践的思考に必要なのは，理想的な唯一の解を求めることではなく，現実社会の不確かさやあいまいさを受け入れつつ，さまざまな解法の可能性を同時に追求していくことである。ウィットベックは，道徳的問題は，解答の選択肢が明示された多肢選択問題ではなく，自由に解答する記述問題に近いとたとえる。そして，工学設計の現場において各人が自由に発想を出し合って仕事を進めるブレインストーミング（brainstorming）が行われていることを参考に，対立形式のディベートではなく，自由に意見を出し合う建設的思考を育てるべきだと提言する。

　　どうすればよいエンジニア，よい教師，よい親，よい友人になれるかという個々の人間にかかわる問題にしても，医療制度の整備や環境保護のように社会にかかわる問題にしても，およそ急を要するすべての問題はさまざまな制約をともなうものであり，その解決には，多くの人々や組織がたえず意見を述べ，監視しつづけることが必要になる。倫理問題に対するどれほどよい解決策であってもさらに改善の余地があることを認識しておくなら，倫理問題をめぐって，オープンかつ建設的な，しかも自己弁護に陥らない議論を促進するうえでよい影響を与えるであろ

う。(Whitbeck, 1998／札野 他訳, 2000, p. 93)

　今日の多文化・多元的社会においては、何を信じるか、何を美しいと感じるか、そして、人生に何を求めるかは個人の自由である。しかし、ただ一つ確かなことは、私たちが直面する道徳的問題について、それが環境問題であれ、人権問題であれ、「中学生に携帯電話を持たせるべきか」といった身近な問題であれ、真理を追求し、合意を形成していくには、暴力や権力に訴えるのでないならば、説得し、共感を求めるために、他者との対話が不可欠だということである。

　道徳教育が対話として実践されることを最初に見いだしたのはソクラテスであった。今日の道徳教育では、コールバーグが道徳的判断力を高めるために提起したモラル・ディスカッションの可能性をさらに広げ、ケアする心で共感的に聴き合う対話、合意形成をめざす公共的討議、そして、他者とともに問題を解決していくブレインストーミングと、他者との対話的関係をつくり、協同で問いを探求するさまざまな道が開けている。一人ひとりの人間が自由に、そして共に生きる世界を支えていくために、他者との対話への道を拓く力を育てることが今日の道徳教育に求められているといえよう。

[西野真由美]

【引用・参考文献】

Anscombe, G. E. M.（1981）, *Ethics, Religion and Politics: Collected Philosophical Papers Volume III,* Basil Blackwell Publisher, Oxford.

Gilligan, C.（1982）, *In a Different Voice: Psychological Theory and Women's Development*, Harvard University Press（岩男寿美子・生田久美子・並木美智子 訳 『もうひとつの声——男女の道徳観のちがいと女性のアイデンティティ』 川島書店　1986）

Habermas, J.（1983）, Moralbebusstsein und Kommunikatives Handeln, Suhrkamp（三島憲一・中野敏男・木前利秋 訳 『道徳意識とコミュニケーション行為』 岩波書店 1991）

Kant, I., 1784／篠田英雄 訳 『啓蒙とは何か』 岩波書店　1950

Kant, I／円谷裕二 訳 『カント全集13』 岩波書店　2002

Lickona, T.／水野修二郎 訳 『人格の教育——新しい徳の教え方学び方』 北樹出版 2001

Noddings, N.（1984）, *CARING: A feminine approach to Ethics & Moral Education*, University of California Press（立山善康・林 泰成・清水重樹・宮崎宏志・新 茂之 訳 『ケアリ

ング　倫理と道徳の教育——女性の観点から』　晃洋書房　1997)
Oakeshott, M.（1975）, *On Human Conduct*, Clarendon Press（野田裕久　訳　『市民状態とは何か』　木鐸社　1993)
Platōn／藤沢令夫　訳　『メノン』（岩波文庫）　岩波書店　1994
Platōn／藤沢令夫　訳　『プロタゴラス—ソフィストたち』（岩波文庫）　岩波書店　1989
Smith, A.（1759）, The Theory of Moral Sentiments（水田　洋　訳　『道徳感情論（上）（下）』（岩波文庫）　岩波書店　2003)
Taylor, C.（1992）, *The Ethics of Authenticity,* Cambridge, Harvard University Press（田中智彦　訳　『〈ほんものという倫理〉』　産業図書　2004)
Tomasello, M.（1999）, *The cultural origins of human cognition*, Cambridge, Harvard University Press（大堀壽夫・中澤恒子・西村義樹・本多　啓　訳　『心とことばの起源を探る』　勁草書房　2006)
Whitbeck, C.（1998）, *Ethics in Engineering Practice and Research*, Cambridge University Press（札野　順・飯野弘之　訳　『技術倫理1』　みすず書房　2000)

第3章

子どもの共生感覚を育てる

はじめに

　最近私たちの身のまわりで，「共生」という言葉がしばしば聞かれるようになった。また，私たち自身が，何かにつけて「共生」という言葉を使うことが多くなっている。このように，「共生」という言葉は，いろいろな時や場面で，聞いたり使ったりする言葉であるが，この言葉によっていったい何を意味し，どのような社会のあり方を示そうとしているのであろうか。

　本章においては，この「共生」の問題について，「共生」という言葉の意味，共生すべき「他者」とはいかなる人なのか，共生社会形成の論理と共生社会形成の主体，という点にしぼって，原理的に考えていくことにする。

3-1　共生とは

（1）生物学的な意味

　「共生」という言葉は，まず生物学の用語として使われはじめた。その定義は，次のようなものである。

　　　異種の生物が密接に関連して一緒に生活する状態を表す一般的な用
　　語。元来定義されたように，この用語は相利共生と寄生の関係に関する

すべての形を含んでいる。近代の使用においては，互いに有益な種の相互作用，すなわち相利共生に限定されている。(Allaby, 1992／駒嶺訳，2005, p. 106)

「共生」の定義を最も広くとると，両方がともに利益を得る「相利共生」，一方は利益を得るが他方は利害に影響がない「片利共生」，一方が利益を得て他方が損失をこうむる「寄生」がある。相利共生の例には，地衣類（藻類と菌類が合体したもの），マメ科植物と根粒菌，多くの草食性動物と腸内バクテリア，シロアリと腸内原生動物の関係などがある。片利共生の例には，サメやウミガメについているコバンザメ，ナマコの腸内に隠れるカクレウオ，カツオノエボシの触手の間にいる小魚などがある。

しかしながら，実際の生物界においては，「共生」をこのようにきれいに分けてとらえることができるわけではない。実際には，個々の事例の場合，そのどれを，相利共生，片利共生，寄生に分類したらよいのかでさえ，必ずしも明確ではない。それに，現実の生物界では，条件によって，寄生から相利共生に変わったり，その逆が生じたりすることがあるのである。

「共生」という言葉にしても，はじめは地衣類について，すなわち藻類と菌類の関係について記述するために，19世紀後半ごろにつくられたのであり，ここには，身体を接し続けているという意味があったのである。それがやがて，身体を接し続けていない場合にも，さらには栄養獲得とは関係のない場合にも，この言葉が使われるようになり，現在では，その意味が以前よりも拡大されている。このようにして「共生」という言葉は，最も広く理解する場合，その中に多様な意味を含んだ言葉になっているのである。

このようにみてくれば，生物学の分野においてさえ，何をもって「共生」というかは，それほど自明のことではないということがわかる。それぞれの論者がどのような立場にたつかによって，その内容の理解はかなり違っているのである。しかしながら，いずれにせよ，異なる生物種の間に，なんらかの相互関係が成り立っているとき，これを「共生」といってよいのであろう。

(2) 倫理問題としての「共生」

それでは次に，もう少し「共生」についてみていきながら，この「共生」がどのような意味において人間の問題・倫理の問題になるのかについて考え

ていくことにしよう。

　まず,「共生」という言葉がどのような意味をもっているのかをみることからはじめよう。川本隆史は,日本語の「共生」にあたる英語は「シンバイオーシス」と「コンヴィヴィアリティ」であるとして,井上達夫のいうところを参考にしながら,これら二つの語について次のように解説している。

　　　ここで井上さんは「共に生きる」を原義とする二つの英語,《シンバイオーシス》(symbiosis)と《コンヴィヴィアリティ》(conviviality)の違いを強調します。(中略)
　　　「生の諸様式の調和的統一」を追求する《シンバイオーシス》と,「生の諸様式の雑然たる賑わい」を求める《コンヴィヴィアリティ》とを区別し,多様な人生観や価値観をもつ人びとが後者の意味で「共に生きる」ための作法を《正義》だと見定める。(川本,2008, pp. 9-11)

「シンバイオーシス」が同質性をめざすような方向での「共生」であるとするなら,「コンヴィヴィアリティ」は「多様な人生観や価値観をもつ人びと」,すなわち異質な者どうしの「共生」である,ということができよう。そして,井上にとっては後者の意味での「共生」のほうが,「正義」にかなっているということになるのである。

　以上の文章に続けて,川本は,さらに次のようにいう。

　　　花崎さんは,もともと生態学の用語だった「共生」が「科学技術文明がもたらした環境危機の深刻化から,生態系に対する人間の非破壊的で持続可能な関係を求める言葉として用いられるようになった」と説き起こします。次いで「環境倫理,環境哲学,エコフィロソフィーとして多様な展開をみせている」エコロジカルな〈共生〉思想と,「国際化社会の矛盾や葛藤を克服する課題から生じた思想としての〈共生〉」との区別に進みます。後者は,自己保存のための相互利益の保証にとどまらないし,人間の内面の意識変革を含む点で前者と違うというのです。
　　　(川本,2008, pp. 12-13)

井上と花崎皋平のいうところに従えば,「共生」とは,「コンヴィヴィアリティ」としての「共生」であり,「思想としての〈共生〉」である,ということになる。

　それでは次に,井上のいうところに従いながら,以上のような「共生」の

意味するところを，さらに詳しくみていくことにしよう。

　　現代的意味での共生は，自他が融合する「共同体」への回帰願望ではなく，他者たる存在との対立緊張を引き受けつつ，そこから豊かな関係性を創出しようとする営為である。（中略）　共生は異なるものの共生であり，差異への権利と対等者としての承認要求を統合する企てであって，被差別者の「同化」とは根本的に異なる。（井上，1998, pp. 343-344）

まずここで注目しなければならないのは，「共生」が他者との「対立緊張」を含みもったものである，ということである。自己と他者の間に何も問題がなく，波風の立たないような関係が望ましい関係である，とはとらえられていない。

そもそも「共生」ということが問題になりだしたのは，それまで自明のこととされていた世界の調和や一体性が崩壊し，隠蔽抑圧されていた差別・対立が一挙に噴出してきたからである。ここで一挙に噴出した問題とは，民族差別・障がい者差別・性差別・文化摩擦などの問題であり，このような事態に直面した人々は，これまでとは違った新たな共存関係の枠組みを模索することになったのである。このようななかで，「共生」という考え方が注目されるようになった。したがって，「共生」には，はじめから「対立緊張」ということが含まれていたのである。

このように，はじめから「対立緊張」を含みもったものが「共生」であったということは，これからの「共生」社会が，異質な者たちから構成される社会である，ということを含意していた。そして，異質な者どうしが集まれば，いろいろな面でさまざまな対立・葛藤が生じるのは当然のことである。異質な者どうしの間に生じる対立・葛藤をうまく調整していくための社会的な作法として，「共生」という考え方が，私たちにひとつのよりどころを与えたのである。

したがって，「共生」という考え方は，社会の構成員の差異をなくし，同質化しようとする試みではなく，差異を差異として認め，異質性を尊重しようとするものなのである。差異性・異質性をそのまま保持しながら，人々が互いに共存できる社会のあり方を求めていく試みであるといってもよい。それゆえに「共生」は，「差異への権利」と「対等者としての承認要求」を必然的にその中に含み，これらを統合しようとする。

これまでは，社会の中で多数者と違うところのある人たちは，その違いのゆえに，差別され，偏見の目にさらされてきた。このような社会では，少数者，異質な者は，社会的にも経済的にもいろいろな面で不利な状態におかれてきた。この人たちが，その社会の中で多数者と同じ扱いを受けようとすれば，自己のもつ特徴を否定し，消し去らなければならなかった。そのようにして，多数者のあり方にできるだけ近づかなければならなかったのである。このような自己否定による（多数者への）同化・同質化によってしか，多数者と同等の扱いを受けることができなかったのである。しかし現実においては，これらの人たちが，いくら対等・同等の扱いを受けようとして自己否定による同化・同質化に向かって努力しても，その道は固く閉ざされていたのである。

　このようなこれまでの社会のあり方に対して，「共生」という考え方は，人間どうしの共存の新たな枠組みを提示することになった。これまで少数者にとって差異は，差別やさげすみの原因であり理由であった。これに対して「差異への権利」「対等者としての承認要求」という考え方は，自己の差異を，本人自身が自己の特徴として主張し，自己決定する権利として認めていこうというものであり，しかも，その違い・差異がそのまま丸ごと認められ，受け入れられながら，その違い・差異のままで平等であり対等であることの承認を求めていこうというものである。

　このように私たちの人間社会における「共生」というのは，自然的・生物学的な意味における事実としての「共生」ではなく，望ましい社会という価値の実現を求めながら，私たちがこれから新たにつくっていくものとしての「共生」であり，その意味においてこの「共生」は，倫理的な問題として理解しなければならないのである。

3-2　他者とは何か

（1）近代的主観とその限界

　共生とは，自他の融合ではなく，異なるものの共生である，ということを前節でみた。それでは次に，「共生する人間」とはいかなる人間であるのかについて，考えてみよう。そのためには，まわり道ながら，まず近代的人間

の成立について述べることからはじめよう。

　まず，デカルト（R. Descartes: 1596-1650）らに代表される近代の哲学者たちは，人間を，理性を具え，この理性によって世界を認識する存在ととらえた。つまり人間は，理性をもつということによって，認識の主体としての位置を与えられ，この理性によって自己の外にある事物・世界を認識する存在ととらえられることになったのである。このようにして，近代以降の人々に大きな影響を与えた，主観―客観（主体―客体）図式が成立した。

　このような主観―客観（主体―客体）図式は，一方で，近代的人間についての哲学的解明を推し進める原動力となり，他方で，近代自然科学に自然の探究に際して依拠すべき原理を与え，私たちに多くの知見をもたらした。このようにして，近代の諸学問の発展，特に近代自然科学の発展は，それがもたらした知見と，その知見に基づく近代の科学技術とによって，私たちに近代文明という計り知れない恩恵をもたらした。

　このように，近代的人間（主体）の確立，および近代自然科学の発展は，私たちに多くの幸福をもたらしたかにみえた。しかしながら，現代においては，このような近代の達成に対して，懐疑の目が向けられるようになっている。それは，科学技術の飛躍的な発展が環境破壊を引き起こし，私たち人間の生活の基盤さえも蝕んでいる事実に，端的に現れている。さらにはまた，生命科学の発展が，私たち人間の生命をも改変・操作の対象にできるようになってしまったという事実に，それが現れている。

　このような懐疑の目は，近代自然科学にだけ向けられているのではない。近代の哲学および近代の人間観に対しても，同じように懐疑の目が向けられるようになった。このような懐疑の中から生じた現代の哲学は，近代思想がその基本的な枠組みとして採用していた主観―客観図式の乗り越えを，その主要な関心事としていくことになる。この西欧近代思想の乗り越えは，現象学の身体性論・間主観性論，科学哲学の科学主義＝客観主義批判，フーコー（M. Foucault: 1926-1984）の知＝権力論，マルクス主義の物象化論（鷲田，1988，p. 305）など，多くの哲学・思想によって試みられた。

　現象学は，主観―客観図式ではとらえきれない，つまりこの枠組みからはこぼれ落ちてしまう「身体」や「他者」の問題があることを示した。その批判をかいつまんで述べれば以下のようになる。

近代的な主観・主体は，認識し意識する主観・主体であった。しかしながらこの認識し意識する存在には，原理上，身体や他者が欠けていた。近代的主観・主体の本質は，まずなによりも，認識し意識するところにあった。したがって，この本質的要件を満たしさえすれば，近代的な主観・主体（他者や身体を欠いた，認識し意識する主観・主体）は，存在することができたのである。このように，近代の主観—客観図式からは，世界の中の孤独な存在としての主観・主体というものしか導き出せないのである。このような形で，近代的な主観・主体に対して厳しい批判がなされたのである。

　このように，世界の中に孤独に存在する人間という考え方では，自己以外の人と手を取り合い，結びつくということの可能性を，哲学的・原理的に説明することができない。このような問題に対してひとつの手がかりを与えてくれるのが，「他者」をめぐる考察である。

(2)「他者」の他者性・異質性

　私たちが「他者」（2-2節(1)参照）というとき，その意味を，私以外の人というようにごく大ざっぱにとらえている。しかしながら「他者」とはそのようなものであるのだろうか。単に私以外の人というようにとらえるだけで，「他者」のすべてを説明したことになるのであろうか。

　私以外の人を仮に「他者」といったとして，この「他者」を私は本当に理解することができるのだろうか。あるいは，そもそも私とは違う「他者」が存在するというのは，いったいいかなることなのであろうか。

　このことを説明する仕方のひとつに，**類推説**がある。この説によれば，まず，私の心の状態と私の身体の状態の結びつきを私が理解していることが前提になる。そしてこの前提のもとで，私が他者の身体の状態を知ったとき，この他者の身体の状態を私の身体の状態に重ね合わせ，そこからこのような身体の状態にあるときの私の心の状態を導き出す。そして最後に，この私の心の状態から，他者の心の状態を類推し理解する，というものである。

　もうひとつは，リップス（T. Lipps: 1851-1914）によって説かれた感情移入説である。この説は，類推説に対する批判としてだされたもので，他者への感情移入は，人間にとって根源的な本能・衝動であるというものである。私たちは，他者や芸術作品に出会ったとき，これらに自己の感情を投射し，

同時にこの感情が他者や芸術作品に属していると体験する。このように，自己の感情を他者に投射し，それが他者の感情であるととらえるという説明の仕方を，**感情移入説**という。

　この類推説や感情移入説に対しては，いろいろな立場から批判がなされた。そのひとつは，どちらの説も，デカルト以来の心身二元論を前提にして論を組み立てているというものである。二つ目は，はじめから我と他我を切り離し，そのうえでこの断絶をどう架橋するのかという問いのたて方をしているが，このような問いのたて方自体が間違っているというものである。さらには，問題を他我認識の次元において考えるのは間違いで，行為的・実践的な次元で考えなければならない，という批判がなされている。

　このような批判が妥当なものであるとするならば，類推説によっても感情移入説によっても，他者の存在の確かさを説明することはできそうにない。このような他者問題の解明を推し進め，この問題が直面している困難を解決しようとして，多くの人々により「他者」が論じられるようになった。

　　　他者とは，私たちの語りを絶えずはみでるもの，私たちの配慮を絶え
　　ず逃れていくものと語られてきた。私たちの行為や態度を裏切るもの，
　　私たちには終に了解不可能で表象不可能で予測不可能なもの，私たちの
　　共同性を超越するもの，私たちの共同性の外部にあるものと語られてき
　　た。(小泉，2008，pp. 40-41)

　このように他者は，類推説や感情移入説のように，私が主となって構成し，つくり上げるものではなく，「私たちの共同性」を超越した外部にあるものとされた。このようにして，私に解消されない他者の絶対性，他者性，異質性を確保しようとする試みがなされた。

　しかしながら，このようにして他者の絶対性・他者性が確保されたとして，それではいったい私はこのような他者と，どのようにして関係を結ぶことができるというのであろうか。

(3) 可傷性

　他者は，「私たちの共同性」を超越し，その外部にあるとされたが，その超越性・外部性によって，「了解不可能」「表象不可能」「予測不可能」とされた。したがって他者は，私が自己の側へとこれを取り込んだり，どうこう

できるようなものではない。私が他者と出会うのは、レヴィナス（E. Levinas: 1905-1995）によれば、他者のほうが突然私の前に現れ出てくることによってなのである。したがってここでは、自己と他者との関係が成立するのは、自己の側からではなく、他者の側からによるのである。つまり、他者との関係においては、自己は受動的なあり方をとらざるをえないということなのである。以下において、このことを、レヴィナスに従いながらみていくことにしよう。

　レヴィナスによれば、人間は「身体」をもった存在である。そしてこの身体は、「受動性」をその特徴としている。そして、この身体の「受動性」が最もよく現れているもののひとつに「感受性」の次元があり、この「感受性」の次元は、「いっさいの受動性よりも受動的な」次元であるとされる。そして、この「感受性」には、二つの契機があり、そのうちのひとつが「傷」（「傷つきうること」「傷つきやすさ」「感傷性」「可傷性」ともいわれる）であるとされる。

　それでは、いったいこの「傷」は、レヴィナスの思想においてどのような意味をもつのであろうか。

> 　主体性が「〈同〉における〈他〉」であり、主体がすでに〈他者〉を孕んでいるとすれば、（中略）　それは感受性という次元で生起していることがらなのだ。つまり、能動的な志向に先だち、それゆえに受動的な、レヴィナスの表現にしたがえば「いっさいの受動性よりも受動的な受動性」としての感受性の次元において、私は〈他者〉と結ばれている。
> 　（熊野，2009, pp. 177-178）

このようにしてレヴィナスは、「感受性」の次元に、他者の存在を証明する契機を見いだしていくのである。このことを、もう少し説明しておこう。

　身体の「感受性」というのは、「感受性の直接性」であり、世界に直に接していることであり、いかにしても逃れようのない「感受性」のことなのである。これは主体の意志によってどうにかできるようなものではなく、その意味において、「いっさいの受動性よりも受動的な受動性」としかいいようのないものなのである。このような意味において、身体ははじめから「可傷性」「傷つきやすさ」を帯びているのである。そして身体は、この「可傷性」「傷つきやすさ」によって、あらゆる能動性、意識の志向性が働くよりも前

に,「傷」を負ってしまっているのである。このように人間が身体をもつ存在であり, この身体が「感受性」をその特徴としているということは, 人間のこの「感受性」の次元が, 人間の認識や意志や意識の次元よりもより根源的であるということを示している。このようにしてレヴィナスは,「感受性」というものを手がかりにしながら,「他者」は,「私」について考えるうえで絶対に欠くことのできない契機であるということを示したのである。

(4) 応 答 性

　レヴィナスはまた別のところで,「声」「呼びかけ」について語っている。
　私がだれかに呼びかけられ, それに気づくという経験は, 何を意味しているのだろうか。レヴィナスはこのように問う。
　私が呼びかけに気づくというのは, その呼びかけに私が気づいた時点で, 他者はすでに私に呼びかけてしまっている（私にとっての過去）, ということを意味する。そして私は, その他者の呼びかけを, その呼びかけがなされてしまった後から私の意識によってとらえ, 今の私の現在においてそれをとらえ返す。もしそうだとするならば, 他者の呼びかけは, 私の意識がそれをとらえるよりも前に, 私には呼びかけとして響いていたということになる。
　私が呼びかけに気づいた時には, 他者はすでに呼びかけていた。したがって, 私が私の意識によってこの呼びかけに「諾」「否」の応答をするよりも前に, 私がこの呼びかけに気づいたということは, 私は, 意識を働かせるより先に他者の呼びかけに応答していた, ということを意味する。いいかえれば, 私が意識を働かせて「諾」「否」の返事をしようが, 返事をすることそれ自体を拒否しようが, 私が他者からの呼びかけに気づき, これを聴き取ったということそれ自体が, 他者に対してすでに応答してしまっているということを意味する, ということなのである。つまり, このことは無条件に「諾」の応答をしてしまっているということを示しているのである。

　　具体的な呼応のいかんに先だってすでに無条件のウイによって応答してしまっているかぎり, 私には他者にたいする〈責め〉がある。すなわち応答—可能性がある。どのような応答も, 応答の拒絶すらもが応答となってしまう可能性がある。その意味で, 他者にたいする私の〈責め〉は「無限」なのだ。つまり責めは私によってけっして意識的には「引き

受け」られておらず，引きうけることもできないがゆえに，それが「いっさいの受動性よりも受動的な」ものであるからこそ，私によって取りつくすことのできないもの，すなわち「無限」なものなのである。
（熊野，2009, pp. 207-208）

　ここでレヴィナスは，ルスポンサビリテ（responsabilité），つまり「責任」「責め」について語っている。私たちは，なぜ他者と関係し，他者に対して責任をもたなければならないのか。このような問いに対する答えを，彼は「ルスポンサビリテ」という語を手がかりにしながら，導き出そうとしている。まず，「ルスポンサビリテ」の語源へと遡っていくと，「答えることができる」という意味にたどりつく。つまり，「応答—可能性」ということである。そしてこの「応答—可能性」は，すでにみたように，レヴィナスにあっては，意識の次元の事柄ではなく，それに先立つ受動的な感受性の次元の事柄なのであり，身体を具えた人間のあり方そのものを示している，とされたのであった。それゆえ「他者」に対するこのような意味での「応答—可能性」は，同時にまた，「他者」に対する「責任」「責め」でもある。そしてこの「責任」「責め」も，すでにみたように，私が意識的，能動的にはたすことができるようなものではなく，私の外からやってきて，私に受動的に課される「責任」「責め」なのである。このようにしてレヴィナスは，私にとって，「他者」に対する「責任」「責め」が「無限」であることを示すのである。

　このように「責任」「責め」は，私がはじめから他者との関係につながれており，この関係の中で私が私になりうるということを示しているのである。このようにしてレヴィナスは，「responsabilité（「応答—可能性」「責任」）」という語を手がかりに，私と他者の間に，つまり人間に「倫理」が可能であることを示したのである。

3-3　他者との共生を求めて

(1) ケアについて——他者の痛みを感受する力

　川本は，次のようにいう。

　　《共に生きる》という課題に立ち向かうためには，集計された財（豊かさ）の分配を論究するマクロ的なアプローチと，目の前で苦しんでい

る他者にどう対応すべきかを考え抜くミクロ的なアプローチとの両者を使いこなさねばなりません。心理学者ギリガンが求めた二つの倫理（引用者注：「正義の倫理」と「世話の倫理」のこと）の統合を，社会倫理の分野で読みかえるとそうなるでしょう。「共生の技法」であるケアと（井上達夫さんふうには）「共生の作法」とも言うべき社会正義との両立・共存の可能性（川本，2008, pp. 44-45）

　ここで川本は，「共に生きる」ということを実現するのが私たちの課題であると考えている。そして，彼が「共に生きる」という言葉を使うのは，「『共生』という文字づらが醸しだす何やらほんわかしたムードにもたれかかることなく，そこに伏在している複数の異質なモチーフを読み分けていくこと」（川本，2008, p. 4）をめざしているからであるという。

　それでは次に，川本が「共に生きる」という課題にとって重要な技法であるという「ケア」（2-2節(2)参照）が，どのようなものであるのかについてみていくことにしよう。

　私たちは一般に「ケア」という言葉を聞くと，ケアする人とケアされる人との関係を思い浮かべ，よいケアがなされるためには，ケアする人の側からの手厚い配慮，心配りが大切だと考える。よいケアがなされるためのポイントは，ケアする人のあり方にかかっているというわけである。しかしながら，このような考えのもとに行われるケアは，ケア本来のあり方から遠く隔たってしまう。

　清水哲郎は，「ケア」がどのようなところからはじまるのかについて，次のようにいう。「『ケア・看取り』は，相手からの援助の要求がしかけられたらそれに応じようとして，『（要求の仕掛けを）看る』こと」（清水，2006, p. 106）からはじまる。そして，この「看る」ことの中には，「応答する姿勢」がはじめからその本質をなすものとして含まれている。

　　看るプロセスの中に自分がおかれているということ，自分をまさに相手の求めに応じることができる者として，かつ応じなければならない者として，状況の中で位置づけるということこそ，「私はここで何らか応答すべき立場にある（＝responsible である＝責任がある）」と認めることである。（清水，2006, pp. 108-109）

　したがって「ケア」は，「指令として与えられるものではなく，それへと招

かれるもの」（清水，2006, p.110）なのである。これは，私たちが，目の前の人をケアを必要とする人と認識したその時点においてすでに，私たちはその人と「人対人の関係」を取り結んでしまっているということなのである。

「ケア」における「看る」こと，およびそのことに本質的に含まれる「応答性」を前提にしたうえで，「ケア」が備えるべき条件をまとめると次のようになる。まず，「相手の善をめざすこと」がその一つであり，もう一つは，「共同で進める」「合意に基づいて進める」である。この二つが満たされてはじめて，相手に対する働きかけが，「パターナリズム」に陥ることなく，本来の「ケア」として成り立つのである。

このようにして清水は，「ケア」を，する側からされる側への一方的な働きかけとしてではなく，両者の「共同の活動」としてとらえ，「〈する―される〉の差別化」を防ごうとしている。しかし彼は，これだけではまだ不十分であるとして，ケアする側とされる側の「共同の活動」を，「より広い人間の〈共に生きる〉共同体のネットワーク」の中に位置づけ，この中での出来事として理解することが必要であるという。なぜならば，このようにしてはじめて，両者の間の相互性・互恵性が完全なものになるからである（清水，2006, p.127）。

> 〈する側〉・〈される側〉がそこに属しているネットワーク全体の中で自らを位置づけるときに，もはや自らが〈する側〉なのか〈される側〉なのかという差異は消え，人の繋がりの中で〈共に生きている〉ということが，あるいはそのようなネットワークに，あなたも私も参与しているのだ，ということがみえてくる。そのようなネットワークの中でこそ完全な相互性が現れる。（清水，2006, p.128）

このようにケアは，一方から他方に対してなされる，恩恵的で一方通行の関係ではない。たとえそこには，「する側」と「される側」の違いがあろうとも，それは，「する側」が「される側」に対して恩恵的な態度で向き合うことではない。ケアが両者の応答関係の中ではじまるものであるとするならば，そのような恩恵的な「する・される」の区別は意味を失い，大きなネットワークの中で「共に生きる」という相互性のほうこそが，そこには新たに立ち現れてくるのである。

（2）正義について——正義にかなった，公正な社会の構想

　ここでは，ギリガン（C. Gilligan: 1936- ）の「正義の倫理」，川本の「社会正義」が扱おうとしている領域について考えることにしよう。その手がかりとして，ロールズ（J. Rawls: 1921-2002）の公正としての正義という考え方を取り上げてみよう。

　ロールズは，その著書において，次のようにいう。

> 　解明と対照のために，古典的功利主義および直観主義の正義の概念を取り上げ，これらの見解と公正としての正義との違いを考察する。私が議論を展開していく狙いは，哲学上の伝統を長い間支配してきたこれらの教義に代わって生き残り得る正義論を，樹立することにある。
> 　（中略）　各人には皆正義に根ざす不可侵性があり，社会全体の福祉でさえこれを侵すことはできない。このために，ある人々の自由（freedom）の喪失が，他の人々に今まで以上の善（good）を分け与えることを理由に，正しいとされることを，正義は認めない。（中略）　したがって，正義に適う社会では，平等な市民権という自由が確立していると考えられており，正義によって保証される権利は，政治的交渉とか社会的損益計算には従わない。（Rawls, 1971／矢島 訳，1992, p. 3）

　それではロールズは，どのような主張を展開したのであろうか。彼の主張の出発点は，功利主義的な考え方を徹底的に批判し，拒絶するところにある。

　まず彼は，「公正」であることの基準を「全市民の効用の和」に求めなければならない必然性はない，という。社会が「公正」であるかどうかを判断するための基準は，これ以外にもありうるはずである。いろいろな基準がありうるなかで，なぜ「全市民の効用の和」が選ばれなければならないのか，その根拠を示すことはできないのである。

　さらにまた，「全市民の効用の和」という基準によって，その社会の公正さを判断する場合，次のような難点が生じてしまう，ともいう。つまり，この基準でいえば，「効用の和」が増加・増大することが，その社会が公正であることの証拠になる。しかし「効用の和」が増加・増大したとしても，その増加・増大が，少数の人々の満足の極端な増加・増大によってもたらされた場合，あるいは，少数の人々を虐げ，不利益を被らせることでもたらされた場合，それをもって，その社会の中に「公正」が実現されたとはいいにく

いだろう。

　ロールズはこのように述べて，功利主義を批判した。このような功利主義の批判からさらに一歩を進め，彼は次に，独自の「正義の二原理」を提示する。「正義の二原理」とは，「第一原理（自由の優位）」と「第二原理（格差原理）」とからなる原理のことである。

　「第一原理」は，各人は自由に対する平等な権利を有するという政治的な原理である。「第二原理」は，ある条件を満たした場合においてのみ，社会的・経済的不平等は容認されるという経済厚生に関する原理である。彼は，この二つの原理によって，「正義」とは何であるのかを示した。

　それでは次に，この原理について，特に「第二原理」に注目しながら説明していくことにしよう。

　「第二原理」は，「最も不遇な人々の利益を最大限に高める」ことができる場合においてのみ，不平等は容認されうる，というものである。この原理の特徴は，条件付きとはいえ，不平等を容認していること，そして，最も不遇な人々の利益だけに注目していること，この二つである。

　一般にすべての人の単純な平等性を求め，これを良しとする私たちの常識からすれば，以上のようなロールズの「第二原理」は，きわめて特異なものである。この特異で，私たちにはなじみのない格差原理を，彼はどのようにして正当化したのであろうか。

　彼はまず，生まれる前の人間は「原初状態」にあると仮定する。この「原初状態」にある人間には「無知のヴェール」がかぶせられており，この人間は，財や能力をいっさいもたず，社会における自己の地位や身分についても知らない。つまり，自己の能力・地位等についてのいっさいの情報をもっていない。このように，「原初状態」において「無知のヴェール」に覆われた人間というものを仮定するならば，この人間が生まれた後に遭遇する不運・不遇は，前もって予定されていたものというよりは，すべて生まれてから後にたまたま出くわしてしまった偶然によるものであると考えてもよいであろう。

　このように，自分が生まれてから後の人生においてどのような境遇になるかわからない，「無知のヴェール」に覆われた人がいると仮定した場合，このような人は，どのような社会を望ましい社会として選択するであろうか。ロールズはこのように問う。

このような問いに対しては，人は，もし何らかの偶然によって不幸・不遇な状態に陥ってしまうようなことがあれば，それに対して十分に補償してくれるような社会があるとよい，と答えるであろう。
　このように，「原初状態」「無知のヴェール」といった概念を導入することによってロールズは，望ましい社会，つまり正義にかなった社会というのは，「最も不遇な人々」に配慮し，彼らの不運・不幸を何よりも先に補償していくような社会のことである，と主張したのである。

（3）共生社会の形成と新しい主体概念

　共生社会の実現は，現代に生きる私たちがまさに解決しなければならない差し迫った課題として，私たちの目の前にある。しかも私たちは，この共生社会の実現は，現在の，この私たちの課題であるとばかり思い込んでいる。しかし，すでに三十年近くも前に，花崎皋平はこの問題について次のように指摘していた。

　　主体形成の基礎になるもっとも大事なものは，共生の感覚とでもいうべきものである。共生の感覚とは，人と人，人と風景との有機的一体性の感覚である。わたしたちは，近代の文明化のなかで，この感覚を疎外し，磨滅させてきた。だから，今日，その復活を希求するとき，価値理念の側から刺戟をおくって感覚をめざめさせ，敏感にする働きかけが必要であるように思う。その価値理念として，わたしは，共感と友愛の理念をあげた。このような理念にみちびかれ，その刺戟によってめざめる共生の感覚を土台にしてはじめて，共同社会建設にまつわるさまざまな理論課題と取り組む知的営為も，実践者から浮き上がらずに，関係の相互性のなかで批判され，確かめ合われ，一人一人の主体の力能として定着されるであろう。（花崎，2009，pp. 177-178）

　　「やさしさ」とは，疎外された社会的個人のありようを，共感という方法でとらえるときに生ずる感情である。このような感情を媒介にしてはじめて，人民相互の社会連帯が結晶となるのではないだろうか。
　　（花崎，2009，p. 12）

　花崎は，その著書で，「共感」から出発して「共同社会」「社会連帯」「類的な共同性」（花崎，2009，p. 127）をどのようにつくり上げていくとい

う彼の壮大な構想について論じている。Ⅰ章とⅡ章のタイトルはそれぞれ「共感と自己への関心」、「共感から知へ」となっており、共感の問題が単に共感だけに閉じるのではなく、「自己」や「知」の問題との関連において（共感と「やさしさ」、「ことば」をもつことの意味、共感と自己への関心、共感と分析、科学批判と「知」の革新、二つの価値と二つの「知」）論じられている。このように花崎は、「共同社会」「社会連帯」「類的な共同性」を実現するためには、「共感」によって主体の問題、知の問題、社会の問題をとらえ返し、これらを再組織化し、再構成したものの総体によって、その実現に取り組まなければならないということをはっきりと認識していた。

　花崎に従えば、「共同社会」を実現するためには、「共感」「共生の感覚」だけを問題にすればそれでよいというわけではない。「共感」「共生の感覚」は、私たちが、一方では自己の内面を深める方向において、そして他方では社会へと拡がっていくような方向において自己を主体として形成していくとき、この二つの方向が交わるところに位置する重要な感覚である、ということができる。したがって、花崎においては、「共感」「共生の感覚」というのは、そこを核にしながら、そこからさまざまな社会関係が複合的・重層的に織り上げられていくことになる出発点なのである。このようなところから、花崎は、「共感」「共生の感覚」そのものについて深く解明すると同時に、他方では、この感覚を核にしながらさまざまな社会関係をどのようにして複合的・重層的に織り上げていくかという、社会形成の論理を追究しているのである。

　花崎や川本に従えば、共生社会実現のための出発点は、「共感」「共生の感覚」「ケア」にあるといってよいだろう。また、レヴィナスに従えば、この出発点は、「感受性」にあるといってよいだろう。しかし、「共感」「共生の感覚」「ケア」「感受性」が大切だという理由で、これらをいくら強調したとしても、それだけで問題が解決するわけではない。花崎もいうように、これらの感覚を出発点にして、そこから複合的・重層的な社会関係を織り上げていくことのほうが大切なのである。あるいは、そのための論理を鍛えていくことのほうが大切なのである。

　そして、このような社会形成の道筋を、川本は「ケア」と「社会正義」の両立・共存ということによって、花崎は「共感」から出発し、「自己」と

「知」を新たな観点から変革し，これらを再構築・再組織化するということによって示した。

　それでは，このような共生社会の形成を担う主体を，どのようにとらえたらよいのであろうか。
　共生社会実現のためには，川本や花崎がいうところからもわかるように，何かある単一の感覚を育成すればそれですべてが解決するというわけではない。その実現のためには，他者と社会的な関係をつくり上げていくときに必要となる，多種多様で柔軟性に富んだ知識・技能・資質・能力等を具えた主体が存在しなければならない。このように多種多様で柔軟性に富んだ知識・技能・資質・能力が必要とされるのは，共生社会においてはさまざまな状況への対応を求められるからであり，したがって，共生社会形成の主体には，必然的に「多様性」「柔軟性」が求められることになる。そうだとするならば，このような主体は，これまでのような，つねに首尾一貫し，不変であるというような固定的な主体概念によってはとらえることができない。むしろ「到達地点を持たない，つねに流動し続け，変成し続ける変成体」（高橋，2007, p.164）というようなとらえ方のほうが，これからの共生社会に生きる人間の姿をよりよく描いているのではないだろうか。
　多文化主義もまた，その表現の仕方は違っているが，現代社会における新たな主体のとらえ方について，次のように述べている。

　　一個人のアイデンティティは，（中略）　同一集団においても多様なあり方が想像される。
　　さらに，同一の個人のアイデンティティも不変ではなく，その個人が位置する社会的な文脈あるいは時間的経緯によって変化することが考えられる。
　　このように，多文化主義は，歴史的，社会的に形成され，文脈的に表出する位置取りとしての主体という概念をもつことで，集団内の多様なナラティブ（物語）が認められ，尊重される枠組みを想定するものである。（松尾，2007, pp.28-29）

このように，現代社会における新たな主体概念は，不変で，同一のものというよりは，たえず変化し，多元的で，多様性を帯びたものととらえられる

ような方向へと変化しつつある。このような主体概念に導かれることによって，私たちは，異質で多様な人々が暮らすこの現代社会の中で，他者と共存・共生していくことができるような人間を育成することができるようになるのではないだろうか。

おわりに

　共生ということが多くの人々に意識されるようになったのはごく最近のことである。そのために，この問題をどのように考え，これにどう対処していくべきかについての共通理解さえも，私たちの間にはまだないというのが現状である。しかし，このような現状にかかわりなく，私たちは現実の生活の中で，異質な他者と共生・共存していかなければならない場面に幾度となく直面させられている。共生のための確固とした技法・作法がない状態で，それでも私たちは日々の生活の中で他者と共生・共存していかなければならないのである。

　このような状況の中で，私たちにできることは，他者に対する感受性，共感の能力を研ぎ澄まし，他者の示すかすかな動き・小さな声にも応答しうるように，つねに開かれた「わたし」であり続けようとすることではないだろうか。そのような中で，「わたし」と他者が出会い，「わたし」が他者の呼びかけに応じ，他者との responsible な関係の中へと導き入れられることが可能になってくるのではないだろうか。

　このように一つひとつの小さな事柄を積み重ねていくことによって，私たちは，他者と共生する主体としての自己をつくり続けていくことを求められているのである。

[羽根田秀実]

【引用・参考文献】
Allaby, M., 1992／駒嶺 穆 監訳 『オックスフォード　植物学辞典』　朝倉書店　2005
花崎皋平　『生きる場の哲学』　岩波書店　2009
井上達夫　「共生」　廣松 渉 他編　『岩波　哲学・思想事典』　岩波書店　1998
川本隆史　『共生から』　岩波書店　2008
小泉義之　『レヴィナス』　NHK出版　2008
熊野純彦　『レヴィナス入門』　筑摩書房　2009

松尾知明　『アメリカ多文化教育の再構築』　明石書店　2007
Rawls, J., 1971／矢島鈞次 訳　『正義論』　紀伊國屋書店　1992
清水哲郎　「ケアとしての医療とその倫理」　川本隆史 編　『ケアの社会倫理学——医療・
　　看護・介護・教育をつなぐ』　有斐閣　2006
高橋 勝　『経験のメタモルフォーゼ〈自己変成〉の教育人間学』　勁草書房　2007
鷲田清一　「主観／客観」　今村仁司 編　『現代思想を読む事典』（講談社現代新書）　講談
　　社　1988

第Ⅱ部　子どもの世界と道徳教育

　いうまでもなく道徳問題は，さまざまな他者とかかわり合う日常生活の中で生じるものである。道徳教育のあり方も，子どもの日常生活から遊離して，抽象的に考えられてはならないはずである。その意味では，現代の子どもたちは，いかなる社会に生まれ育ち，いかなる生活世界に生きているのかを，子どもに寄り添いながら見ていくことが重要になる。子どもが生きる世界そのものが，すでに道徳的感覚を無意識に醸成したり，場合によっては阻害したりしていることが考えられるからである。
　そこで，「第Ⅱ部　子どもの世界と道徳教育」では，子どもが生活する家庭，学校，地域社会では，実際にどのような道徳教育が行われ，どのような道徳感覚が養われているのかをみておきたい。特に「情報・消費社会」といわれる現代社会を生きる子どもたちの世界のあり様を詳しく考察し，学校や家庭に課せられた道徳教育の課題を，わかりやすく説明していきたい。

第4章

情報・消費社会に生きる子ども

は じ め に

　現在の社会状況を表す言葉は，たとえば消費社会，情報化社会，グローバル化社会，価値多元化社会などさまざまにある。しかし，ここにあげた現代社会の特徴づけは，互いに関連し合う一連の系であるともいえる。すなわち，資本主義経済の進展と地球規模の情報網の発達が互いに絡み合って生まれた帰結としてこれらの言葉をとらえることができるだろう。近年の急速な情報・消費社会化はわれわれの生活を目まぐるしく変化させてきており，大人ですらその変化への対応にふりまわされているのが実情である。そして子どもたちもまた，いや，子どもだからこそ，急速に進む情報・消費社会の浸透による社会の変化を敏感に感じとり，時代の空気を吸い込んでいるといえるであろう。

　本章では，現在の社会状況を情報・消費社会化の浸透という側面からとらえ，その中で子どもたちがどのような価値観を身につけ，生きているのか，そして，そこにどのような問題と課題があるのかを検討する。また，最後に予示的ではあるが，そのような現在の子どもたちと向き合い，取り組む道徳教育の可能性についても言及してみたい。

4-1　若者・子どもたちの変容

　日本の社会に情報・消費化の波が押し寄せてきたのは高度経済成長が完結した1970年代後半からと考えられる。そして，それと軌を一にするように，子どもたちの姿の変容がマス・メディアをとおして騒がれるようになった。
　まず，1970年代後半から暴走族などに代表される子どもたちの反社会的行動が話題となった。また「オタク」とよばれる若者たちの存在がまだ社会的な認知度は低いものの，サブカルチャーの世界で認識されるようになっていた。また，1980年代は「新人類」とよばれる大人には理解できない行動をとる若者たちが話題となった。1990年代に入るとコギャル・ブームが起こり，そのファッションや行動が援助交際等の社会問題化とともに話題となった。2000年代には，ニート，ひきこもりなどの若者の問題が話題となり，さらにはリスト・カット，薬物依存なども，現在の子ども・若者の日常世界の風景になりつつある。これらは社会的・制度的な枠組みから逃走する，あるいは背を向ける子どもたちの姿であるが，そこに通底しているのは「自己選択―自己責任」という行動原理と，「快―不快」という行動基準である。

（1）「自己選択―自己責任」の行動原理

　高橋勝は『文化変容の中の子ども』の中で，農耕型社会から工業型社会へ，さらに消費型社会への社会構造の変動を追うことによって現在の子どもたちの生活世界の構造を描いている（高橋, 2002, p.4-38）。
　農耕型社会では子どもも大人の労働に参加し，一定の役割を担うことによって「小さな大人」としてとらえられてきた。しかし，近代に入り産業の中心が機械化された工業型社会へと移行すると，産業技術を習得するための技術や，複雑な生産工程の一部を担うための「従順」，「勤勉」などの態度を身につけるために子どもは大人の世界からは隔離され，能力を開発される対象となった。「か弱く」，「従順」で，「保護されるべき」子ども，というイメージは近代という時代の産物である。ところが，産業技術の発達により生産の過剰，つまり社会全体の供給活動が需要を追い越す状況が常態化するようになると，消費が社会活動の中心となる。

ところで、消費社会は冒頭で述べたとおり資本主義経済のひとつの帰結であるが、資本主義経済の基盤は自由主義、すなわち個人の自由な経済活動にある。自由主義経済においては、人々は「移動の自由」「職業選択の自由」等々の個人の自由に基づき自己の行動を個人内部で選択する。こうして資本主義経済の発展にともなう自由主義の浸透は、伝統的な共同体の拘束や既成の制度、文化の拘束から個人を解放し、消費空間ともいうべき市場関係の中に人々を位置づけることとなった。そして情報化の進行は、個人の自由を消費空間の中で無限といえるまでに押し広げつつある。

　ボードリヤール（J. Baudrillard: 1929- ）は『消費社会の神話と構造』の中で、人々が「モノ」そのものの価値ではなく「記号」を消費していることを看破した（Baudrillard, 1970／今村 他訳, 1995）。生産の過剰によって生み出された消費社会では、人は商品をその使用価値や労働力の集約した成果としての価値といった交換価値に基づいて購入するのではなく、その所有や消費によって生じる「付加価値」を求めて購入する。「モノ」の「付加価値」とは、他の「モノ」との差異に基づく記号である（たとえば、私はダサい人たちとは違ってイケている友達と同じヴィトンの財布を所有している、同じマンガに興味をもっているとしても私は他の人とは違う観点でこのマンガに没頭しているのだ、等々のコギャルやオタクの行動を想像してみるとよい）。このような差異の記号としての「モノ」の消費欲求は情報化の進行の中で加速される。消費欲求が「モノ」そのものがもつ価値ではなく差異の記号としての価値に基づく以上、その差異を情報としてつくり出せば、無限に消費欲求を刺激することが可能だからである。情報・消費社会とは、個人の欲望を情報によって消費へと無限に駆り立てる社会ともいえる。

　このような消費社会の特徴に基づいて再び高橋の議論に戻ってみよう。子どもは消費行動を担うという意味では大人と同様であり、また、映像情報を中心とする情報化社会に大人以上に敏感であるがゆえに、消費型社会では共同体や既成の制度、文化の拘束から解放され「情報化と消費生活化の進行とともに、再び『小さな大人』の顔をして、情報行動や消費生活を送るようになった」（高橋, 2002, p. 27）。そしてこのような「小さな大人」に浸透しているのが自由主義に基づく「自己選択パラダイム」である。このパラダイ

ムのもとでは，たとえば「人に迷惑をかけてはならない」という価値は「人に迷惑をかけなければ何をしても自由」という価値にすり替えられる。そして共同体の拘束から解放された（＝結びつきを失った）現在の子どもたちにとって「何が人に迷惑をかけることなのか」の基準は「私は何が人に迷惑をかけることだと思うか」にすり替えられてしまうことになる。ゴミ袋がうず高く積み上げられたゴミ捨て場のとなりで地面に座ってコンビニ弁当を食べている若者がいたとしよう。大人たちは眉をひそめ，その衛生感覚に疑問を投げかけるかもしれないが，当の若者にとっては，それは個人の自由であり自分で選んだことなのであるから，たとえそれで弁当の美味しさが半減したとしてもそれは自分の責任であって他人から文句を言われる筋合いのことではない，ということになるのである。周囲の人間には理解できない「新人類」とよばれた人々の行動も，電車の中で化粧をするコギャルたちの姿も，学業につかず就職もしないニートたちの存在も，こうした「自己選択パラダイム」のもとでみると「自己選択―自己責任」という，ある種一貫した行動原理に基づいたものであったととらえることができるだろう。

（2）「快―不快」の行動基準

　若者・子どもたちが情報・消費社会の中で「自己選択パラダイム」の空気を胸一杯に吸い込み，「自己選択―自己責任」という原理に従って行動するとき，ではその選択を促す基準はなんなのであろうか。

　「オタク」は不快な葛藤を生み出す可能性のある他者との接触を避け，自己の趣味世界に埋没する人たちを指す言葉で，他方「新人類」とは社会的な規範を無視して周囲の者には理解不能な行動をする若者を指す言葉として登場した。一見まったく正反対の性格をもつようにみえる「オタク」と「新人類」であるが，不快なこととのかかわりを避け，自分の感じる快さを行動基準とする点では表裏一体のものとしてとらえることができるだろう。「コギャル」は丈の短いスカート，ルーズソックス，茶髪，ガングロなどのファッションを特徴とする女子高校生を中心とするブームであり，ヴィトンの財布，ポケベルないしPHS，ラルフローレンのベスト，バーバリーのマフラーなどのアイテムに身を固めるなど，まさに消費社会の空気を代表しているともいうべき存在であったが，消費という快楽を追求していたと考える

ことができる。「ニート」、「ひきこもり」も，煩わしい労働生活，社会生活に背を向け，将来の不安などを無視し，今現在の刹那的な欲求を追求する点では快楽を追求し，不快を避ける1970年代後半からの子ども・若者たちの姿の延長線上にあるといえるだろう。

千石保は『まじめの崩壊』の中で，このような若者の価値観を「コンサマトリー（consummatory）」というキーワードで説明している。

> そのとき，そのときをエンジョイしようというのが，コンサマトリーである。何かの目標のための手段であることを拒否している，そう考えてもよい。コンサマトリーの対極語はインスツルメント（instrument）である。「道具」とか「手段」と訳される。つまり，何かの目的のためのインスツルメントを拒否し，そのときそのときを楽しく生きようとする。それがコンサマトリーである。やがて，このコンサマトリー自体が日本を風靡するコンセプトになるに違いないだろう（千石，1991, p. 4）

という千石の予想は，現在現実のものとなっている。この価値観は，将来の準備のために現在したいこと，欲しいことを我慢する「勤勉」、「努力」、「まじめ」とは対極のものである。

さらに，千石は『新エゴイズムの若者たち』の中で，ガングロ・メイクをした女子高校生の話を紹介している。ニューヨーク・タイムズの東京特派員がガングロ少女たちに，やがて顔がボロボロになるかもしれないがそのことをどう考えているか尋ねたところ，彼女たちは，未来に住んだことがないからわからない，「未来は今だ」（Future is now.）と答えたのだという（千石，2001, p. 82-83）。情報・消費社会の中で子どもたちは刹那的な快楽主義の「快―不快」という基準を自由主義社会における「自己選択―自己責任」という行動原理に変換しながら生活していると考えられるのである。

（3）未来への不安

その一方でこのエピソードは，彼ら・彼女たちが未来に希望をもてないでいる心理状態も垣間見せてくれる。会社に勤めるようになればもう輝いている自分はない。未来は暗い。未来の分も「今」輝いていたい――だから「未来は今」なのである，と千石は彼女たちの心理を推し量っているが，このような心理は（短期大学教員である）筆者にとっても日常向き合っている学生

たち(彼ら・彼女たちは入学したその年から就職活動を意識させられる)にもよくみられる傾向である。この不安は,現実社会の中に出ていくときに,「社会人」としてどのような将来を選択すればよいのかについての決定的なモデルはない,あるいはどのような将来を選んだとしても大差はない,といった若者・子どもたちの諦念にも似た社会観の現れである。

　つまり,現在の若者・子どもたちは,自由主義経済の根本的な矛盾——現在の自由主義社会とは競争原理に基づく社会であり,この競争に打ち勝たなければ社会の下層に沈まざるをえない格差社会であること——を敏感に感じとっているのである。それはどんなに消費という欲望を満足させても消費空間以外の場——たとえば職業生活というようなリアルな生活——が歴然と存在しており,そこでは自己の充実感は打ちのめされざるをえないのだ,という子どもたちの現実認識の現れでもある。子どもたちは消費欲求の実現が自己を充実させるわけではない,すなわち私の〈かけがえのなさ〉を表現することに直接結びつくわけではないと告知される日がやがてやってくることを日常生活の中で多かれ少なかれ感じとっているのである。

　こうしてみると,現在の若者・子どもたちの刹那的な快楽主義と未来への不安は実は表裏一体のものではないだろうか。自己の未来への不安がそれを覆い隠すための刹那的な快楽の追及へと若者・子どもたちを駆り立てているように思えるのである。どうしたら不安を取り除いて充実した未来が実現できるのか,自分の〈かけがえのなさ〉を実現できるのか,という問いは消費社会の中で拡散し,その答えは消費という欲望にすり替えられてしまう。

　その意味で子どもたちの自己実現への願いは,現在非常に困難な状況に直面しているといえるだろう。情報・消費社会が現在の若者・子どもたちにもたらす問題は,この隠蔽工作を完遂できるかと思えるほどに彼らをバーチャルな空間に取り込んでしまおうとしている点にある。しかし,そのような完全な隠蔽工作は成功しえないだろう。不安を隠そうとすればするほど,隠そうとする当の不安の存在を立証することになるからである。

4-2　親密圏への閉塞

(1) 子どものコミュニケーションの変容

　内閣府が実施した「第5回情報化社会と青少年に関する意識調査報告書」（内閣府, 2007）では、全調査対象者の8割を越える人が携帯電話、またはPHSを使っており、使い始めたのは何歳のころかを尋ねたところ、「13～15歳」（35.3%）と「16～18歳」（37.6%）が3割台半ばとなっており、数年前まで主流であった「高1デビュー」よりも、携帯電話の「中1デビュー」が多くなりつつある。子どもたちは中学校または高等学校入学時に友達と連絡を取り合う必須のアイテムとして携帯電話を購入している。そして我々が日常よく目にするのは、携帯電話をつねに手元に置き、頻繁に着信するメールに即座に反応し、返信する子どもたちの姿である。

　辻大介は若者のコミュニケーションの実態について、場面場面にあわせて気軽にスイッチを切り替えられるような対人関係の「切り替え（フリッピング）」志向が強まっていると指摘している。そして、このように対人関係に大きく拘束されたくない、オンオフの切り替えを容易に保っておきたい、という部分的な対人関係が好まれる傾向が表層的で希薄化した対人関係にみえるのは、図4-1(a)のような自律的な自我、同心円状の自我構造を前提にするからで、実は自我構造も変化しており、現代の若者たちの自我構造は(b)のようなそれぞれ別の中心をもつ複数の円が緩やかに束ねられたものとして考えるべきではないか、という仮説を提起している（図4-1）。

　それぞれの円と円の対人関係は部分的であるものの、互いに中心と中心の

図4-1　自我構造の二つの模式図（出典：辻, 2007, p.286より引用）

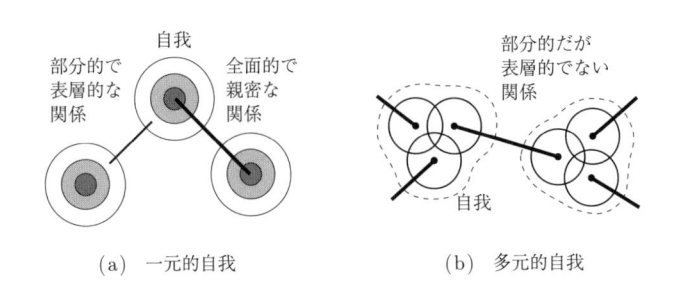

　　(a)　一元的自我　　　　　　　(b)　多元的自我

結びつきとして，表層的なものではない。こうした対人関係のフリッパー化は虚無感・孤独感とは逆に，むしろ充実感を招いているという実態が若者世代のコミュニケーションにはよくみられる，というのである。また，このような関係切り替え志向のコミュニケーションは，携帯電話，パソコン，といった電子メディアを利用したコミュニケーション・ツールと親和性が高い，という（辻，2007, p. 284-286）。

学校勝手サイト（いわゆる学校裏サイト）におけるネットいじめの実態を分析している荻上チキも，辻の議論を引き合いにだしながら，現代の子どもたちの電子メディアを通じたコミュニケーションが「状況に応じてキャラを選択し，使い分ける」スタイルへと変化してきていることを指摘し，そのようなコミュニケーションの中で生活する子どもたちの自己像を「キャラ型自己モデル」とよんでいる（荻上，2008, p. 220）。電子メディアの発達した現在のメディア空間にみられるコミュニケーションの切り替え（フリッパー）志向，キャラの使い分け，といった現在の若者・子どもたちのコミュニケーションの変容は，情報化社会における自己の多元化という特徴を示唆している。

また，宮台真司は『制服少女たちの選択』の中で，高度消費社会と高度情報社会の進行が若者世代のコミュニケーションの断絶を生み出し，いわゆる「団塊ジュニア」世代以降，若者たちは「同じノリ」を共有する小集団に閉じこもり，他の集団にはまったく無関心な状況を生きているとして，これをコミュニケーションの「島宇宙化」とよんだ（宮台，1994, p. 243 以下）。荻上も子どもたちにとって携帯電話やインターネットが「不特定多数」とのコミュニケーションのためにではなく，「身近な少数の友人」と「不特定少数」とのコミュニケーションのためのツールになっていることを指摘している（荻上，2008, p. 201）。全世界に広く開かれたインターネットという電子メディア空間の中で，皮肉にも子どもたちのコミュニケーションは，たとえばクラスの中のごく少数の友達や「地元つながり」のような身近な他者とのコミュニケーションに限定されているのである。

多元化した自己というモデルは巧みにキャラを使い分けながら飄々と情報化社会を渡り歩いている子どもたちの姿を想起させるが，意外にも子どもたちは日常の生活空間の，しかも狭い人間関係の中に閉じこもっているように

みえるのである。

（2）親密な関係

　対人コミュニケーションにおける自己の多元化と関係の小集団化という特徴の他に，現在の子どものコミュニケーションの変容を示すもう一つの特徴がある。それは「常時接続」という特徴である。子どもたちは携帯電話をつ常に手元に置き，頻繁に着信するメールに即座に反応し，返信している。まるで返信が遅れることがお互いの関係を壊しかねない大問題であるかのようである。つねに携帯電話を手放さない子どもたちの姿は，家族やその他の人間関係よりも友達との親密なかかわりを求める傾向の現れといえるだろう。そしてそれは，子どもたちがつねに友達という他者の承認を得たい，親密な友達なしには自分が保てない，という気持ちを強くもっていることの現れでもある。子どもたちの人間関係を「島宇宙」と称した宮台は，子どもたちのコミュニケーション回路の限定が「自己像を維持するべきコミュニケーションを特定の回路に限定することで，『予想外の行為の帰結』から身を守り，自己像の撹乱を防止すること」（宮台，1994，p. 258）を意味していると指摘している。

　しかし荻上は，学校勝手サイトの実態をみる限り，ネットいじめには教室内の人間関係の序列（荻上のいう「スクールカースト」）が反映されているなど，そこで生み出される人間関係は単なる「島宇宙」ではなく，いまだクラス，学校といった中間集団の拘束力が強い点を指摘している。子どもたちの生活時間の大半を占める学校生活では，公的な空間（将来出ていくことになる社会で求められる規範，否応なしにかかわらなければならない他者との関係）と私的な空間（快―不快，自己選択―自己責任に基づく行動）が矛盾を抱えたまま併存している。辻のいう「切り替え志向」，荻上のいう「キャラの使い分け」は，この公と私の矛盾の中でなんとか自己像を保つために子どもたちが編みだした方策だと考えられる。したがって，対人関係のフリッパー化が虚無感・孤独感とは逆に，むしろ充実感を招いているという辻の指摘は，何をもってして「充実感」と位置づけるのかという点で疑問である。荻上のいう「キャラ型自己モデル」も，繊細なまでの気配りをもってキャラを切り替えることによって，友達との親密な関係を維持し，自己を保とうと

する子どもたちの必死な姿を実は示しているのではないだろうか。

土井隆義は『「個性」を煽られる子どもたち』の中で，互いにそのような繊細な気配りをしながら親密な関係に閉塞する子どもたちの姿をややアイロニカルに「優しい関係」とよんだ。土井によれば，現在の子どもたちは自己の個性を探索するにあたって，個性を生来的属性として，自己の内面に固有な実在であると感じている。そのため，内面からふつふつと湧き上がってくるような，生理感覚的な「自分らしさ」を希求している。土井は，このような子どもたちのアイデンティティ探索の状況を「内的個性志向」とよんでいるが，内的個性志向においては，他者との関係の中で切磋琢磨するような「社会的個性志向」は，かえって自己の内面にある純粋な自己を損なうものと感じられてしまう。子どもたちが自己の内面に求める「自分らしさ」は公共圏の客観的な根拠をもたず，移ろいやすい脆弱な生理的感覚を根拠としているために，子どもたちは親密圏ともいうべき親密な関係の中で自分と感覚を共有できるような身近な他者にその根拠を求めざるをえない。結局，「優しい関係」における他者とは鏡に映したような自己の姿の投影でしかない。したがって，趣味嗜好が多様化している現代では，この他者との感覚の共有によって成り立つ関係もいつ崩れるかわからないために，子どもたちはお互い繊細な注意を払いこの関係を維持しようとする。こうして，ますます子どもたちは親密圏の中に閉塞し，「ヤマアラシのジレンマ」[1]を想起させるような葛藤状態を生きることになっている，というのである（土井，2004）

親密な関係の中で子どもたちが繊細なまでの気配りで演じるキャラは，かけがえのない〈私〉ではなく，代替可能なキャラとしての「私」である。子どもたちは，そのような関係の中では自分自身が複数の情報体の束のようなひとつのメディアでしかないことを暗々裡に感じとっている。結局，自己の多元化は自己像の拡散でしかなく，その結果，私の〈かけがえのなさ〉は見失われてしまう。子どもたちの生活世界は学校空間を基軸に公共圏と親密圏に引き裂かれ，その間で子どもたちの〈私〉らしくありたい，自己の〈かけがえのなさ〉を表現したい，という自己実現への願いは宙づりにされている。近年よくいわれる子どもたちの自尊感情の低さや自己不全感といった問題も，このような親密な関係の産物といえるだろう。

(3) 親密さのイデオロギー

このような子どもたちの親密圏への閉塞は，セネット（R. Sennett: 1943- ）のいう「親密さのイデオロギー」の支配という現代社会全体の動向によるものといえるだろう。セネットは『公共圏の喪失』の中で，「今日の支配的な信念は，人と人との親密さは道徳的善であるということである。今日の支配的な熱望は，他人との親密さ，温もりの経験を通じて，個人の個性を発展させたいというものである」（Sennett, 1976／北山他訳，1991，p. 361）と指摘し，そのような信念を「親密さのイデオロギー」とよんだ。セネットによれば，公共的な価値よりも親密な関係の中で共有される価値が優先される「親密さのイデオロギー」が支配的となった社会では「礼儀正しさ（シヴィリティ civility）」が失われ，個人は「芸術を奪われた俳優」としてふるまうこととなるという。以下，セネットの議論を概観してみよう。

シヴィリティとは，人々をお互いから守りながらも，お互いの交際を楽しむことを許す活動であり，「他人をあたかも見知らぬ人のように扱い，その社会的距離の上に社会的絆を作り上げること」である（Sennett, 1976／北山他訳，1991，p. 368）。しかし，このシヴィリティを失った親密な関係は，「よそ者」の排除によって「われわれ」の集団的イメージを形成しようとするために排他的となり，友愛的感情の経験は互いを束縛し他者を排除する破壊的なものとなる。社会の中での個人どうしがかかわるとき，人々は地位や立場といった公的な役割を手がかりに自己から距離をおいてその役割演技の表現を工夫する。そこにこそ社会の中での人々の役割演技に戯れや遊びといった創造的な余地（＝芸術）が生まれるのであるが，公的領域への信頼がなくなるにつれて自己との距離の感覚の浸食が進むと，人々は親密な関係の中で社会の中での地位や役割といったものを剥ぎ取られ，「むき出しの個人」として互いにかかわらなければならなくなった。このような親密な関係の中で個人のおかれた状況をセネットは「芸術を奪われた俳優としての個人」とよんだのである。

その結果，親密な関係においては不信が結束を強めるという皮肉な状況が生まれる。この人は親密な関係を壊すのではないか，私はこの関係からはみだしていないか，という相互不信と自己不信が親密な関係をより強固なものにすることになる。そのような状況の中では感情を外へと表出することは他

者との葛藤を引き起こし，親密な関係を壊す可能性をもつものとして感じられてしまい，親密な関係の中で人は，自分の感情を抑えることへと意識を集中することになる。結局，親密な関係の中で保てるかのようにみえた〈私〉らしさ，私の〈かけがえのなさ〉は自己不信の中で見失われることとなり，純粋で真正な私の個性の探索は結局私自身の内部に，自分自身の衝動にその根拠を求めるほかはなくなる。しかしこの衝動も移ろいやすいがゆえに自己不全感はますます強まり，人々はさらに親密な関係に閉塞していくこととなる。

　セネットはこのような「親密さのイデオロギー」による公共圏の喪失という状況が，資本主義の進展にともなって20世紀に支配的になったと指摘している。これまでみてきた情報・消費社会における子どもの問題が，セネットの描いた公共圏の喪失という現代社会の問題を背景に進展していることは明らかであろう。したがって，近年の子どもたちの変容は単に「モノが豊かになった分，心が貧しくなった」とか，「電子メディアが発達したことによって，かえって子どもたちのコミュニケーション能力が低下した」といった単純な問題ではない。子どもたちは情報・消費社会という現代社会の矛盾を敏感に吸収し，親密圏への閉塞と自己内部への閉塞の悪循環に陥っている。この悪循環の中で，子どもたちの自己の個性の探索（私の〈かけがえのなさ〉の追及，自己実現）は袋小路へと追いつめられ，出口を見いだせないまま，子どもたちは自尊感情をもてないでいるのである。

4-3　情報・消費社会の道徳教育の可能性

　現在の情報・消費社会における道徳教育の課題は，子どもたちの刹那的な快楽主義に歯止めをかけること，親密な関係の中に閉塞する子どもたちに異質な他者との出会いを可能にすること，そして，その中で子どもたちの自尊感情を取り戻すことにあるといえるだろう。

　そのためには，親密圏に閉塞する子どもたちの価値感情をいかに公共圏へと拓いてゆくか，が最初の道徳教育の課題となる。先にもみたように，親密な関係とは異質な他者を排除することによって成り立っており，他者との関係は鏡像のような自己の投影であった。そこでのコミュニケーションは自己対話ないし独話（モノローグ）でしかない。だとすれば，子どもたちの親密

圏への閉塞を打ち破るのは対話（ダイアローグ）によってではないだろうか。ここでいう対話とは，他者に向かってありのままに自己を開き，他者によって自己の確信が覆される可能性を認めるとともに，他者を信頼し，腹蔵なく自己の存在の全体をかけて語りかける行為を意味している。したがって対話とは単なる技術的な方法ではなく，他者とかかわり生きる人間のあり方としての倫理的な課題である。子どもたちが対話へと生きることができるようになるには対話によってでしかない。対話による対話への教育こそが，現代の道徳教育の最大の課題といえるであろう。

（1）コールバーグのモラルジレンマ教材による道徳教育とその批判

　対話による教育という点では，すでに日本の学校教育現場にも浸透しているコールバーグ（L. Kohlberg: 1927-1987）のモラル（道徳的）ジレンマ教材を活用した道徳教育がひとつの試みとして有効だろう。コールバーグの道徳教育論について詳しくは他の章に譲るが（1-4節(2) 参照），子どもどうしの対話に基づいてより普遍的な価値へと子どもたちが道徳性を発達させるこの道徳教育は，親密圏から子どもたちを解放する可能性をもっている。しかし，コールバーグの道徳教育論にはいくつかの批判もある。それらの批判は主にコールバーグの道徳性の発達段階論が認知発達論に基づくために，道徳性の知的側面にのみに焦点化されている点にある。その結果，コールバーグの道徳性の発達段階理論における最高段階「普遍的・倫理的原理志向」において志向される価値は最終的に「公正」ないし「正義」の原理へと収斂するのであるが，それは本当に妥当なのか，形式主義的，理性主義的にすぎるのではないかというのである。

（2）人格教育の動き

　アメリカにおける**人格教育**（character education）の動きは，上記の批判を克服する試みとして位置づけることができる（2-2節(4) 参照）。人格教育はコールバーグのモラルジレンマ教材に基づく道徳教育論が価値相対主義に陥らず，普遍的道徳を志向する点に一定の評価を与えながら，やはり道徳性の知的側面，価値判断の認知的プロセスをのみ重視し，価値を志向する感情と意志の養育の必要性が顧みられていない点を批判している。つま

り，「何が正しいか知っているからといって必ずしも，正しい行為を選択するとはかぎらない。知性のみに依存しきることは詭弁につながりかねない」(Devine, et al., 2001／上寺 監訳, 2003, pp. 51-52) のである。また，そのような原理的批判だけでなく，認知発達を重視するがゆえに価値判断の内容よりもその判断を形成するプロセスを重視するモラルジレンマ授業では，教師は子どもたちの価値判断を主導することなく議論のレベルを引き上げるような指導をしなければならないのであるが，そのような授業の実践は教師の相当大きな力量を必要とするもので，結局，価値相対主義に陥ってしまうのではないか，という現実的な批判も人格教育運動の中で提起されている。

　このような批判をもとに，情報・消費社会の子どもの実態に即してコールバーグの対話による道徳教育論を検討するならば，認知発達論に依拠するコールバーグのモラルジレンマ授業は空虚な理念の操作に陥る危険性を回避できない，という問題があげられるだろう。そしてその危険性は情報・消費空間という，いわばバーチャルな空間に閉じこもりつつある現代の子どもたちにとってはより大きい。それぞれの段階をキャラとして演じることも可能，というわけである。これに対して人格教育は，「個人と社会にとって良いとされる核心的な徳目を教え込むことにより，善の人格を形成する計画的な教育」であり，教育者が特定の価値を主張することを避けなければならないという観念を根本的に否定する。そして日常的な教育の中で普遍的価値を明瞭に教えることにより，価値中立主義を許容しないような状況と雰囲気を学級内につくり上げ，その中にモラルジレンマ授業も組み込んでいこうとするのである（1-4節(2) 参照)。

　人格教育運動は，子どもたちに「道徳を教えることをためらわない」という点で注目すべきである。それは教育者が子どもたちにとって異質な他者となることをためらわずに子どもと向き合うことを意味する。その意味で親密圏に閉塞する子どもたちを公共圏へと導き出す可能性をもっているといえるだろう。さらに注目すべきは，道徳教育上の価値についてのコンセンサス形成までには，研究者，教育関係者，社会福祉活動家，社会指導者等の間で学問領域や立場を横断した形で議論が重ねられた点である。親密圏に浸食され，社会的効力を失った公共圏を再生することは，教育者のみならずあらゆる大人の責任であり，社会全体で公共圏をいかに再生すべきかを真剣に考

え，議論しなければならないのだ，という課題を人格教育運動は提起しているのである。

しかし人格教育運動に対しては，行儀良さと規則の順守を推進することを目的として，強く独立した性格の生徒を育成することをめざしていない，とする批判もある。つまり，人格教育運動は教条主義的にただ徳目を教え込む教育に陥る危険性をもっているのである。教師が生徒にとって異質な他者として出会うためには，教師も生徒を異質な他者として受け入れ，対話的関係の中で生徒と向き合わなければ，生徒は教師に背を向け再び親密圏へと閉塞していくことになるだろう。したがって，普段から生徒との信頼関係を築く，寛容的な態度で生徒に接するなど，人格教育運動においても教師の力量が要求されるのである。

（3）ケアと責任の道徳教育

しかし，コールバーグの道徳教育論に対する最大の批判は，ギリガン（C. Gilligan: 1936- ）が『もうひとつの声』の中で展開した批判である（2-2節(2) 参照）。ギリガンは，コールバーグの道徳性の発達段階論の評定法に従った場合，女性の道徳性が男性よりも低い段階にとどまる点に注目し，コールバーグの理論が男性の視点から構築されたもので，道徳性には女性の視点からみた「もうひとつの声」がある，と批判する。そして，面接調査の中で女性がよく口にする他者への「共感」や具体的な他者や状況に対する「責任」という言葉を手がかりに，コールバーグの「公正さと権利の道徳性」に対して**思いやり（care）と責任の道徳性**の存在を主張し，その発達段階論を展開するのである（Gilligan, 1982／岩男 監訳, 1986）。ギリガンは「もうひとつの声」が決して女性という性差とのみ結びつくわけでないことを注意深く説明しているが，男性中心の社会観に基づいた道徳論を批判している点で，従来の倫理学の視野狭窄を打ち破るものとして評価されるべきであろう。

さらに，ノディングズ（N. Noddings: 1929- ）も『ケアリング』において同じく女性の観点から**ケアリング（caring）**の倫理学を展開する。私たちが他の人のありのままの姿を理解し，できるだけその人が感じるままを感じとって，その人の耐えがたい苦しみを取り除いたり必要を満たしたりするために自分の中にひとつの可能性を見いだすとき，つまり「私は何かをしなけ

ればならない」という感情が起きるとき，私たちはその人をケア（配慮）している。ケアリング倫理とは，何が正義かを考えるまえに共感に基づいて困っている人を助けようとする"思いやりの倫理"であり，コールバーグだけでなく，それまでの多くの倫理学の主流であった理性中心主義的な考え方とは異なる新たな倫理観を提起するものである（Noddings, 1984／立山 他訳，1997）。

　以上のように，ギリングやノディングズが提起する「ケア」ないし「ケアリング」の倫理は，どちらも具体的な他者への「共感」に基礎をおいている。ノディングズによれば，この「共感」はその人の身に自分を置き換えて考えるのではなく，自分自身の中に他者を受け入れ，その人とともに見たり感じたりすることであるという。したがって，この「共感」は，親密圏の中に閉塞する子どもたちが具体的な他者と緊密に結びつきながらも，自分を保つために自己を相手に投影したり，親密な関係を交わしてしまうのではないかという不信感に基づいてお互いに気遣いあったり，という，現在の子どもの共感とはまったく正反対のベクトルをもったものであるといえよう。

　このような「共感」は，ホフマン（M. L. Hoffman）によれば人間がだれしももっているものであり，しかも1歳にもならない乳児にも他者の苦痛に対する共感反応がみられるという（Hoffman, 2000／菊池 他訳，2001）。ケアないしケアリングの倫理に基づく道徳教育は具体的な他者との共感に基づく，という点では親密圏に閉塞する子どもたちになじみやすく，寄り添うものでありながら，自分自身の中に他者を受け入れる，という点では子どもがもともともっている自然な反応に訴えかけ，親密圏から異質な他者との出会いへと子どもたちの世界を拓く可能性をもっている。

　また，ノディングズによれば，この共感は衝動的な情動を越えた情感に基づくものであるという。たとえば，私が眠っている娘を見かけたときに突然押し寄せてくる喜びは，対象としての娘を越えた意識，かかわりあいの充実に関する認識がもたらす喜びである。つまり，ケアすることの喜びとは対象を値踏みする利己的で衝動的な情動ではなく，利他的，愛他的な関係の中で自己の充実を感じる情感であり，関係そのものを認識する反省的な意識，自分の感情を感知する可能性をもった意識である。この情動に基づく共感は，親密圏の中での自己保全とは異なる自己の充実，私の〈かけがえのなさ〉の

表現を実現する可能性をもっているといえるだろう。

　しかし，このようなケアないしケアリングの倫理学に基づく道徳教育は，まだ十分な実践が展開されているとはいい難い。ノディングズはケアリングの視点からみた道徳教育を対話，練習，奨励であると説明している。また，林泰成らの『ケアする心を育む道徳教育』では，ノディングズの議論を受けてモデリング，対話を用いた授業展開，ボランティア活動，職業体験学習，デス・エデュケーション2)，ロール・プレイング，動物飼育，構成的グループエンカウンター（9-2節(2)参照）などを通じたケアリングの具体的な授業実践例や，日常的な学級運営でのケアリングの可能性が提案されている（林，2000）が，これらの動きはまだ端緒にあり，今後の実践研究の蓄積が望まれるところである。

　また，ケアないしケアリングの倫理は具体的な他者への共感に基づく以上，状況依存的であり，普遍的価値への志向を失い，状況依存的な相対主義に陥る可能性がある。したがって，親密圏に閉塞する子どもたちの価値感情をより広い公共圏へと拓いてゆくことができるかどうかについては，まさしく配慮（ケア）が必要である。林も指摘しているが，教育の現場ではケアないしケアリングの倫理をコールバーグの公正の倫理と相補的なものとしてとらえていく必要がある。

（4）家族，地域，学校の取り組み

　筆者は，「子どもを考える」という授業で200人以上の受講生たちに毎年自分史を書いてもらっている。そのすべてに目をとおしていて気づかされるのは，彼ら・彼女らのほとんどが，中学校入学後からは校内の合唱コンクールで頑張った，クラスマッチの応援を工夫した等，学校行事に熱中した経験で自分史のエピソードを綴っている点である。数十年前の子どもたちにとっては学校生活の周縁に位置するちょっとしたエピソードにすぎなかったこれらの経験が，現在の子どもたちの自分史の中では，いわば自己形成の遍歴の中心に据えられているのである。これは翻っていえば，それ以外の経験の機会が子どもたちから奪われていることを示している。特に，地域の人々とのかかわりの経験を自分史の重要なエピソードとして取り上げる例は皆無に等しい。これらの自分史からは自己肯定の機会をかろうじて学校行事の中につ

なぎとめている子どもたちの姿が浮かび上がってくる。

　このようにほぼ同年齢の友だちとの関係に自己形成の機会を限定され，親密圏に閉塞する現在の子どもたちの世界を拓くには，道徳の時間をはじめとする学校内で展開される活動よりも，むしろ学校外の場で織りなされる多様な人々との交流が鍵となるだろう。家族間の交流，地域の子どもどうしの交流，地域の大人との交流の中でケアし，ケアされる経験は，そこで醸成される基本的な信頼関係と被護感の中に子どもを位置づけ，消費欲求によって追求される快楽価値とは異なる自己実現への価値があることを子どもたちに気づかせるはずである。子どもたちは安心して自分を表現できる多様な居場所があることを知り，自分の存在を認めてもらっているという自己肯定感を獲得するとともに，やがては少しずつ自分もケアする存在になろうとする意欲も刺激される。実際，学校教育の範囲内ではあるが，中学校，高校での職場体験等の機会に保育所や福祉施設を訪れて乳幼児や老人をケアする経験をした子どもたちは，その経験をとおして自分もまた他者のために何かをなしうる存在であること，だれかに必要とされる存在であることを感じとり，そこに充実感を感じているようである。

　しかし，情報・消費社会化の中で地域共同体の関係が非常に希薄なものとなっている現状では，学校をはじめとする教育機関を中心として，家庭，地域のネットワークを意識的につくり出していく必要がある。そのように家庭，地域，教育機関の連携の中で子どもに多様な関係の経験を保障する可能性については，近年，幼児教育と保育の世界で浸透しつつある「子育て支援」の動きがひとつのモデルケースとなるだろう。現在，子育て支援の現場では主に保育機関と保護者との連携のあり方が議論の中心となっているが，保育機関には地域の子育てのコーディネーターとしての機能も期待されており，今後，地域との連携のあり方についての議論が活発化することが予想される。学齢期の子どもについてはようやく学童保育が法的に位置づけられた段階ではあるが，同様の議論が展開されていくべきであろう。

　このような社会全体で子どもを守り育てるケアを中心とした道徳教育を可能にするために，親，地域，学校，教師に求められる取り組みを提案しておきたい。

まず，子どもをもつ親たちには，子どもの消費欲求ではない望み（子どもが今の自分をどう受け止めてほしいと望んでいるのか，子どもがどうなりたいと望んでいるのか，どのような壁に突き当たっていてその望みが満たされないでいるのか等）を共感的に理解する姿勢が必要である。特に，子どもが利己的な欲求からではなく他者のために献身的な行動をしたときにはその姿を認め，さらなる機会への意欲を促進することが重要であろう。また，子どもがより広い関係へと歩み出すために，どのような機会や環境が必要なのかをじっくり考える余裕も必要である。そのうえで，子どもの経験をより多様な関係へと広げていくために親自身にもまた，地域の人々との関係をつくり出そうとする積極的な姿勢や，地域の活動に子どもとともに参加する機会を増やすなどの取り組みも必要であろう。

　次に，地域の人々や組織には，そのような親たちの取り組みを可能にするためにも，子どもが安心して生活できる地域づくりを積極的に推進する取り組みや，地域で子どもが参加でき，かつ子どもたちにとっても魅力的な活動を企画，展開する取り組みが求められる。さらに，子をもつ親の苦しみや悩みに共感し，その負担を軽減するような姿勢や，そのような関係づくりを可能にする場をつくり出す取り組みも必要であろう。

　そして，学校および教師には，学校の中だけに活動を限定せず，家庭および地域の人々との交流を展開する取り組みが求められる。現在，総合的な学習の時間をはじめとする学校教育の展開の中でそのような取り組みは以前よりも広がっているが，地域の関係づくりに学校が主体的に参画する取り組みはまだ十分展開されているとはいい難い。個々の教師には，そのような家庭および地域との関係を構築する取り組みのほかに，従来の教科教育上の学力の枠に収まらない視点から子どもの姿を評価し，子どもの自己形成を促す姿勢が求められる。そのためには，子どもがこれまでの成長過程でどのような経験を積み重ねてきており，今後どのような経験を必要としているのかといった，経験中心カリキュラムのカリキュラム観に基づいた子どもの評価に習熟する必要があるだろう。このような評価は，子どもたちが親密圏に閉塞することなく安心して自己を表現しあえるような日常的な学級集団を形成する際にも，子どもたちの抱える問題に家庭や地域と協力して取り組んだり，子どもの経験をより広い関係へと拓くために可能な取り組みを検討したりす

る際にも,基礎的な資料となるはずである。

　最後に,このような家庭,地域,学校の連携を可能にするためには,社会全体の制度的な支援や取り組みが必要である。現在もPTAその他の団体を通じてそのような支援や研修活動が行われているが,今後は社会全体で子どもを育てるという姿勢のもとに,国や自治体単位で取り組んでいくことが重要となることを付け加えておきたい。

おわりに——大人の責任について

　以上,情報・消費社会における子どもたちの価値感情の変容とその問題,そしてそのような子どもたちの道徳教育の可能性を検討してきたのであるが,最後に情報・消費社会における大人の責任について述べておきたい。

　前節でみたように,コールバーグの「公正」への道徳教育においても,ギリガン,ノディングズの「ケア」ないし「ケアリング」の道徳教育においても,「対話」が重要なキーワードであった。公共圏が親密圏によって浸食されている情報・消費社会においては,親密圏の人間関係に寄り添い,足がかりとしながら,子どもたちを異質な他者と出会う対話的関係へと拓いていく,という複雑なアプローチが必要とされているのである。

　そのとき重要になるのは,何が公共的な価値であり,その価値はどのように子どもたちの自己実現,私の〈かけがえのなさ〉の表現を実現するのかということを大人たちが真剣に考えなければならない,ということである。人格教育運動の中にそのような姿勢があることをみてきたが,それが子どもに対する価値の押しつけへと陥ってしまう危険があることも前節でみたとおりである。公共的な価値,あるいは普遍的な価値についてどんなに真剣に大人の間で議論したとしても,それを子どもに教え込むだけでは親密圏に閉塞した子どもたちに寄り添うことにはならないのである。

　必要なのは子どもどうし,大人どうしの対話に加え,子どもと大人間の対話の可能性を追求することではないだろうか。普段の日常世界を営む中で大人たちも情報・消費社会に埋没していることは忘れられがちである。情報・消費社会における子どもたちの変容は時に異常なものにみえることがあるが,それは,情報・消費社会に生きる大人たちの姿の反映ともいえる。したがって,子どもたちの姿から現在の情報・消費社会の問題点をみつけだし,

大人たちがつくり出し，維持している社会のあり方を反省する姿勢，大人も子どもから学ぶことによって社会をより良くし，大人自身の自己を実現する姿勢，すなわち，子どもとの対話を大人自身の自己実現の重要な契機とする姿勢が，情報・消費社会における子どもの道徳教育を可能にするのではないだろうか。

そして，そのような対話的関係が実現する社会を一言で表現するとすれば，それは「共生社会」ということになるだろう。公共圏を喪失し，寛容さを失った情報・消費社会を「共生社会」へと再生することは大人の責任である。

[荒井聡史]

【注】
1)「ヤマアラシのジレンマ」とは，2匹のヤマアラシが身を寄せ合おうとするが，お互いのハリが体に刺さって相手を傷つけてしまうので近づけない，というもの。2匹は細心の注意を払って試行錯誤を繰り返し，やっと適切な互いの距離を見いだすことになるのであるが，この話は人間関係の難しさを表す比喩としてよく用いられる。哲学者ショーペンハウアー（A. Schopenhauer: 1788-1860）の寓話に基づいている。
2) デス・エデュケーション（death education）：「死の教育」，「死への準備教育」と表記されることもある。健全な死生観を学び，自己の死を受容する準備をする教育をさすが，同時に命の重みを理解し，いかに最後まで人間らしく生きるかを考える教育であるともいえる。その内容，方法は多岐にわたり，広い意味で「いのちの教育」の一部として位置づけられる場合もある。

【引用・参考文献】
Baudrillard, J., 1970／今村仁司・塚原 史 訳 『消費社会の神話と構造』 紀伊國屋書店 1995

Devine, T., Seuk, J. H., and Wilson, A., ed., 2001／上寺久雄 監訳 『「人格教育」のすすめ——アメリカ・教育改革の新しい潮流』 コスモトゥーワン 2003

土井隆義 『「個性」を煽られる子どもたち——親密圏の変容を考える』 岩波ブックレット No. 633 岩波書店 2004

Gilligan, N., 1982／岩男寿美子 監訳 『もうひとつの声——男女の道徳観のちがいと女性のアイデンティティ』 川島書店 1986

林 泰成 編著 『ケアする心を育む道徳教育——伝統的な倫理学を超えて』 北大路書房 2000

Hoffman, M. L., 2000／菊池章夫・二宮克美 訳 『共感と道徳性の発達心理学——思いやりと正義とのかかわりで』 川島書店 2001

宮台真司　『制服少女たちの選択』　講談社　1994
永野重史 編　『道徳性の発達と教育——コールバーグ理論の展開』　新曜社　1986
内閣府　「第5回情報化社会と青少年に関する意識調査報告書」　2007　（2011年7月21日確認）
　　（概要）http://www8.cao.go.jp/youth/kenkyu/jouhou5/gaiyou.pdf
　　（全文）http://www8.cao.go.jp/youth/kenkyu/jouhou5/index.html
内閣府　「第8回世界青年意識調査」　2009　（2011年7月21日確認）
　　http://www8.cao.go.jp/youth/kenkyu/worldyouth8/html/mokuji.html
Noddings, N., 1984／立山善彦・林　泰成・清水重樹・宮崎宏志・新　茂之 訳　『ケアリング倫理と道徳の教育——女性の観点から』　晃洋書房　1997
荻上チキ　『ネットいじめ——ウェブ社会と終わりなき「キャラ戦争」』　PHP新書　2008
千石　保　『「まじめ」の崩壊——平成日本の若者たち』　サイマル出版会　1991
千石　保　『新エゴイズムの若者たち——自己決定主義という価値観』　PHP新書　2001
Sennett, R., 1976／北山克彦・高階　悟 訳　『公共性の喪失』　晶文社　1991
高橋　勝　『文化変容のなかの子ども——経験・他者・関係性』　東信堂　2002
辻　大介　「若者のコミュニケーションの変容と新しいメディア」　大和田直樹・北田暁大 編著『リーディングス　日本の教育と社会⑩　子どもとニューメディア』　日本図書センター　2007

第5章

学校生活における道徳教育

5-1 「道徳の時間」の特質

　学校に目を向ければ「いじめ」「不登校」「学級崩壊」、また家庭に目を向ければ「児童虐待」など、現在、子どもの成長は著しい危機にさらされている。教育は国家百年の大計であるといわれる。これまでの学習指導要領にもあったように、また2008（平成20）年度版『学習指導要領』にもあるように、道徳教育は学校教育活動全般を通じて行われなければならない。しかし、なかでも「道徳の時間」は、国家、社会、そして国民の行く先を決定する最重要領域であり、子どもの将来を本気で考える専門職、すなわち教師によって方向性が決定されてしまう「時間」なのである。むろん、道徳教育は学校の独占物ではない。それどころか、道徳は子どもが一番長い時間を過ごす家庭において、また地域社会においても行われなければならない。親権者はいうに及ばず、近隣のおじさん、おばさんも、自分の子どもではないからといって地域社会の子どもの教育に無関心であっては困るのである。しかし学校なり教師なりは、学校こそ道徳教育が直截的に展開される専門の場であると考え、学校教育という仕事の中で、子どもの道徳性を見いだし、引き出し、それが道徳的実践力にまで高められるべきことを、ひとつの大きな仕

事，役割として任されているということを認識すべきであろう。本章では，道徳教育が，学校という閉じられた空間の中で，どのように行われてきたのか，そして，道徳教育がどのように進んでいかなければならないのかを重点的に考える"よすが"となることを念頭におきながら論を進めていきたい。

(1) 特設主義道徳（「道徳の時間」）の導入と全般主義道徳

　学校教育活動全体の中に占める「道徳の時間」は，『学習指導要領』が1958（昭和33）年度版において「試案」ではなく，法的な拘束力をもつものへと変化していったまさにその時に新設された「領域」である。そのため，一般的には授業であると思われている道徳だが，実は「授業」ではなく，「道徳の時間」であるということを踏まえてほしい。1958（昭和33）年に「道徳の時間」が特設されるまで，道徳は，学校生活全般の中で行うべきであり，道徳の時間を特別に設ける必要はないという考え方が学校現場にはあった。そこには，「道徳の時間」を特設してしまったら，呼称は道徳であっても，実際の教育内容は，修身と変わらないものになってしまうのではないか，つまり，戦前・戦中の修身に逆戻りしてしまうのではないか，という強い懸念が，特に学校現場の教師に強くあったからである。また，民主主義教育を受けてきていない現場の教師たちにとって，どのように道徳を教えたらよいのかという動揺と混乱があったことも事実である。実際，修身は早くも1880（明治13）年以来筆頭教科であり，徳目を子どもたちにいかにうまく注入していくか，そして，注入した内容に，子どもたちが疑問をもたないようにする（**注入主義**という）ことが，教師の力量だったのであり，教師にとっての教育課題だったからである。爾来，道徳は，1958（昭和33）年度版『学習指導要領』で「道徳の時間」として特設されるに至るまで，個別的な学習ユニットとしてではなく，学校生活全般の中で"全般主義"の学習内容として扱われるようになっていった。

　全般主義の道徳は，特にデューイ（J. Dewey: 1859-1952）の徳育論，つまり生活体験主義と問題解決学習を土台としている。デューイの徳育論に従えば，「正直」や「寛容」などといった学習内容を抽象的に指導するのはナンセンスであり，学習内容は，子どもたちの生活体験を通じて行うべきであることになる。だが，はたして本当に，子どもの自主的な体験と問題解決に

よって，道徳性は身につくものなのであろうか。たしかに自主的な体験と問題解決によって，子どもたちは楽しく，自ら積極的に学習に取り組むことができるし，経験を通じて現実生活の場における実践的な行動力を身につけることができる。しかしその一方で，自主的な体験と問題学習において，子どもはとかく放任されがちになり，興味・関心のあることには積極的になるものの，興味・関心のないものに対しては心を閉ざし，挑戦せず，結果的に学習の成果が上がらないといった問題もある。また，系統的な知識の習得がおろそかになってしまうため，知的思考力の低下も問題となった。子どもの自主的な体験や問題解決は，どのようにいい繕っても遊びの域をでない。また，子どもの自主的な体験や問題解決学習にあっては，子どもの主体性，積極性，能動性ばかりが強調され，教師が子どもたちを指導・アドヴァイスすることが，あたかも悪いことであるかのような風潮を生じさせた。昭和20年代から30年代にかけて全般主義道徳を批判する人々は，体系的・系統的な道徳教育を副次的にとらえるこのような学校教育内容・活動を「這い回る経験主義」として批判した。

（2）全般主義道徳の意義

それでは，全般主義道徳は本当に不要なのであろうか。なぜ，道徳教育は学校の教育活動全体で行われる必要があるのか。それは，人間は社会的存在であり，人間どうしのかかわりの中で生活が成り立っている以上，あらゆる生活場面は潜在的には道徳的な場面であり，各人は日常生活のあらゆる場面で道徳的であることが必要となるからである。教師に対するときの態度，先輩に対するときの態度，授業やクラブ活動における態度，廊下の歩き方，給食の配膳の仕方や食べ方，清掃の仕方等々，学校におけるすべての活動の場が，道徳教育を行う場面・対象となるのである。それゆえ，「道徳の時間」のみならず，学校の教育活動全体において，首尾一貫した道徳教育を行うことが望まれるのである。

道徳教育がめざす道徳的な実践力とは，さまざまな場面において道徳的行為を実践できる能力を意味する。したがって，その能力とは，自分がおかれたさまざまな生活場面をよく理解し，その場にふさわしい解決を可能にさせる諸能力をいう。このような考えに基づけば，たとえば〈各教科〉が行う客

観的な事実の知識，科学的な思考力，共感的理解力，社会的技能，体力の育成は，道徳的な実践力の育成をめざす道徳教育にとって，不可欠な役割を演じよう。また，たとえば，"勇気"という学習内容は，勇気を必要とする問題場面をとおして習得されるわけであり，この点で，集団的実践活動としての〈特別活動〉の意義は重大となる。そして，この実践上の道徳的問題は，「道徳の時間」の指導内容にも反映され，道徳的自覚を深める方向で，「道徳の時間」に意図的・意識的に指導されることが必要となる。

　このように，「道徳の時間」だけではなく，各教科，総合的な学習の時間，特別活動は，それぞれの性質に応じた指導をとおして，道徳教育がめざす道徳的実践能力の形成に不可欠な役割を果たし，相補的・有機的に関与していくのである。

（3）1958（昭和33）年度版『学習指導要領』の利点と問題点
① 1958（昭和33）年度版『学習指導要領』の特質

　「這い回る経験主義」が批判される中で，1956（昭和31）年，経済企画庁の『経済白書』は「もはや戦後ではない」と謳い，国民を鼓舞した。法的拘束力をもつようになった1958（昭和33）年度版『学習指導要領』においてもそのことはみてとれる。では，1958（昭和33）年度版『学習指導要領』とはいかなる性質をもつものであったのであろうか。

　1950（昭和25）年に勃発した朝鮮戦争は，"冷たい戦争"の中の"熱い戦争"といわれ，アメリカのアジア戦略に変化を余儀なくさせるとともに，極東における日本の軍事的な位置づけと意味づけにも変更が迫られることとなった。朝鮮戦争さなかの1951（昭和26）年，わが国はサンフランシスコ講和条約に調印し，西側国際社会の一員となった。また他方，国内に目を向けるならば1955（昭和30）年，自由民主党と日本社会党のいわゆる55年体制が確立されていくなか，占領下において着手されたリベラルな制度や政策は次々に修正を加えられ，教育についても政府（文部省）による統制が強化される方向性が強く打ち出されていった。さらには，この当時のわが国のめざましい経済成長にも目を向ける必要がある。「もはや戦後ではない」という『経済白書』のこの言葉は，戦後の経済成長が堅調に推移していることを国民に示したのである。1958（昭和33）年度版『学習指導要領』では，

その形式も大きく変化した。

　まずは分量の減少である。1951（昭和26）年度版『学習指導要領』では、たとえば小学校の国語だけで約390頁の分量があったのに対し、1958（昭和33）年度版では、小学校の全教科、道徳、特別活動のすべてをあわせても約250頁となった。また1951（昭和26）年度版まではあった「一般編」がなくなり、記述も箇条書きが主となっていった。また、1958（昭和33）年度版の教育課程上の変化についていうならば、まず第一に、小学校・中学校の教育課程を「教科」「道徳」「特別教育活動」「学校行事等」の四つの分野に分類したことがあげられる（ちなみに高等学校は「教科・科目」「特別教育活動」「学校行事等」の三分野である）。第二に、小学校・中学校には教科ではないものの「道徳の時間」が新設され、高等学校には社会科の一分野として「倫理社会」が新設されるなど、道徳教育が強調されたことである。第三に、基礎学力の充実と科学技術教育の振興のために、教育内容と授業時数が増加したことがあげられる。たとえば、1947（昭和22）年度版では5565〜5915時間とされていた小学校の総授業時数は、1958（昭和33）年度版では、教科と道徳だけで5821時間にもなっている。小学校においてはとりわけ国語と算数が重視され、内容・授業時数ともに増加し、中学校においては、特に数学と理科の内容・授業時数が増加している。1958（昭和33）年度版では「這い回る経験主義」批判がピークを迎え、知識の系統性が重視されたといってよいであろう。

②　道徳教育の実際

　しかし、学校教育活動の全体を通じて、さらには「道徳の時間」を通じて道徳性の育成が図られはじめたといっても、子どもの中に一朝一夕に道徳性が芽生えるとはだれも思うまい。たとえば、つい先ほどまで「美しい友愛」について学習していたはずの子どもたちが、そのあとの10分休みには、もう取っ組み合いの喧嘩をしているのが実際であろう。「ものを大切に」という主旨の学習をしたばかりの子どもが、まだ使える鉛筆や消しゴムをなんの躊躇もなくゴミ箱へ捨ててしまっているのが実際であろう。国語や数学——すなわち教科——といった単元学習教科は、一回一回の授業を通じて、個人差はあれ、段階的に理解度を上昇させていく。しかし道徳はそうはいかな

い。道徳は，学校教育活動の全体を通じて，あるいは「道徳の時間」を通じて子どもたちに，一時的には道徳性を涵養させることができたとしても，それが持続するとは限らない。学校教育活動の全体を通じて，あるいは「道徳の時間」を通じて，一時的には道徳性が芽生えたとしても，そしてその芽生えがある程度持続しえたとしても，また，もとに戻ってしまうことは全然めずらしいことではない。だからこそ，道徳教育は，学校教育活動全体を通じて，「道徳の時間」を通じて，反復的に子どもの道徳性を深化させていかなければならないのである。そこになければならないのは，人間の弱さの自覚（修身との根本的な違い）であり，人間の実存性の自覚である。各教科と違い，道徳が人間の弱さ（躓き）をむしろ大切にしなければならないのは，道徳がこのような反復的深化を遂げていく「領域」だからである。教師が理想とする道徳性を得たかに思える子どもが，スーパーマーケットで万引きをしてしまうことがあっても，親や教師は，子どもを見放すことなく，むろん，差別的な目でみることなく，またゼロから出発していけばいいのだし，出発しなければならないのである。

③ 「道徳の時間」の問題点

ところで，「道徳の時間」は時間割どおりに履行されているだろうか。筆者の経験を臆さずに披瀝してしまうならば，筆者は，小学校・中学校を通じて，毎週一時間ずつ時間割に割り当てられていた「道徳の時間」を経験してきていない（少なくとも記憶にはない）。では，「道徳の時間」は何に使われていたのか。筆者の記憶にあるのは，遅れている教科の補習（これが最も多かった），運動会や学芸会の練習，遠足の説明，林間学校や修学旅行の説明，学級会，お楽しみ会等である。もっとも先生は，運動会や学芸会の練習を通じて，学級会を通じて道徳性の涵養を図ろうとしていたのかもしれない。しかし，ともかく〈まともな〉「道徳の時間」は一つの学期に１回か２回程度だったと記憶している。このことは，筆者が機会あるごとに学生に聞いたこととも合致している。つまり，実際のところ「道徳の時間」は，少なくともコンスタントには行われてはいないのである。たしかに，道徳はやりづらい領域ではあろう。小学校⇒中学校⇒高等学校と年齢が上がれば上がるほど，子どもは自分なりの人生観や倫理観をもつようになり，先生が話したこと，

クラスで話し合ったり決めたことに従わない子どももでてこよう。また，子どもの後ろには親がいる。家庭がある。各家庭にはそれぞれの教育方針や，大袈裟にいえば教育文化がある。それゆえ「道徳の時間」を使ってなんらかの内容を学習したとしても，子どもは最終的には親の考えに同調していくことも容易に考えられよう。だが，教科ではないというそれだけの理由で，遅れている教科の補習に充てる，運動会や学芸会の練習に充てる，学級会に充てることなどは，いくら道徳教育が学校教育活動全体を通じて行われるべきであるということになっているからといって「道徳の時間」をおろそかにしてよい理由にはならない。各家庭に各家庭の教育方針・教育文化があるにせよ，学校は，そして一人ひとりの教師は，学校生活における道徳教育を進めていくべきなのである。道徳はあくまでも「道徳の時間を要(かなめ)として学校教育活動全体を通じて行う」(『中学校学習指導要領』(平成20年3月告示) 第3章 第2) ことが定められており，「道徳の時間」は学校生活における道徳教育の枢要であることを再認識すべきであろう。

5-2　学校生活における道徳教育

(1) 学校教育の目的からみた道徳教育

わが国の学校は，教育基本法第1条 (平成18年改正) が掲げる以下の教育目的を達成するための公的機関である。

> 教育は，人格の完成を目指し，平和で民主的な国家及び社会の形成者として必要な資質を備えた心身ともに健康な国民の育成を期して行われなければならない。

つまり，学校におけるすべての教育活動は「人格の完成を目指し，平和で民主的な国家及び社会の形成者」を育成するために営まれるのである。学校は，いわゆる3R'sの学力のみを世代から世代へ伝えていくのでは不十分なのである。なぜならば3R'sに代表される知育以外に，芸術教育や体育を含むすべての教育活動が「人格の完成」に向けて位置づけられなければならないからである。学校での教育活動は，そこで学ばれるさまざまな知識，技術が，全人としての子どもたちの中へ調和的に和合されていかなければならな

いし，さらには，人間として良く生きる人格性へと高められるようになされなければならない。ここに道徳教育が，わけても重視されなければならないゆえんがある。それというのも，学校教育がめざす究極的な目標である「人格の完成」は，直接的に，道徳教育の目標とするところであるからである。さらにいえば，学校教育の究極的な目標は，道徳的な人格の完成にあるからである。

　ともあれ，学校における「道徳の時間」を含む教育活動全体を通じての「人格の完成」という本来の目標を，最優位におかず，無視し，単なる知識・技術の教育のみに力を注ぐ主知主義的な学校においては，子どもたち相互の間に，また子どもたちと教師の間にさまざまな人間関係の荒廃や，人格の崩壊を起こすのである。

（2）道徳教育と価値

　しかし，ここで非常に重大かつデリケートな問題が生ずる。

　学校教育活動全体を通じて行われる全般主義道徳教育であれ，特設主義道徳であれ，これらが他の各教科の目標と根本的に異なる点は，各教科の目標が事実に関する事柄の学習をめざすのに対して，道徳教育は，望ましい生き方や行動の仕方という価値にかかわる人格の育成をめざしているところにある。そして，この価値にかかわる内容をどのようなものと考えるかにおいて，道徳教育の目標論に重大な問題が生ずる。それは「君はこのように生きるべきだ」「あなたはこうするべきだ」といったようなことを公教育の名において教育することが，はたして許されるか否か，ということである。日本国憲法には思想・良心の自由が謳われている（第19条）。学問の自由も保障されている（第23条）。そして，教育を受ける権利，教育の義務も明記されている（第26条）。そのような憲法をもった国家が，なんらかの特定された道徳的価値体系を決定して，それを道徳教育の目標内容として指導してよいのかという問題である。

　道徳教育が，荒唐無稽な皇国史観に彩られた価値内容によってなされるのもはた迷惑な話だが，さりとて共産主義体制下の特定のイデオロギーによって行われるのもまた迷惑千万な話である。しかしながら，だからといって，道徳的価値にまったくふれずに道徳的に中立の立場——そのようなものがあ

るとするならば——を決め込むことが許されるのであろうか。「思想・良心の自由」の名のもとに，子どもたちが価値中立的に放任されたらどうなってしまうか。ルソー（J.-J. Rousseau: 1712-1778）はたしかに，彼の教育小説『エミール』の冒頭で，次のように述べている。「創造主の手から出るとき事物はなんでもよくできているのであるが，人間の手にわたるとなんでもだめになってしまう」と（Rousseau／永杉他訳，1996, p. 13）。しかし，もし親や教師が，この言葉を妄信し，子どもたちに何の道徳的な指導も与えず，生まれたままの状態に捨て置いたならば，彼らは生物的には人間であっても，道徳的・社会的には人間とはいえまい。いや，それ以前の問題として，生存することすらできまい。たとえ生存できて生きながらえたとしても，たちまちのうちに多様化する価値の無秩序，マスコミの流す情報の洪水にもてあそばれ，弱肉強食社会の餌食になってしまうであろう。また，自分がどのような人間になりたいかは，その子自身の成長過程において，その子自身が決めればよいことである，という意見もあろう。だが現実に，自分の生き方を自分自身の責任において主体的に決定すればよいという理念論は，年齢が高くなっていくのに従って可能になる話しであって，年齢が低くなればなるにつれて，通用しなくなるのである。そのような考え方を是としてしまえば，わがまま勝手や弱い者いじめ，授業妨害，対生徒暴力，対教師暴力がはびこり，道徳的無関心はいうに及ばず，人間不信と自己崩壊が生じてくる。

　このような成長過程にある子どもたちの学校生活をまえにして，教師たちはそれでもなお「公教育において，特定の道徳的価値を押し付けることはできない。道徳教育において，私は中立的な立場をとる」と主張し続けることがはたしてできようか。授業中に友達の発言や質問を邪魔したり，あるいは教師の発問を邪魔したり，掃除をさぼっている場面にでくわしたとき，教師が道徳的に中立的な立場に立ち，なんらの指導も行わないとするならば，教師はまさにそのことによって，他人への迷惑を平然と行うことを良しとし，弱者を踏みつける要領のいい人間をつくりだすことに加担してしまっているのである。「児童憲章」（1951（昭和26）年5月5日制定）には次のような文言がある。「九　すべての児童は，よい遊び場と文化財を用意され，わるい環境からまもられる」——このことは，子どもの健全な成長を助けるためには，人為的に「よい遊び場と文化財」が用意され，また人為的に「わるい

環境からまもられ」なければならないことを意味しているのである。つまり裏を返せば，子どもたちの実際の生活環境は，必ずしも「よい遊び場と文化財」に満ちているわけではないことを，また，必ずしも「わるい環境からまもられ」ているわけではないことを言外に表明しているのである。憲法に謳われている「思想・良心の自由」が尊重されるのは，すべての子どもの基本的人権を最優位に尊重しようとするからである。道徳教育はこのような考え方があればこそ，注入主義や自由放任主義に陥ることなく，教師も子どもも基本的人権を尊重していこうという姿勢を身につけることができるのである。そしてまた，このような考え方があればこそ，教師の側は主体的に道徳教育を行うことができてくるのであり，また子どもの側も学校教育活動全体を通じて，「道徳の時間」を通じて，積極的に道徳性を身につけていくことができるのである。

(3) 道徳教育の目標

① 道徳教育と『学習指導要領』(「総則」から)

それでは，戦後の学校教育は，憲法のもとで基本的人権の尊重を，道徳教育を，どのようにとらえているのであろうか。ここでは2008（平成20）年度版『中学校学習指導要領』を検証することを通じて考察していきたい（以下，単に『中学校学習指導要領』といえば2008（平成20）年度版を指す）。まず「第1章 総則 第1 教育課程編成の一般方針」の2で，道徳教育について，以下のようにふれられている。

> 　学校における道徳教育は，道徳の時間を要(かなめ)として学校の教育活動全体を通じて行うものであり，道徳の時間はもとより，各教科，総合的な学習の時間及び特別活動のそれぞれの特質に応じて，生徒の発達の段階を考慮して，適切な指導を行わなければならない。
> 　道徳教育は，教育基本法及び学校教育法に定められた教育の根本精神に基づき，人間尊重の精神と生命に対する畏敬(い)の念を家庭，学校，その他社会における具体的な生活の中に生かし，豊かな心をもち，伝統と文化を尊重し，それらをはぐくんできた我が国と郷土を愛し，個性豊かな文化の創造を図るとともに，公共の精神を尊び，民主的な社会及び国家

> の発展に努め，他国を尊重し，国際社会の平和と発展や環境の保全に貢献し未来を拓(ひら)く主体性のある日本人を育成するため，その基盤としての道徳性を養うことを目標とする。
>
> 　道徳教育を進めるに当たっては，教師と生徒及び生徒相互の人間関係を深めるとともに，生徒が道徳的価値に基づいた人間としての生き方についての自覚を深め，家庭や地域社会との連携を図りながら，職場体験活動やボランティア活動，自然体験活動などの豊かな体験を通して生徒の内面に根ざした道徳性の育成が図られるよう配慮しなければならない。その際，特に生徒が自他の生命を尊重し，規律ある生活ができ，自分の将来を考え，法やきまりの意義の理解を深め，主体的に社会の形成に参画し，国際社会に生きる日本人としての自覚を身に付けるようにすることなどに配慮しなければならない。

　一段落目を要約すれば，道徳教育は「道徳の時間」はもとより，学校教育活動全般で行われるべきであることがいわれている。

　二段落目を要約すれば，①人間尊重の精神と畏敬の念，②伝統と文化の尊重，③愛国心と郷土愛，④公共の精神の尊重，⑤他国の尊重，⑥国際社会の平和と発展や環境の保全への貢献，⑦主体性のある日本人の育成であり，これら①～⑦の基盤にあるのが道徳性であり，したがって，まずはこの道徳性を養わなければならないことがいわれている。

　三段落目を要約すれば，①教師と生徒および生徒相互の人間関係の深化，②家庭や地域社会との連携の強化，③職場体験活動，ボランティア活動，自然体験活動による生徒の内面に根ざした道徳性の育成，④自他の生命の尊重，規律ある生活，法やきまりの意義の理解の深化，⑤社会形成への主体的な参画，⑥国際社会に生きる日本人としての自覚が謳われている。

　特に第二段落でいわれている道徳性の基盤となる7つの事柄は，道徳的判断力，道徳的心情，道徳的態度，道徳的実践意欲の様相をもつものであり，①～⑦は相互に関連しながら全体としての道徳性を形成するものである。つまり，道徳性の基盤となるこれら①～⑦の事柄は，道徳的な行為を実現させる，知情意のすべてにかかわる人格的な特性なのである。

② 道徳教育の内容

また，このことは，次に示す『中学校学習指導要領』の「第3章 道徳 第1 目標」において，次のように説明がなされている。すなわち，

> 道徳教育の目標は，第1章総則の第1の2に示すところにより，学校の教育活動全体を通じて，道徳的な心情，判断力，実践意欲と態度などの道徳性を養うこととする。
>
> 道徳の時間においては，以上の道徳教育の目標に基づき，各教科，総合的な学習の時間及び特別活動における道徳教育と密接な関連を図りながら，計画的，発展的な指導によってこれを補充，深化，統合し，道徳的価値及びそれに基づいた人間としての生き方についての自覚を深め，道徳的実践力を育成するものとする。

この目標が示すところは，次のように要約されえよう。①学校の教育活動全体を通じて〈道徳的な心情〉，〈判断力〉，〈実践意欲と態度〉などの道徳性を養うこと，②「道徳の時間」においては上記の三つの道徳性に基づき，計画的，発展的にこれを補充，深化，統合し，道徳的価値に基づく生き方の自覚を深め，道徳的実践力を育成すること，である。

ところで，コールバーグ（L. Kohlberg: 1927-1987）によれば，人格的な特性には，①自分の欲求の直接的満足を求める自己中心的なレベル，②他人や慣習に権威をおき，それを基準として望ましい行為を行おうとする他律的慣習的レベル，③個人的な感情を交えず，客観的理性において，すべての人を平等に尊重することをめざし，好ましい行為を行おうとする自律的原理的レベル，という三つのレベルがある。そして子どもたちは三つのレベルを①⇒③ の方向へ，その順序をたどって発達していく特性をもっているという。

このコールバーグの3段階的レベルを『中学校学習指導要領』と比較してみるならば，「第3章 道徳 第2 内容」と重なり合う部分が散見される。『中学校学習指導要領』の内容は，子どもの精神的発達に応じて，「自分自身」をコアに四つに，同心円的かつ段階的に区分されている。

まずあげられているのが「1. 主として自分自身に関すること」である。これはコールバーグのいう「自分の欲求の直接的満足を求める自己中心的な

レベル」に相当しよう。もっとも，コールバーグは小学生や幼稚園児くらいの年齢の子どもをも想定していると考えられるので，中学生，それも日本の中学生を指導する『中学校学習指導要領』との接点は必ずしもぴったりとは合わないかもしれないが，『中学校学習指導要領』でも最初にあげられている「内容」は「1. 主として自分自身に関すること」なのである。

次にあげられているのは「2. 主として他の人とのかかわりに関すること」であり，他者とのかかわりに発達的な意義を認めているという点においては，コールバーグのいう，他人を認め，それに倣おうとする他律的・慣習的レベルと符合する点が認められよう。

ところで，コールバーグの3段階レベルに現れていないのが，今般の『中学校学習指導要領』の大きな特色である「3. 主として自然や崇高なものとのかかわりに関すること」である。これはいい方をかえるならば，自然の尊さや，人智を超えた存在を中学生に感得させることをねらいとしているものととらえられよう。これは決して偏狭なアニミズムでも，押し付けがましい宗教的な感情の注入でもない。(筆者の思いを述べさせてもらうならば)これは「総則」に謳われている「人間尊重の精神と生命に対する畏敬の念」「環境の保全」の別表現であり，「自然や崇高なものとのかかわりに関する」ことを中学生に感得させることの必要性が，やっと文部科学省によって認められたという点において，遅きに失した感はあるものの，評価されてよいことであると考える。

そしてコールバーグのいう「個人的な感情を交えず……すべての人を平等に尊重することをめざし，望ましい行為を行う自律的原理的レベル」については，『中学校学習指導要領』の「4. 主として集団や社会とのかかわりに関すること」に関係してこよう。

いささか強引な引き合わせのようにもみえるがコールバーグが唱える ① ⇒ ③ は間違いなく今次の『中学校学習指導要領』にも影響を与えていると考えられる。

5-3　学級経営と道徳教育

(1) 学校における学級の位置

　学級は，学校において道徳教育を行う場合の基礎的な集団（単位）として位置づけることができるし，またその必要がある。というのも，学級は子どもたちにとって，学校で学習活動をし，生活するための基礎をなす中心的な生活共同体だからである。なぜならば，① 子どもたちにとって，学校生活で最も継続した人間関係が温存されるのが学級であり，したがって子どもたちはこの学級生活の中で，最も切実に，また日常的・実際的に，さまざまな人間関係に直面し，対処していかなければならないからである。さらに，② この学級を基礎にして，教科の指導，道徳の時間，総合的な学習の時間，特別活動などの主要な教育活動が展開されるわけであるから，これらの教育活動が，児童・生徒にとって効果的・人間形成的に展開されるか否かは，この学級という集団のあり方に，良くも悪くも大きく影響されることになるからである。したがって，子どもの日常生活にとっても，また教育活動にとっても重要な意味をもつ学級という集団が，教育目標を効果的に果たしうるように運営・管理する学級経営の仕事は，学校教育において，教科指導や道徳の指導をすることに匹敵する，すこぶる重要な教育的役割をもつ。

　それでは，この学級担任という仕事を委ねられた教師は，どのように学級経営を行えばいいのだろうか。

　いうまでもないことであるが，当初，学級は人為的（場合によっては作為的）に編成された集団であり，人間関係はまったくバラバラである。だが，バラバラの学級は，担任教師の指導のもとに，学級という生活共同体に必要な諸問題を子どもの実態に即しつつ，子どもたち自身で自主的・自治的に解決できるように仕向けられていく。たとえば，教室の掃除，環境の美化，学習活動のための整備，学級新聞の貼り出し，遠足・林間学校・修学旅行の準備，友人関係の問題等のさまざまな生活上の緊要な問題を，子どもたちの要求や願いを大切にし，子どもたち自身の力を出し合って解決できるように助力するのである。

　ここで大切なのは，子どもたちに何でもかんでも野放図にやらせるのではなく，教師が適宜助言をし，指導していくということである。そうでなけれ

ば，子どもたちが一つの目標に向かって進んでいくことはできない。教師の助言・指導は決して，子どもの自主性を損ねるものではない。近年，子どもの指導に熱心な教師が，ともすれば，学級経営や道徳教育に非協力的で無関心な親から疎ましく評価される傾向があるが，教師は，必要とあらば，どこまでも助言・指導していくべきなのである。

　さて，この自主的・協力的な生活過程の中で，学級内の人間関係は次第に信頼し合う親密な関係となり，相互に高め合い，協力し合う民主的な集団へと発展していくのである。

（2）学級経営と道徳教育

　上記のような学級経営の中で，子どもたちはどのような道徳性を身につけるのか。そして，学級経営は道徳教育にどのような形で寄与できるのであろうか。

　上に描いた自主的・協力的な過程からわかるように，子どもたちは学級に対し，自分の能力や関心に応じた貢献を多かれ少なかれしているわけである。そのような中で，学級において自分の役割を，責任をもって果たすことを学び，自主性や協力性や自分を大切にする心情を身につけていく。こうした中で，人間にとって重要な他者に対する信頼や，人間愛の尊さに気づき，自己の存在価値を学級の人間関係において実感し，学んでいくのである。子どもたちは，学級の暖かな雰囲気と，子どもたちがお互いに支え合い，高めていく人間関係の中で，さまざまな学習活動を，失敗を恐れず，意欲をもって取り組むようになる。ここにおいてはじめて，子どもたちの特色ある豊かな自己活動の展開が期待できるようになるのである。このような人間関係の基盤は，学校全体のいわば細胞である学級経営がうまくいっているからこそ可能になるのであって，学級経営がうまく行われていない学校においては，良好な人間関係は築けないのである。たしかに，この問題は小規模校と大規模校では難度が違ってくる。校長先生がすべての子どもの名前を覚えているような小規模校と，覚えようにも覚えられないような大規模校では事情は異なる。しかし，たとえ大規模校であったとしても，一つひとつの学級の経営がうまくいっている学校では，学校全体のまとまりが違ってくる。ここからも，学級経営のもつ道徳教育の役割は，相当に重いといわざるをえない。

ここで今一度,『中学校学習指導要領』の「総則」をみてみよう。ここには明確に「道徳教育を進めるに当たっては,教師と生徒及び生徒相互の人間関係を深めるとともに,生徒が道徳的価値に基づいた人間としての生き方についての自覚を深め,家庭や地域社会との連携を図りながら……(後略)」とある。道徳教育の観点からみて,学校という社会にある日常的な人間関係のありようを,どのように望ましいものにしていけばいいのか,わけても子どもにとって学校生活のよりどころである学級の人間関係をどのように構築していくかは,きわめて重要な教育課題である。学級という閉じられた環境・空間の中で,互いに人間として尊重し合い,尊敬と信頼とをもって支え合い,打ち解け合い,そして時には切磋琢磨し合うことのできる,のびのびした民主的な雰囲気をどうすれば醸成できるのか。それとも逆に,受験戦争と点数主義に血眼になり,利己心と排他心をむき出しにしたシラケきった雰囲気の学級・学校にしてしまうかは,学級経営と道徳教育がうまくいっているか否かを表す重要なメルクマールなのである。また,全般主義道徳教育の成否および優劣は,「道徳の時間」に子どもたちが素直に心を開いて真実を追求し合えるか否かを表すメルクマールでもある。昨今,子どもたちが自己を語らず他者とコミュニケーションを交わすことができないという信じ難い実態を憂慮するとき,学級経営と道徳教育の役割と責任は非常に大きいと考えざるをえない。

5-4　教科を通じての道徳教育

　各教科の特質に応ずる適切な指導によって道徳教育を行う——はたしてこのようなことは可能なのか。可能だとしたら,どのように進めていけばよいのか。教科の特質は,まず,それぞれの教科が掲げる目標の中に,その教科の固有性が表現され,その目標達成にふさわしい教科内容が編成されるというかたちで現れている。そうしたものとして,たとえば中学校の場合,国語,社会,数学,理科,音楽,美術,保健体育,技術・家庭,外国語(国公立の中学校の場合には英語)の9教科がある。

　これらの教科が,目標として子どもたちに身につけさせたいとする知識・技能・態度等は,これを道徳教育的観点から一般化するとすれば,①道徳的

な実践力を構成しつつ，客観的に理解していく科学的認識力や知識，②感受性，問題解決にかかわる行為と結果を予測する能力，③コミュニケーション能力や実行能力であろう。そして，これらの諸能力は，まさに教科教育においてこそはじめて育成されるのである。それぞれの教科が担う固有の役割の達成を介して，各教科は道徳的実践力の育成に不可欠のものとなるのである。

内容教科（理科，社会）においては，自然や社会についての知識や理解，問題把握や解決の方法，行為結果の予測にかかわる科学的な認識力，思考力，態度等が育成される。たとえば，『中学校学習指導要領』によれば，社会の目標として

> 「広い視野に立って，社会に対する関心を高め，諸資料に基づいて多面的・多角的に考察し，我が国の国土と歴史に対する理解と愛情を深め，公民としての基礎的な教養を培い，国際社会に生きる平和で民主的な国家・社会の形成者として必要な公民的資質の基礎を養う。」

とある。つまり中学校の社会科は，諸資料に基づいて考察する能力だけではなく，また，わが国の国土と歴史に対する理解力だけではなく，「公民としての基礎的な教養を培い，国際社会に生きる平和で民主的な国家・社会の形成者として必要な公民的資質を養う」教科なのである。国家・社会の形成者として必要な公民的資質を養う——つまり社会科はそれらの学習をとおして，国家・社会とのかかわり方についての全人的な態度，情操的な態度まで育成しようというのである。教師は，この一般目標のもとに展開される各学年の目標や内容についても，道徳的実践力にどうかかわるか，という観点から分析すべきであろう。それが授業実践の質を高めるのである。そしてこのようにして育成される能力こそが，今日問題になっている少子化，南北問題，政権交代等々の解決に確実・適正な方向を与えることになるのである。また，**表現教科**（音楽，美術，技術・家庭，保健体育）や**用具教科**（国語，外国語，数学）においては，人間の感情の理解や表現力，コミュニケーション能力，さらには生活処理能力が育成されるであろう。

このように，各教科がそれらのどのような能力の育成に具体的に関与するものであるかは，さきの社会の場合と同じように，『中学校学習指導要領』の目標と内容について鳥瞰的に，しかし慎重に分析してみれば明らかになる

であろう。

　ところで，ここで重大な問題が浮かび上がってくる。それは，教科目標の方法論，つまり，実際の生活の場ではたらくような能力の育成は，いかなる方法をもって可能になるのか，という指導方法の問題である。よくいわれることだが，教科書を学ぶのか，教科書で学ぶのか，教科書でも学ぶのか，という問題である。しかし，特設主義道徳（「道徳の時間」）においては，副読本の使用は認められているが，教科書はない。それどころか副読本さえ，使用する義務はないのである。

　だが，各教科においては以下に示すように，各教科には，教科書の使用が義務づけられているのである。学校教育法の第34条には次のようにある。

第34条　小学校においては，文部科学大臣の検定を経た教科用図書又は文部科学省が著作の名義を有する教科用図書を使用しなければならない。
　②前項の教科用図書以外の図書その他の教材で，有益適切なものは，これを使用することができる。

　この条文は中学校においても，また，高等学校においても準用規定として取り扱われている（中学校　第49条，高等学校　第62条）。

　しかしながら，教科書中心の一斉授業は，既成の情報的知識に，内容理解を伴わない概念の単なる詰め込みに終始しがちである。しかも，年齢が上がれば上がるほど，子どもたちの関心は，同一時間内に同一の内容を他者に遅れをとらずに，いかに精確かつ迅速に習得するかに傾いてくる。このような精神状態は道徳的実践力の育成という観点からみれば，生きてはたらく知識や能力とは程遠い，情報的知識の受動的態度へ，さらにいえば，利己主義的な競争心，評価（点数）によって他者を差別する感情に変質していく。だが教科は何であれ，真の知識は，知識を求めようとする個人の能動的・主体的な態度なくしては成立しないのである。

5-5　特別活動を通じての道徳教育

(1) 特別活動との関連

　特別活動は，学校・学級集団の一員としての自覚，協力性，自主的実践力等を自発的・自治的な集団的実践活動を通じて育成しようとするところに特色がある。特別活動においては，各教科や「道徳の時間」において形成された知識・技能等が，実践活動の中で道徳的に統合される。

　また，子どもをとりまく状況との関係性からみても，特別活動の意味は大きい。昨今，過保護・過干渉の核家族，少子家族の中にあって，自分本位にしか物事を考えられず，他人から注意や叱責を受けなければ何もやろうとしない，受動的な，他者依存的な子どもが増えてきている。学校という閉じられた空間，本来ならば，喜怒哀楽がまぜこぜになってしかるべき空間においても，パソコンその他の新しいテクノロジーの進出が，他者との関係性を希薄にしている。他者とともに学びあうのではなく，あくまでも個人的な学習の機会が増え，情報的知識や映像との接触が子どもを社会性から遠ざけている。いいかえるならば，パソコンや新しいテクノロジーは，自己の体験に根ざす，他者と協力しなければならない場面を，共同生活から奪ってしまっている。そのため子どもたちは，現実の生活に能動的・主体的・積極的に取り組み，他者とともに喜び，悲しみ，苦労を分かち合うという道徳的な原体験に乏しくなっている。特別活動は，まさにこのような状態を学校教育の計画の中で，意図的・意識的に補完し，適切な指導をしなければならない領域なのである。上に述べたような，子どもをとりまく道徳的とはいい難い状況からみて，学校は，より総合的かつ組織的な対応を必要としている。

(2) 全教師の一致・協力的な取り組みの必要性

　ある学年のある学級担任の先生が，学級内にいじめ，陰湿ないたずら，授業妨害や授業拒否の問題を抱えているとする。そのような場合，その学級担任の教師一人が，いかに熱心に特別活動に取り組んでも，効果は直ちには上がらない。実践は，その担任教師の主体的・意欲的な取り組みもさることながら，校長から養護教諭，用務員に至るまで，学校の全教師によって支えられ，助けられる必要がある。しかも，小学校ならば6年間，中学校ならば3

年間という時間を，各学年ごとの連続的・系統的な教育計画のうえに位置づけて，大きな見通しと確固たる連携・協力をもって進めていく必要がある。

さらに，子どもたちの自発的・自主的な集団活動を漸進的に進め，さまざまな特別活動を活発に行わせるためには，なんといっても学級経営が基盤となる。子どもたちの学習と生活の基盤である学級生活を，学級活動や係活動をとおして充実させ，これを特別活動の源泉として，クラブ活動，児童会活動，生徒会活動，学級での行事，学年での行事といった大規模な方向に漸次波及させ盛り上げていく必要がある。このような特別活動のさまざまな活動を構造的に関連させた展開が重要である。この場合，自分の学級は自分の学級，他の先生の学級は他の先生の学級といったような「人のこと我関せず」といった姿勢では，学校が抱えるさまざまな問題を解決することはできない。教師は学級・学年を超えて，一人の教師の悩みに応えていく必要がある。

5-6　道徳教育の方法——生活経験か徳目重視か

これまでにみてきたように，学校における道徳教育はさまざまな形態で行われている。しかし，方法的な観点からみるとき，二つに大別することができる。

その一つは，「道徳の時間」（**特設主義道徳**）にみられる方法である。これはたとえば，「道徳の時間」に友達関係の問題を取り上げて友情・信頼について考えさせるというように，事前に指導計画を立てて，直接的に子どもの道徳意識の変容をめざした指導を行う場合である。他の一つは，特別活動などにみられる方法（**全般主義道徳**）である。「生活が陶冶する Das Leben bildet」というペスタロッチ（J. H. Pestalozzi: 1746-1827）の思想にたち，学校という良い意味で閉じられた集団の中で，子どもが道徳性を身につけていく活動方法である。たとえば，花壇の手入れをするという実践過程の中で，協調性，責任感，忍耐，親切，信頼等を間接的に学びとるといった方法がこれである。ここでは特設主義道徳を直接的方法，全般主義道徳を間接的方法とよぶことにする。特設主義道徳においてであれ，全般主義道徳においてであれ，長所も短所ももち合わせている。では，その長所と短所はどのようなものであろうか。

〔直接的方法〕

長　　　所	短　　　所
1. 計画的 2. 指導責任の所在 3. 努力点の明確さ 4. 一般化が可能	1. 指導内容が単なる情報知になりやすい。 2. 子どもは傍観的批評者になりやすい。 3. 子どもが権威への盲従に陥りやすい。 4. 授業が形式的に流れ，適時性を欠きやすい。

〔間接的方法〕

長　　　所	短　　　所
1. 実践の機会が多い 2. 自然で適時的指導 3. 自我関与が大きい 4. 態度形成ができる	1. 偶発的指導のため計画性がない。 2. 指導責任が不明確である。 3. 努力点が不明確である。 4. 事後処理的になりやすい。 5. 道徳的自覚の指導が弱い。 6. 必要な生活事項にわたらず，一般化されにくい。

（出典：遠藤，1994，p.73 より抜粋して引用）

　直接的方法においては，教師の指導性は発揮されるが，子どもの道徳性全体への影響は弱く，知識の教授に陥りやすい。徳目主義に陥る危険性をもっているわけである。これに対し間接的方法では，子どもの生活現実の中で，子どもの精神的発達を可能にするほどの強い影響をもちうる。だが，間接的方法では道徳的な自覚に迫るほどの効果はなく，「這い回る経験主義」に陥る危険性を孕んでいる。したがって，実際の活動においては，悪い意味での経験主義や徳目の注入といった方法ではなく，子どもの道徳性の形成をめざして両者の長所を活かし，短所を補い合う指導が求められる。つまり，学校教育が全体として子どもの生活経験を重視しつつ（**全般主義道徳**），それに立脚して道徳性の自覚化（**特設主義道徳**）がめざされる方向で統合的に機能することが重要なのである。ありのままの自己が語られ共感の輪が広がる。そのとき，自己防衛的な理屈のいい合いではなく，逆に，子どもたちが鋭い自己洞察に向かい，自己反省にたった発言や態度が学級全体を覆っていく。これこそが理想的な**全般主義道徳**と**特設主義道徳**の和合なのである。しかしこうした道徳教育が可能になるのは，平素からの学級づくりが大きく影響しているのである。

なお，本章は，特に，遠藤昭彦著『道徳教育の探究』（酒井書店，1994）ならびに 高山岩男著『道徳とは何か――倫理学入門』（創文社，1983）を参照しつつ執筆されたことを付記しておく。

［金田健司］

【引用・参考文献】
遠藤昭彦　『道徳教育の探求』　酒井書店　1994
文部科学省　『中学校学習指導要領』（平成20年3月告示）　2008
Rousseau, J.-J.／永杉喜輔 他訳　『エミール』　玉川大学出版部　1996
高山岩男　『道徳とは何か――倫理学入門』　創文社　1983
山口 満・唐澤 勇 監修　『実践に活かす　教育課程論・教育方法論』　学事出版　2002

第6章

家庭生活における道徳教育

6-1 家庭教育と道徳教育

　周知のとおり，2006（平成18）年に教育基本法が改正され，その第10条として新たに**家庭教育**が設けられた。

　第10条　父母その他の保護者は，子の教育について第一義的責任を有するものであって，生活のために必要な習慣を身に付けさせるとともに，自立心を育成し，心身の調和のとれた発達を図るよう努めるものとする。

　前文には公共の精神，豊かな人間性と創造性，伝統の継承などの文言が新たに加わり，第2条の教育の目的では，豊かな情操と道徳心，自主，自律および協同の精神，規範意識，公正な判断力，公共の精神，社会の形成に参画する態度，生命および自然を尊重する精神，伝統や文化を尊重し，わが国と郷土を愛するとともに，国際社会の平和と発展に寄与する態度を養うことなど，人格の完成とともに公共性，社会性に関する徳目が示されている。これらの条項が学校教育だけでなく，家庭教育にも及ぶということである。

　では，第一義的責任を担う家庭教育の現状と課題はどのようにとらえられているであろうか。2008（平成20）年に中央教育審議会が，教育基本法と学校教育基本法の一部の改正を踏まえて，学習指導要領の改善についての答

申をだしている。その中で、「特に、家族の触れ合いの時間を確保し、基本的なしつけを行うとともに、睡眠時間の確保や食生活の改善といった生活習慣を確立することは、『生きる力』の基盤である」と指摘し、基盤としての家庭の教育力の向上の重要性にふれている（中教審、2008、p. 16）。また、社会規範自体のゆらぎや家庭や地域の教育力の低下、地域の大人や異年齢の子どもたちとの交流の場や自然体験等の体験活動の減少などを背景として、「生命尊重の心や自尊感情が乏しいこと、基本的な生活習慣の確立が不十分、規範意識の低下、人間関係を築く力や集団活動を通した社会性の育成が不十分」であると指摘している（中教審、2008、p. 58）。

　これに関連して、子どもの望ましい基本的生活習慣を育成し、生活リズムを向上させる「早寝早起き朝ごはん」国民運動が2006（平成18）年から文部科学省と全国協議会の連携で取り組まれている。全国協議会発起人代表は元文部大臣の有馬朗人であり、設立趣意では、基本的生活習慣の乱れが学習意欲や体力、気力の低下の原因のひとつと指摘され、さらにお手伝いをする子どもほど、道徳観や正義感が身についている傾向にあることがあげられている（〈コラム1〉参照）。

　このように、政策動向においては、基本的生活習慣をはじめとする家庭でのしつけや過ごし方が、個人の私的生活にかかわる習慣という意味合いを超えて、社会を支える道徳観の基盤として重視されている。それは、取りも直さず家族が子どもを教育する主体として位置づけられ、家庭において子どもを社会の成員としてよりよく育てる責任が強化されているということである。教育基本法第10条2項において「家庭教育の自主性を尊重しつつ」と記され、具体的な教育内容は含まれていない一方で、「基本的生活習慣や倫理観などを身につけさせるのは保護者の義務」であり、「教育サービスの受ける側の責務」（経団連、2006、pp. 110-111）として、家庭教育が位置づけられている。

〈コラム1〉　基本的生活習慣と道徳観・正義感の関連

　中央教育審議会の答申や「早寝早起き朝ごはん」国民運動の設立趣意の根拠となった調査は、国立青少年教育振興機構が行った「青少年の体験活動等と自立に関する実態調査」である。「平成21年度調査報告書」では、小4・小6・中2を対象として、平成10年度から平成21年度までの約10年間におけ

る経年変化を分析している。
　基本的生活習慣については,「朝食をとること」を,「必ずしている」と回答した比率は, 1998（平成 10）年度が 81%, 2005（平成 17）年度が 80% とほとんど変化がみられないが,「早寝早起き朝ごはん」国民運動を実施後の 2009（平成 21）年度は 85% と 5 ポイント増加した。その他の基本的生活習慣も 5 項目中 4 項目で増加傾向にある。
　お手伝いに関しては，買い物や食事の片づけ，掃除など 9 項目のお手伝い体験について，「いつもしている」もしくは「時々している」と回答した比率が 8 項目で増加傾向にある。また，保護者への質問「お手伝いとして何か決めたことをさせているか」についても，約 10 年で 13 ポイント増加している。
　この調査では，手伝いや生活体験，自然体験と，道徳観・正義感の関連性について分析し，各年度とも体験の頻度が高いほど道徳観・正義感があるという傾向が示されている。ただし，道徳観，正義感に関する質問項目は,「バスや電車で体の不自由な人やお年寄りに席をゆずること」と「友達が悪いことをしていたら，やめさせること」の 2 項目のみであり，前者は増加しているが，後者は減少している。

6-2　家庭教育における基本的生活習慣としつけ

　道徳教育の基盤として位置づけられる基本的生活習慣やしつけといった家庭の教育力は，本当に低下したのであろうか。広田照幸によれば,「家庭の教育力の低下」という言説が目立ちはじめたのは, 1960 年代後半からである。しかし，現実には「家庭の教育力の低下」ではなく，あらゆる階層が学歴主義的競争に巻き込まれながら,「家庭の教育力」を自覚させられる過程であった（広田, 1999, p. 114）。つまり，それまでは大正期に誕生した新中間層以外の家庭では，子どもの教育への関心は高くなく,「昔の親は子どもをしっかりしつけていた」というイメージにあてはまらない親がむしろ普通であったのである。
　したがって,「家庭の教育機能が低下している」のではなく,「子どもの教育に関する最終的な責任を家族という単位が一身に引受けざるをえなくなっている」ということである（広田, 1999, p. 127）。そして,「望ましい家庭・しつけ」のモデルを都市部の高学歴・高階層の親が先取りする形で進行

し，高度経済成長期以降には，あらゆる階層の親に「教育する家族」の特徴がみられるようになったのである。

このように，家庭はそもそも学校教育を受けるための土台となる教育を行う場ではなかったのである。子どもは集団生活に必要な礼儀や社会規範などを意識的に家庭で教育されていたわけではなく，家庭や地域の生活習慣として身につけていたのである。戦後，社会構造や家族形態の変化にともなって，そのような生活習慣が薄れてきたことによって，教育すべきしつけとして明確化されたにすぎない。

では，「教育する家族」では，生活習慣やしつけに高い関心を示すのはなぜだろうか。本田由紀は，子どもの「選抜」における成功が重要な要因となっていると指摘している。つまり，現代では，知識や言語的・数量的記号操作能力の範囲を超えた内面的・人格的な諸特性までもが，子どもの「選抜」の成否を左右する重要な要素とみなされる度合いが高まっているということである。それは，家庭教育にターゲットを絞った雑誌が2005年後半以降次々に創刊され，その記事に「生き抜く力」「思いやり力」「生活習慣」など「社会化」に属する言葉が頻出していることに表れている（本田，2008，p. 13）。その背景には，現代では意欲や創造性，独自性，コミュニケーション能力など，非知的で人格と直結し習得や計測の困難な「ポスト近代型能力」が求められており，「ポスト近代型能力」は学校教育をとおしてよりも，幼少期からの日常的な生活や人間関係を通じてなされる部分が必然的に大きくなるからだと考えられる（本田，2008，p. 29）。

こうしてみると，家庭で子どもの基本的生活習慣やしつけの第一義的目的は，子どもに徳目を身につけさせることではない。結果として徳目と結びつくような態度や能力は，わが子の将来を左右する道具のひとつなのである。そして，わが子に対して家庭で教育することが親の「自己責任」であると同時に，そのようなパーフェクト・チャイルドを育てることが，特に母親にとって「自己実現」の意味合いをもつ。したがって，優先される家庭教育は，子どもに「ポスト近代型能力」を身につけることであり，家庭教育が個人化する社会の進展に沿った形で行われているということである。

その場合には，政策と家庭教育のあいだで，両者の目的に見合う徳目のみが規範として強化されていくことになる。たとえば，コラム1で取り上げ

た調査のほか，2009（平成21）年度に日本PTA全国協議会が行った調査結果にそれが顕著に現れている。「学力向上のために家庭で心がけていること」として，「朝食を必ず食べさせるようにする」が77.2％でトップであり，次いで「早寝早起きを心がけさせる」が55.1％となっている。「早寝早起き朝ごはん」国民運動が開始される前の2005（平成17）年度の調査では，それぞれ67.2％，21.9％で，「家庭教育で大切だ」という意識としては，両方ともに40％にも満たないことから，「早寝早起き朝ごはん」国民運動をとおして基本的生活習慣が学力向上と結びつけられ，親の意識に影響を与えていることがわかる。

　また，家庭教育に「家庭で子どもに十分しつけをしない保護者が増えている」ことに対して，73％の親が「そう感じている」と答えている。「家庭教育に対する悩みや不安」については，「非常にある」が6.6％，「多少ある」が43.8％で，あわせると半数に上る。ただし，時系列でみると，2004（平成16）年度が67.7％と最も高く，年度を追うごとに減少している。悩みや不安の内容をみると，基本的習慣が大きな割合を占めている。したがって，「家庭の教育力の低下」に悩む親にとっては，「早寝早起き朝ごはん」の活動によって，具体的で実行可能な教育の中身が明確になったことで，悩み・不安が減少した可能性がある。

　本来，他者とともに生活を営むことは，多くの徳と結びついている（〈コラム2〉参照）。早寝早起きや，朝食を食べることは，自立した生活を営む土台として，たしかに重要な習慣である。しかし，日常生活における徳は，それを超えたところにもある。自分の都合だけでなく，家族とともに生活を送れば，おのずと家族と時間を共有しやすくなり，家族への気配りをする機会や，子どもに役割を任せたりする機会も増加する。そのような一連の生活の中で，他者への配慮という道徳的なふるまいが育まれるはずである。しかし，家庭教育で生活の営み一つひとつが現代の競争社会に生き抜く手段として切り離され，そのひとつとして「早寝早起き朝ごはん」が「成績向上」に目的化されれば，家庭がもっている徳を育む力は見失われることになりかねない。

―〈コラム2〉 徳と家庭生活 ―――――――――――――――――――
　道徳的態度を身につけるためには，まず道徳性としての徳の形成が必要である。そこで，徳を「道徳的なものに向かう意思の恒常的な方向性」と定義することができよう。しかし，ボルノウ（O. F. Bollnow: 1903-1991）によれば，徳をそのように狭義に規定すれば，あらかじめ与えられている道徳的目標の規定を超出することはなくなり，道徳的意志はすでに提示された目標に向けられることになる。これに対し，人間の生の中に与えられている徳は，より多様で広義である。なぜならば，徳は個々の行為の性質ではなく，一連の行為の中における一貫した根本的な態勢だからである。徳は日常生活において繰り返される道徳的なふるまいの中で形成される内的な形式なのである。つまり，人間における徳は，永続的な所有物として存在するのではなく，あらゆる行為の中で，そのたびごとに新たに生み出されるほかないということである。
　たとえば，幼少の時から生活の秩序を大切にするのは，子どもたちの全道徳生活の基礎が創り出されるからである。整理整頓や時間の管理をはじめとして，秩序は生活を理性的に計画的に形成する第一条件である。さらに，人間関係全体の秩序とも関係しており，人間は生のあらゆる部分にわたって秩序を形成する。このように，秩序を生みだすという意志の中に，道徳性の構造を見いだすことができる。同様に，誠実という態度は堕落していない自然状態では決してなく，自己自身に対して自由に責任を負うことを意味する。つまり，人間の道徳的な営みとしての秩序や誠実は，人間本来の自己生成の中心である。そして，「計画的に一定の将来を自由に処理する」という徳は，家庭に基本的な土台がおかれているのである。(Bollnow, 1958／森田訳，1983)

6-3　しつけにおける道徳的判断モデルのゆらぎ

　先に取り上げた日本 PTA 全国協議会の 2009 年度調査結果を，道徳的判断としつけの関連性から考えてみよう。家庭で「きちんとするように教えていること」では，「挨拶や返事をする」「人の迷惑になるようなことはしない」「約束を守る」の3項目で，「いつも言っている」の回答が 70% 前後と高い。一方，「損をしても正しいことをする」が 20.8%，「多少いやなことがあっても我慢する」が 28.9% と突出して低い。このように，子どもの社会化としてのしつけで，重視される内容にばらつきがあることがわかる。

その理由について考えてみよう。日米の比較調査から日本人のしつけの特徴を研究した東洋によれば，アメリカでは「集団で自分をしっかり立てる性質」が重視される傾向が強く，日本では「家庭での共生を前提に，一緒にいるのに差しさわりにならない性質」が重視される傾向が強い（東，1994，p. 84）。この傾向を本調査にあてはめれば，高い回答率であった3項目は，共生に必要な性質にあたり（「共生」については第3章を参照），日本に特徴的な性質である。ところが，突出して低い回答率であった「我慢強さ」も共生に必要な性質であり，これまで日本では重視される傾向が強かったが，2003（平成15）年度以降の調査でつねに回答率が低い。このことから，日本の家庭においても，集団での協調を重んじる慣習にも変化があり，自己主張的，個人主義的な価値観も重視される傾向にあるといえよう。

　次に，「損をしても正しいことをする」はどうであろうか。これに関連して，2003（平成15）年度の調査をみると「善悪の判断・正義感」という項目に対しては，51.8％が「非常に重視している」と回答しており，公平さや正義といった倫理をしつけで軽視しているわけではない。一方で，先に指摘したように，日本では集団における関係性が重視されてきた。その場合，原則となる「正しいこと」に対する道徳的判断は，集団の感情や関係性によって異なることを是認する傾向にある。

　東によれば，このような日常の場面における道徳的判断には，状況や文脈といった文化による違いが起こる。個人的競争的状況においては，権利，利害などにかかわる公正さが重視されるために，**裁判所モデル**（court room metaphor）になりやすく，共生関係維持が重要な相互依存的状況では**家族共生モデル**（family symbiosis metaphor）が優先されやすい。裁判所モデルでは法によって公正を求めることを目的とし，家族共生モデルでは，共感的に支えあうことが目的となる。欧米人の道徳的判断では，「人」や「気持ち」へのかかわりが「道徳的原則」を媒介としながら示されるのに対し，日本人の道徳的判断は「罪」や「道徳的原則」と結びつかず，「人」や「母」や「気持ち」が媒介となる傾向がある。「いじめられるほうにも原因がある」とよくいわれるが，これは「いじめることはよくない」という道徳的原則に対し，いじめられる人に対して不快感をもっているといった感情的評価が影響を与えることによって，道徳的評価があいまいになっている例である（東，

1994, pp. 164-168)。

　この示唆に従えば，家庭で「損をしても正しいことをする」というしつけがあまりなじまないのは，日常生活の中では「正しさ」が道徳的原則として普遍に存在するとは考えられていないからと受け取れるであろう。むしろ，関係性によって「正しさ」が変化するため，状況によって判断することを家庭では重要視していると考えられる。

　さらに，現代が共生よりも個を優先する社会へ移行したことで，家庭における道徳的判断がより複雑化している。日常生活では，家族においても地域においても共生関係が希薄化しており，集団の共同性よりも個人が優先されやすくなっている。そのため，「損をすること」は自分にとって道徳的に正しいことではなくなってしまうのである。

　家族共生モデルで道徳的評価があいまいになるのは，他者との共生のためであった。時代を遡ってみれば，伝統的な共同体という組織では，正義という倫理的な原則というよりも，集団独自の規範が存在していた。その集団は，空間的にも時間的にも永続的に密接にかかわることが前提であるため，その規範は日常の労働と生活，さらに年中行事などをとおして「正しさ」として共有され，家庭でもその「正しさ」にのっとってしつければよかった。生活や労働が厳しく不便であるがゆえに，「お互いさま」という共生関係を維持する考え方が，日常の中で深く根をおろし受け入れられていた。

　現代は「正しさ」を共有する場が家庭内にしかなく，個人において有益かどうかが道徳的評価に影響を及ぼす。さらに，社会の発展とともにシステムが整備され，地域という集団に属したとしても，その関係性は時間的にも空間的にも限定的である。これらが作用し合い，個人として共生関係をどのように考えたらよいのか，「正しさ」に対する意見も多様にならざるをえない状況が生まれている。現代では，親でさえも道徳的判断のゆらぎに翻弄され，「損をしても正しいことをする」ということを家庭で教えにくいのである。

　誤解のないように付け加えれば，家族共生モデルが道徳的判断として劣っているということではない。東によれば，裁判所モデルと家族共生モデルの違いは，その判断で何を達成するかという課題認識の違いである。違いが生まれるのは，背景となる文化がかかわっているからであり，道徳的な正しさや発達レベルを示すものではない。信条や主義主張を超えた道徳律や行動規

範は存在しない。だから，人間関係や気持ちに注目する家族共生モデルの道徳意識は，「人とのわかちあい支えあいによって人との結びつきを固め，共同社会を作ろうとする傾向」に基礎づけられるならば，むしろ諸原則を調節するメタ原則を生みだす可能性がある（東，1994, pp. 167-174）。

しかし，日本の家族共生モデルによるしつけは，日常生活を円滑に営むという習慣的なものであって，東のいう「新たな道徳的原則を生みだす」ことを志向して行われてはいなかった。時間的空間的継続性が限定的な集団への帰属意識しかもちえない現代では，道徳的判断が道徳的原則にのっとらずに，感情や関係性による評価に影響を受ける場合の危うさに，注意を払うべきである。個人の自由には共同性への責任をともなっていることを，家庭や地域で再認識されなければならない。この状況を乗り越え「新たな道徳的原則を生みだす」ためには，家庭で互いに語り合い，対話をとおして他者の声に耳を傾けるという過程を意識して教育する必要があろう。

このように，現在の家庭教育としてのしつけの難しさは，道徳的判断の前提となる家族共生モデルが，個人主義的な道徳的評価に影響を受けていることにある。換言すれば，家庭でしつけが行われなくなったのではなく，道徳的基準が個人の「自己実現」へと変化した社会の影響を受け，道徳的意見が多様化してしまったのである。

6-4 「自己実現」と道徳的ジレンマ

私たちがなにげなく生きる目的としている「自己実現」は，個人化社会のひとつの現象である。「自己実現」を目的とするライフスタイルの浸透が，日常生活における道徳観とどのように関係していくのか，さらに検討してみよう。

ギデンズ（A. Giddens: 1938- ）によれば，「自己実現」における道徳性は，「自らに誠実であること」に基づいた「**信実性**（authenticity）」にある。つまり，「信実性」は他者によって押しつけられた感情や過去の状況といった習性にとらわれた偽の自己から，真の自己を解放することである。そのためには，未知の新たなリスクを意図的に取り入れ，個人の「内側から」生活史を構築・再構築しなければならない（「**内的準拠性**」(internal referentiality))。ところが，人間は生きるうえで「自己実現」のために自由に選択されたライフスタイルを採用することは，さまざまな道徳的ジレンマに対して緊張した関係にある。なぜなら，正義や平等の倫理は個人が社会生活で自由な独立した行動ができるように秩序だてるためのものであったが，社会状況が理想に近づき，個人が自由に選択を行えるようになると，「いかに生きるべきか」という倫理に変化するからである。ギデンズは，自分の生活史に基づいて再帰的にライフスタイルを選択し，「自己実現」の過程からでてくる課題を**ライフ・ポリティクス**（life politics）の問題ととらえている。このポリティクスとは，国家の政治に関する意思決定の過程という狭義の意味だけではなく，多様な利益や価値が対立する中での意思決定の方法という広義の意味を含んでいる。よって，ライフ・ポリティクスの本質的な問題は，人格や個性の権利を中心に展開し，そうした権利は自己アイデンティティそのものの実存的次元に関連する。これらの問題はすべて何らかのライフスタイルの選択肢とかかわっており，社会生活の再道徳化に向けた新たな感受性を要求する。

　ギデンズが指摘するライフ・ポリティカルな問題を表6-1に提示しておこう。これらの問題の関心は，広範囲にわたる未来の変化の前兆を示しており，自己の「内的準拠性」によって意思決定を行うことの限界と社会生活を再道徳化することの難しさを示唆している（Giddens, 1991／筒井 他訳, 2005, pp. 237-261)。

6-5　「生命」・「自然」の尊重と家庭生活

(1)「生命」・「自然」を尊重することの難しさ

　ギデンズが道徳的ジレンマとして指摘した問題は，すでに私たちの日常生活と密接にかかわっている。そこで，この問題を，「生命」・「自然」の尊重に焦点をあてて考えてみよう。

　教育基本法第2条には「生命を尊び，自然を大切にし，環境の保全に寄与する態度を養うこと」が教育の目標としてあげられている。しかし，現代でこれを教育することほど難しいことはない。なぜなら，これらの徳目は単に親や教師からいわれることで規範として獲得されるものではなく，日々の

表6-1　実存的問題とライフ・ポリティクス

領　域	道徳領域	内的準拠システム	重要な道徳的問題点
実　存	生存と存在	自　然	1. 人類は自然に対してどのような責任を負うのか？ 2. 環境倫理の原理とは何か？
有限性	超　越	再生産	1. 出生前の生命の権利とは何か？ 2. 胎児はどのような権利を持つのか？ 3. どのような倫理的原則が遺伝子工学を律するべきか？
個人と共同体の生活	協　力	グローバル・システム	1. 科学的・技術的革新には，どのような限定が課されるべきか？ 2. 人間の問題における暴力の使用にはどのような限定が課されるべきか？
自己アイデンティティ	人　格	自己と身体	1. 個人は自分の身体に対してどのような権利を持つのか？ 2. どのようなジェンダーの差異（もしそれがあるならば）が保持されるべきか？ 3. 動物はどのような権利を持つのか？

(出典：Giddens, 1991／筒井 他訳，2005，p. 258 より引用)

生活における経験によって身体化した道徳性を土台として形成されるものだからである。

　しかし，科学の進歩により，人間のコントロールの及ばない領域としての「自然」は消滅し，生命の再生産としての出産・子育てもライフスタイルの選択肢のひとつにすぎなくなった。このような変化により，「生命」や「自然」を自己の「生」と結びつけて感受することが難しくなっている。たとえば，死の受け止め方の変化に，「直葬」という葬儀がある。「直葬」とは，病院など死亡した場所から火葬場へ直接遺体を運ぶことで，近年，東京を中心に都市部で増加している。その背景には，死の受け止め方も選択可能な形式であり，遺体処理というひとつの出来事と考える人々の意識の変化がある。個人化が進む社会では，死をひきうけることをとおして，有限である「生」の意味と向き合い，人間の共同性を感受する経験すら日常から失われようとしている。

このような社会において，「生命を尊び，自然を大切にし，環境の保全に寄与する態度を養うこと」はどのようにして可能なのであろうか。まず，農林水産省が作成した『「いただきます」が言えた日』という小学生向けの副教材から，考えてみよう。あらすじをまとめてみると，次のようになる。

　主人公は，小学校5年生の卓也で，身近にできあいの食べ物があふれているため，食べることに関心がない。卓也は，ある日，「もう一つの世界」に迷い込んでしまう。そこは過疎の村で一昔前は田畑が荒れていたが，その後，世界各地で戦争や気候変動が起こり，食料が輸入できなくなったことを期に，現在は子どもも大人も食べるために一生懸命働いていた。卓也は食べるために漁や稲刈り，植林などの仕事を手伝い，生命の循環や食べ物の大切さを学び，人と人とのつながりの大切さに気づいていく。もとの世界に戻った卓也は「いただきます」と心から言い，食べることに関心をもつようになる。

　この副読本のねらいは，生活から隔離されてしまった生命と自然のつながりを，理論としてではなく，現実と結びつけて理解できるようになることにある。つまり，生活から食にかかわるあらゆることが切り離されることにより，生命や自然に対する畏敬の念を喪失してしまったのだから，それを物語による疑似体験とその後の体験学習によって，日常の世界の出来事として認識し直そうという意図である。

　しかし，現代では，日常の生活で食べ物が不足し，いのちの危険にさらされる経験をしたことがある人は限られてしまった。さらに，食卓に並ぶ食品は，自然のめぐみであったとしても，あくまでも商品として購入されたものである家庭が多い。野菜は，土がきれいに落とされ，色や形がふぞろいなもの，虫がついているものは除外され，あたかも工場で人工的に生産された製品のようである。同様に，肉や魚も切り身に加工され，商品が途切れることはない。私たちは消費者として，味や鮮度，安全性といった商品の善し悪しを見極める情報さえ知っていればいいだけである。そして，現代の食を支えるために，農産物も畜産物も，どのようなシステムが導入されているのか，その現状を消費者が目の当たりにすることはまずないのである（〈コラム3〉参照）。

　あくまでも食料が「もの」として大量に生産され，消費されなかった余剰分は廃棄されるという経済優先のプロセスでは，生命や自然への畏敬を感じ

とることはできない。遺伝子組み換えという手段によって，グローバル化した食品市場が支えられ，多額の利益を生み出している現実も同様であることはいうまでもない。現代の日々の食におけるリアリティは，まったく別の世界によって支えられているのである。このような生活世界では，切り取られた1回限りの農業・漁業・酪農の体験は，非日常の快楽でしかなく，「生命」や「自然」に出会うことは難しい。

（2）死の隔離

　「生命」と向き合う教育のひとつの方法として，動物を屠殺して食べる実践がある。村井敦志によれば，栄養状態が劣悪だったころ，鶏卵を得るために自宅で鶏を飼うことは広くみられ，廃鶏を「殺して食べる」ことは，すべての生き物がほかの生き物のいのちを奪って生きていることの一形式として，子どもたちに受容・共有されていた。そのため，子どもたちは，いのちを奪ってしか生存し続けることができない自分をリアルに見つめ，「生」の意味を自問自答せざるをえなかった。しかし，1953（昭和28）年の屠畜場法[1]によって，生き物の死から隔離され，食の基本を忘れることになった。それゆえ，村井は鶏を殺して食べる実践を学校の授業で行うことで，現代で死から生を学ぶことの多様な意味があることを伝えている。学校で「生き物を殺す」ことは「生き物を大切に」という徳目に反するとする懸念に対し，現代が動物実験を肯定する近代医学に支えられている以上，「絶対に殺してはならない」わけではなく限定的に認められるとして，肉食と生命の尊厳を分離する（村井，2001）。

　学校教育の中では，家庭科で丸ごと一尾の魚を使って「いのちをいただく」認識を育む実践（野田，2009）や，加工品ではなく生の肉を調理することを推奨する実践（山田・鶴田，2010）がある。これらの実践は，村井のねらいを現代の日常の中で実践しやすいような教材に置き換えたものである。

　一方で，これらの実践が示す子どもの生活世界は，死に直面する屠殺という行為はおろか，死の事実をわずかに残す生身の魚を家庭生活で丸ごと購入して下ごしらえをすることが少なくなり，子どもが生の魚や肉を触り，調理する経験さえも失われているという事実である。

　たとえ家庭の中で「いのちをいただく」場面が増えたとしても，「生命」

や「自然」を尊重するという道徳性が，規範ではなく自己の経験と結びついた知として育まれるかどうかは不明である。食べる行為が生命の循環のひとつとして認識されるだけであれば，他の生物に対する人間の優位性の認識にとどまるかもしれない。経済が消費に支えられている現代では，家庭の食が「生命」と結びつくかどうかは，ライフ・ポリティクスの問題なのである。

(3)「生命」を尊重することと向き合う

「生命」の尊重に向き合うことの難しさは，生命の尊重に対する多様な考えが存在し，その基準をどこに定めるかは個人に任されているということにある。たとえば，村井らの実践は肉食を前提としているが，菜食を前提とする者もいる。菜食主義の中には，功利主義の立場から動物の権利を主張して動物を食べるべきではないとする考えもある（Singer, 1985／戸田訳, 1986）。「生命」の尊重は，道徳的関心を動物にも広げ，「動物の権利」として配慮を必要とすると考えるかどうかによって，まったく異なる見解を生むのである。

したがって，生活の仕方全般を問うことなく，肉食をやめることが道徳的に優れているという印象を与えることがある。近年，イルカやクジラを食すことに対する動物愛護団体の抗議は，伝統的な食文化と動物を人間と同等の仲間とみなす現代的な価値観の対立であり，道徳的ジレンマを生み出している。

ではこのような現実にどのように向き合えばいいのだろうか。カヴェル（S. Cavell: 1926- ）は，ヒトという動物の仲間への帰属から距離をとると言明する願望のひとつの方法として，菜食主義を位置づける。カヴェルによれば，食を人間の最大の快楽と考える人にとっては，動物を食べることに対して特別な関心を抱かないであろうし，一方で自分と同じ仲間と思えるような動物との**伴侶的経験**をもつ人にとっては，動物を消費することは常軌を逸したものになる。ここでの伴侶的な経験とは，「世界の中で私たちが孤独でないことを私たちに証明してくれるような経験」（Cavell, 2008／中川訳, 2010, p.149）のことである。人間や動物の有能性に対する経験ではなく，自分と同じ仲間であると感じる経験である。人間はその両方の感覚をもちつつ，一貫性がないゆえに逃げることのできない「苦い妥協」によって，みず

からの人間性への不安を抱く。それこそが，まさに，人間であることの苦しみであるとする。そして，次のように述べている。

> 食欲やその他の欲求さえもが人間の魂を表現するだけでなく，その脅威にもなる人間の肉体とはなんだろうか。(中略) 人間であること（人体をもつと烙印を押されること）に対する恥の感覚が猛り狂ったように向かうさきは，人間がヒト以外の隣人的生き物（non-human neighbors）をどう扱うかではなく，むしろ人間がヒトという動物（human animals）をどう扱うかのほうである。(Cavell, 2008／中川 訳, 2010, p. 171)

　この示唆に従えば，菜食か肉食かという態度の違いは，恐怖を感じる人と無関心な人との応答の違いであり，道徳的態度を決定できることがこの問題の解決ではないということである。そして，「食べる」という行為だけでなく，生活全般において動物を大量に生産し消費するという現実や，人間の経済活動が多くの動物の生存を危機に追いやり，「自然」を破壊していることに，道徳的にどう向き合うのかという問いに対して，一貫した態度をとることは難しいということである。さらに，現代では科学技術の進歩により，単にヒト以外の動物に対してだけではなく，生殖医療をはじめとするヒトの「生命」をどう扱うかという問題にも日常生活の現実として向き合わなければならない。

　このような現状においてできうることは，「生命」や死を日常の生活から隔離するのではなく，一つひとつの具体的な問題に対して向き合うことである。そして，それでもなお道徳的一貫性を保持できないことに対する不安や苦痛と対峙することであろう。傷つき，悩むことが日常の生活における道徳性の萌芽となるからである。

　「生命」や死を家庭生活から隔離しないためには，カヴェルのいう伴侶的な経験が重要であろう。日常の生活の中で，繰り返し伴侶的な経験をすることが，伝統的な社会における共同性ではなく，現代の生活にふさわしい共同性を志向する道徳性のために求められているといえよう。

〈コラム３〉　いのちの食べ方

　2007年「いのちの食べかた」（原題：OUR DAILY BREAD）というドキュメンタリー映画が日本で公開された。このドキュメンタリーでは，日常の食卓

にのぼる野菜や果物，肉，魚といったあらゆる食品を大規模な機械化によって生産・管理せざるをえない現状が描きだされている。屠殺の様子を伝えることはこれまでタブーとされてきたが，牛がローラーで皮をきれいに剥ぎとられ食肉に加工されていく様は，残酷さを超えて，市場にあふれている生鮮食料品や革製品の豊富さを支えるプロセスとしての説得力をもつ。

　私たちは，消費者として日々当然のように豊富に陳列された商品の中から，価格や鮮度など自分に適した基準に照らし合わせて野菜や果物，畜産物を選んでいる。だれもがこれらの食品はいのちあるものであることを知ってはいるが，目の前の商品にいのちを感じることはまずない。同様に，生産現場においても，動植物をいのちあるものとしてではなく，あくまでも商品として，いかに効率的に育て，新鮮で衛生的に取り扱うかということに徹しており，作業する人々は職業として淡々と従事しているだけである。

　このドキュメンタリーで再認識させられる事実は二つある。人間が生命を維持する以上に快楽を求めて食べるという行為が，特に「経済動物」の需要を大量に生み出していること，そしてあくまで「経済動物」であるとしても「生き物の命を奪う」ことに従事する人に，そのことに対して無関心という応答を強要しているという事実である。この映画は，経済的な功利を優先する社会の狂気と，消費者として生きる人間が道徳的葛藤から隔離されて生活しているということを，映像と作業場に響く機械音で伝えている。

6-6　共同性への道徳意志を育む

　ここまで，個人化する社会において家庭で子どもに道徳を教育することの難しさについて考察してきた。バウマン（Z. Bauman: 1925- ）の言葉を借りれば，その難しさは「**意味空間**（community-generating meanings）**の脱領土化**」と「**ローカルな空間**（locality）**の無意味化**」の両極に人間の生活が分離されることにある。現代は資本や情報が自由に流動するため，一部の人々にとっては，物理的な空間に存在したり移動したりすることが無意味なものになると同時に，新たな意味を自由に創出することができるようになる。その一方で，ローカルな空間は，共同性を創出する意味とアイデンティティを与える力を失っていく（Bauman, 2001／澤井 他訳, 2008, p. 258）。このような社会では，伝統的な道徳的評価では対応できないため，新たな道徳的評価をみずから構築していかなければならない。政策において道徳教育が家庭教育でも求められるのは，伝統的な道徳観に対する評価が変化しているか

らであるが，ここまで考察してきたように，これを規範として教育することは難しい。

このような現状に対し，家庭生活ではどのような道徳教育が可能であろうか。もう少し，バウマンの論考に従って考えてみよう。バウマンは，レヴィナス（3-2節(3) も参照）に依拠しつつ，ローカルな空間が意味を失うことで，不道徳な世界が広がることを示唆している。

レヴィナスにとって，「他者のためにある」という道徳性が最初に現れる場面は「二者の道徳的な出会い（moral party of two）」であり，顔との対面性の領域である。この「道徳的な出会い」における**代替不可能性**こそが，自己に他者への責任を負わせ，配慮を働かせる。しかし，社会にあっては二者との世界とは異なり，他者は**第三者**（the third）という多数者のうちに解消されてしまう。二者との関係では道徳的に非対称であったが，第三者とかかわりあうためには，互いに平等で交換可能で，代替可能な正義という倫理的規範が必要である。なぜなら，「複数の他者の世界」では，無限定な道徳的責任を果たすことは難しいからである。それでもなお正義を志すことをやめないのは，道徳的出会いによる**道徳的衝動**にある。二者の世界によって獲得された道徳的自己は，自己を保持するために正義へと向かうことをやめることができないのである（Bauman, 2001／澤井 他訳, 2008, pp. 240–249）。

こう考えてみると，少なくとも，倫理的な世界を構築するために必要な道徳的衝動の源は，家庭と近隣社会というローカルな空間にある。換言すれば，他者への責任という道徳性の源は，代替不可能性によって裏打ちされた他者への信頼である。ここに，家庭生活の道徳的な意味を見いだすことができる。「自己実現」を目的とした社会では，道徳性は自己の「信実性」にある。自己に誠実であることの中に，二者の世界における道徳的自己の経験があれば，少なくとも正義をめざす道徳的衝動は消えることはないといえるのではないだろうか。

しかし，社会が成熟し，社会システムが整うことで，人間の「弱さ」は隔離されてしまう。現実には，家庭で子どもや高齢者への虐待が増加しており，「他者のために」生きることは難しいことを露呈している。また，有能性で評価される交換可能な社会の一員として生きなければならない一方で，家庭生活では代替不可能性を受け入れることは，生きがいを生み出すかもし

れないが，わが子と道徳的に出会うことと「自己実現」との境界は不明確になりやすい。家庭生活における道徳教育の難しさの重要な論点であるが，この問題への言及は稿を改めたい。

それでもなお，家庭生活では，「世話（ケア）をする―される」という道徳的非対称性が存在する（2-2節(2)参照）以上，道徳的衝動を生み出し続ける。家庭生活では，社会規範をしつけることも，子どもの社会化として必要なことであるが，その土台は道徳的衝動による信頼を築くことである。個人化が進む現代だからこそ，道徳性の萌芽として求められているといえよう。そうして獲得された他者への信頼は，共同性を志向する道徳意志へとつながっていくのである。

[後藤さゆり]

【注】
1) 屠畜場法とは，屠畜場の経営および食用獣畜の処理の適正の確保のために公衆衛生の見地から必要な規制その他の措置を講じ，国民の健康の保護を目的とした法律。屠畜場以外での屠畜，解体の禁止，屠畜場の設置の許可制などのほか，衛生保持義務など獣肉の処理に関する検査制度などを定めている。

【引用・参考文献】
東 洋 『日本人のしつけと教育――発達の日米比較にもとづいて――』 東京大学出版会 1994
Bauman, Z., 2001／澤井 敦 他訳 『個人化社会』 青弓社 2008
Bollnow, O. F., 1958／森田 孝 訳 『徳の現象学』 白水社 1983
Cavell, S., 2008／中川雄一 訳 「伴侶的思考」『〈動物のいのち〉と哲学』 春秋社 2010
中央教育審議会 「幼稚園，小学校，中学校，高等学校及び特別支援学校の学習指導要領等の改善について（答申）」 2008
Giddens, A., 1991／筒井淳也 他訳 『モダニティと自己アイデンティティ』 ハーベスト社 2005
広田照幸 『日本人のしつけは衰退したか』（講談社現代新書）講談社 1999
本田由紀 『「家庭教育」の隘路――子育てに強迫される母親たち』 勁草書房 2008
国立青少年教育振興機構 『青少年の体験活動等と自立に関する実態調査 平成21年度調査報告書』 2010
村井淳志 『「いのち」を食べる私たち』 教育史料出版会 2001
日本経済団体連合会 「これからの教育の方向性に関する提言」『リーディングス 日本の教育と社会 第4巻 教育基本法』 日本図書センター 2006

野田知子 『実証食農体験という場の力――食意識と生命認識の形成の詳細』 農山漁村文化協会　2009
Singer, P., 1985／戸田 清 訳 『動物の権利』 技術と人間　1986
山田 綾・鶴田敦子 『家庭科の本質がわかる授業① 生活をみつめる　食』 日本標準　2010

第Ⅲ部　学校空間における道徳教育の実践

　この第Ⅲ部では,「第Ⅰ部　道徳教育を哲学する」「第Ⅱ部　子どもの世界と道徳教育」の記述を踏まえて,学校における道徳教育の実践と,そこから浮かび上がる諸課題を具体的に明らかにする。
　まず,子どもたちが生活をともにする学校生活の全体において,道徳教育はいかに行われているのかを考察し,それは,「道徳の時間」における指導とどのようなかかわり合いがあるのかを明らかにする。そのうえで,子どもたちの道徳性を養うために,「道徳の時間」における授業はどのように構想され,どのように実践されるべきかを具体的に説明する。そして,さらに道徳教育の実践をいっそう深めていくために,いま求められている体験学習とは何か,それを活用した道徳指導の実際等について,詳しく説明していくことにする。

第7章

学校生活と「道徳の時間」

7-1 「道徳の時間」の経緯と特質

（1）特設道徳と「道徳の時間」

　「道徳の時間」の教育課程における位置づけは，1958（昭和33）年の特設にはじまる。1958（昭和33）年の「学校教育法施行規則の一部を改正する省令」により，新たに教育課程上のひとつの領域として位置づけられ，同年10月告示の学習指導要領「第3章 第1節」において，その目標，内容および指導上の留意事項等が示されるに至った。また学習指導要領「第1章 総則　第3 道徳教育」には以下のように示されている。

　　　学校における道徳教育は，本来，学校の教育活動全体を通じて行うことを基本とする。したがって，道徳の時間はもちろん，各教科，特別教育活動および学校行事等学校教育のあらゆる機会に，道徳性を高める指導が行われなければならない。

　つまり，教育課程上の領域としての位置づけと学校教育の全体をとおした道徳教育を進めることが明確にされたのである。1958（昭和33）年3月の教育課程審議会においては，「学校の教育活動全体を通じて行うという従来の方針は変更しないが，さらにその徹底を期するため，新たに『道徳』の時

間を設け，毎学年，毎週継続してまとまった指導を行う」こととされた。

　当時の文部省はこの答申を受けて，「小学校・中学校における『道徳』の実施要領について」を各都道府県教育委員会に文部事務次官通達を送付し，1958（昭和33）年度より「**特設道徳**」が実施されることとなったのである。この文部省からの通達により，「小学校『道徳』実施要綱」および「中学校『道徳』実施要綱」による道徳の趣旨，目標，指導内容，方法，計画・実施の徹底化が図られた。ここでは，「道徳」を毎学年，毎週1時間指導することとし，「道徳」の時間の指導は学級担任が担当すること，さらには実施にあたっての教材の使用についても慎重な取扱いをすることが明確にされた。

　「道徳」の特設については，小学校においては「教科以外の活動」，中学校においては「特別教育活動」の時間のうちにこれを特設して指導することとされたため，「特設道徳」とよばれるようになった。

　このとき以来，わが国の教育課程における「道徳の時間」の位置づけは変更なく今日に至っている。

（2）学習指導要領にみる「道徳の時間」

　現在の教育課程における「道徳の時間」の位置づけは以下のように示されている。

学校教育法施行規則第50条
　①小学校の教育課程は，国語，社会，算数，理科，生活，音楽，図画工作，家庭及び体育の各教科（以下この節において「各教科」という。），道徳，特別活動並びに総合的な学習の時間によつて編成するものとする。
　②私立の小学校の教育課程を編成する場合は，前項の規定にかかわらず，宗教を加えることができる。この場合においては，宗教をもつて前項の道徳に代えることができる。

同法第72条
　①中学校の教育課程は，必修教科，選択教科，道徳，特別活動及び総合的な学習の時間によつて編成するものとする。
　②必修教科は，国語，社会，数学，理科，音楽，美術，保健体育，技術・家庭及び外国語（以下この項において「国語等」という。）の各教科とする。

③選択教科は，国語等の各教科並びに第74条に規定する中学校学習指導要領で定めるその他特に必要な教科とし，これらのうちから，地域及び学校の実態並びに生徒の特性その他の事情を考慮して設けるものとする。

この両規定により，教育課程上，ひとつの領域として位置づけられており，「道徳の時間」は，年間35時間（ただし小学校1年生は34時間），毎週1時間を充て指導することになっている。

小学校学習指導要領においては，「第1章 総則 第1 教育課程編成の一般方針」の2で「学校における道徳教育は，道徳の時間を要として学校の教育活動全体を通じて行うものであり，道徳の時間はもとより，各教科，外国語活動，総合的な学習の時間及び特別活動のそれぞれの特質に応じて，児童の発達の段階を考慮して，適切な指導を行わなければならない。」と示されている。特に，「道徳の時間」が学校の教育活動全体を通じて行う道徳教育の「要（かなめ）」とされた点に注目したい。これまでにおいても「道徳の時間」と道徳教育の関係については，文字どおり「道徳の時間」が核となり，学校教育の全体を通じて行うこととされていたが，「総則」において明記することで「道徳の時間」にはこれらと関連を図り，計画的，発展的な指導を行うことによって，さらに教育活動全体での道徳教育の充実を図ることが確認されたのである。まさに扇の要としての中心的な役割が期待されるのである。

（3）小学校における「道徳の時間」の目標の改善

「道徳の時間」の目標は，学習指導要領「第3章 道徳 第1 目標」の後段に次のように示されている。

　　　道徳の時間においては，以上の道徳教育の目標に基づき，各教科，外国語活動，総合的な学習の時間及び特別活動における道徳教育と密接な関連を図りながら，計画的，発展的な指導によってこれを補充，深化，統合し，道徳的価値の自覚及び自己の生き方についての考えを深め，道徳的実践力を育成するものとする。

2008（平成20）年の改訂において，これまでの目標にあった「道徳的価値の自覚を深め」ることに「自己の生き方についての考えを深め」ることが加えられた。

この「道徳の時間」の目標においては，道徳的価値の自覚をいっそう深め，自己の生き方に結びつけて子どもたちみずからが考えられるようにすることが重要である。

（4）「道徳の時間」の特質

　「道徳の時間」の目標は，道徳教育の目標に基づいた道徳的実践力の育成にある。具体的にいえば，「道徳の時間」は学校の教育活動全体を通じて行う道徳教育の目標を受け継ぎ，各教科，外国語活動，総合的な学習の時間および特別活動における道徳教育と密接な関連を図りながら，次に掲げる事項が重視されている。

　①計画的，発展的な指導をすること。
　②学校教育活動全体の道徳教育を補充，深化，統合すること。
　③道徳的価値の自覚及び自己の生き方についての考えを深めること。
　④道徳的実践力を育成すること。

　以下にそれぞれの目標について詳しくみてみよう。
　第一に，各教科等における道徳教育と密接に関連を図りながら，基本的な道徳的価値の全体にわたって計画的，発展的に指導を行うことである。学校は，地域や学校の実態や児童の発達段階，特性を考慮に入れ，教師の創意工夫を加えて，学習指導要領に示された道徳の内容すべてにわたって確実に指導することができる見通しのある計画をもつ必要がある。
　第二に，先に述べたように，「道徳の時間」は各教科，外国語活動，総合的な学習の時間，特別活動などの学校における教育活動の全体を通じて行われる道徳教育の「要」の時間としての役割を担っている。したがって，「道徳の時間」は，各教育活動における道徳教育を調和的に補充，深化，統合することが重要である。
　今回の改訂においては，特に道徳教育と「道徳の時間」の関係がよりいっそう明確にされた。したがって「道徳の時間」は，各教育活動などで学習された道徳的価値を，全体にわたって人間としての在り方，生き方という視点からとらえ直し，自分自身のものとしてさらに発展させていこうとする時間として位置づけられるのである。
　第三に，道徳的価値の自覚および自己の生き方についての考えを深めるこ

とが加えられた。道徳的価値の自覚については，発達の段階に応じて多様に考えられているが，一般的な例として，次の三つの事柄があげられる。一つ目は，道徳的価値の理解と人間理解や他者理解を深めることである。二つ目は，自分とのかかわりで道徳的価値がとられ，あわせて自己理解を深めることである。三つ目は，道徳的価値を自分なりに発展させていくことへの思いや課題が培われ，その中で自己や社会の未来に夢や希望がもてるようにすることである。このことが土台となって，中学校における道徳的価値および，それに基づいた人間としての生き方についての自覚へと発展し，さらに高等学校における人間としての在り方，生き方に関する道徳教育へと展開されるのである。

　第四に，**道徳的実践力**を育成するということである。ここでの道徳的実践力とは，人間としてよりよく生きていく力であり，児童が道徳的価値の自覚および自己の生き方についての考えを深め，将来にわたって道徳的価値を実現するための適切な行為を主体的に選択して実践することができる力である。

　つまり「道徳の時間」は，内面的資質としての道徳的実践力を育てるわけであるから，その特質を十分理解し，目的にふさわしい指導を行うことが必要である。

7-2　「道徳の時間」の指導方針と内容構成，指導体制

（1）「道徳の時間」の指導の基本方針

　『小学校学習指導要領解説　道徳編』においては，「道徳の時間」が，各教科，外国語活動，総合的な学習の時間および特別活動における道徳教育と密接な関連を図りながら，年間指導計画に基づき，児童や学級の実態に即して，人間味ある適切な指導となるように，以下の7つの項目を指導の基本方針として掲げている。

　　・道徳の時間の特質を理解する。
　　・信頼関係や温かい人間関係を基盤におく。
　　・児童が自己への問いかけを深め，未来に夢や希望をもてるようにする。
　　・児童の発達や個に応じた指導を工夫する。

・道徳の時間が道徳的価値の自覚を深める要(かなめ)となるよう工夫する。
・道徳教育推進教師を中心とした指導体制を充実する。
・児童とともに考え，悩み，感動を共有し，学び合うという姿勢をもつ。

（2）道徳の内容の構成

　道徳の内容については，学習指導要領「第3章 道徳　第2 内容」に「道徳の時間を要として学校の教育活動全体を通じて行う道徳教育の内容は，次のとおりとする。」が新たに加わり，学習指導要領に示されている内容項目のすべてが「道徳の時間」をはじめ，学校教育全体の中で行われるべきものであることが明確に示されている。このことにかかわって，道徳教育の目標を達成するために指導すべき内容が四つの視点に分類整理されている。これらは，特に今日の社会的な要請や今日的課題といわれるモラルの低下，家庭や地域の教育力の低下，直接体験の減少，基本的生活習慣の問題などを十分考慮して設定されたものである。以下に四つの視点についてみることにしよう。

1. 主として自分自身に関すること。
2. 主として他の人とのかかわりに関すること。
3. 主として自然や崇高なものとのかかわりに関すること。
4. 主として集団や社会とのかかわりに関すること。

　まず1の視点は，自己の在り方を自分自身とのかかわりにおいてとらえ，自己の形成を図ることに関しての内容である。すなわち，基本的な生活習慣ならびに自主，自律に関する自的な内容である。2の視点は，自己を他の人のかかわりの中でとらえることによって望ましい人間関係を構築することにかかわる対他的な内容である。3の視点は，自己を自然や美，崇高なものとのかかわりによってとらえ，人間としての自覚を深めることに関するもので，いわゆる「生命尊重」に関する内容である。最後に4の視点は，自己をさまざまな社会集団や郷土，国家，国際社会とのかかわりの中でとらえ，国際社会に生きる日本人として自覚をもち，平和的で文化的な社会および国家の成員として必要な道徳性の育成を図ることに関する内容であり，規範意識を踏まえた社会参画を中心に据えたものである。

　これらの四つの視点は互いに連関しており，「道徳の時間」の指導におい

ても，それぞれの内容項目の関連性を十分に検討しながら実際の指導にあたっていくことが大切である。

(3) 道徳の内容項目

「道徳の時間」の目標が達成されるために，必要な指導内容として，内容項目が示されている。学習指導要領に示された内容項目は，小学校の場合，「第1学年及び第2学年」が16項目，「第3学年及び第4学年」が18項目，「第5学年及び第6学年」が22項目にまとめられている。

これらの内容項目は，小学校6年間および中学校3年間も視野に入れ，児童・生徒の発達の段階や道徳的課題を考慮しながら道徳性を育成し，道徳的実践力が身につくように道徳的価値を含む内容を短い文章で表現したものである。

各学年段階の指導にあたっては，全体の構成や発展性を十分考慮して指導することが必要である。そこでは，内容項目の学年段階ごとの発展性を三形態としてとらえている。一つには，「最初の段階から継続的，発展的に取り上げられるもの」，二つには，「学年段階が上がるにつれて新たに加えられるもの」，三つには，「学年段階が上がるにつれて統合・分化されていくもの」である。このことを踏まえて，児童の発達的特質に応じた内容構成の重点化を図ることが大切である。

(4) 全校教師の協力的な指導体制と「道徳の時間」の指導

「道徳の時間」の指導は，主として学級担任によって行われるが，より充実した道徳の指導を展開するためには，各学校において教職員が一体となり取り組んでいくことが大切である。特に，新学習指導要領においては，新たに「道徳の時間」の指導にあたって全校に道徳教育推進教師が配置される。各学校においては，学校長の方針のもとで道徳教育推進教師を中心とした校内指導体制を充実することによって，各学校での道徳教育の推進を図らなければならない。したがって「道徳の時間」の指導は，学級担任が中心となり進めていくのであるが，これまでのように学級担任一人にすべて任せるといった形態ではなく，道徳教育推進教師がイニシアチブをとって学校全体で一致協力して進めていくことが望まれる。

道徳教育推進教師は，道徳教育の指導計画の作成や道徳教育推進策の検討をはじめとして，校内における道徳教育を先導（リード）する役目を担っている。道徳教育推進教師の中心的な役割をあげると，道徳教育の全体計画の作成や道徳教育年間指導計画の作成をはじめ，学校教育活動全体をとおして実施される道徳教育の推進のための企画，調整の任務，「道徳の時間」のより充実した展開のためのサポート，道徳教育の研修などである。さらには，道徳教育の推進にかかわっての家庭・地域社会との連絡調整に関すること等，多岐にわたる。特に「道徳の時間」については，学級担任と十分に連携する体制をつくっておくことが重要である。

　以上のような道徳教育推進教師を中心とした指導体制の具体的な取り組みとしては，「道徳の時間」に学級担任だけではなく，校長，教頭をはじめ道徳教育推進教師，さらにはその他の教職員がティーム・ティーチング（TT）で道徳の授業を行う機会を設けることによって「道徳の時間」の充実に努めることもあげられる。また「道徳の時間」をより充実したものとするため，道徳教材の準備，道徳教育関連図書の準備，教室内の掲示物，資料等コーナー，道徳資料室の設置など校内の環境づくりを行うことも重要である。このような場合はやはり，道徳教育教師が中心となって各学年の代表者等ともかかわって，各学校での道徳教育推進委員会を組織し，十分な検討のうえでの実施が必要である。この道徳教育推進委員会が中核となり，保護者，地域住民への道徳授業の公開や学校内外への道徳教育に関する情報の公開を進めることも可能であろう。

7-3　小学校の「道徳の時間」と教科等の関連

（1）教科，外国語活動と「道徳の時間」の関連

　「道徳の時間」は各教科，外国語活動，総合的な学習の時間，特別活動における道徳教育を補充，深化，統合する役割を担っている。したがって，道徳教育の「要」となる「道徳の時間」は，全教育活動での道徳教育の立場と互いに関連をもたせながら，高め合うように進めることが重要である。具体的には，「道徳の時間」で培った道徳性を発揮する道徳的実践の場として，他の教育活動を意図的に位置づけ，指導の工夫を図ることも大切である。こ

の場合,「道徳の時間」の特質を踏まえ,ねらいに含まれる道徳的価値の側面から各教科等との関連を考慮し,有機的なまとまりをもった教育活動として「道徳の時間」と各教科等との時間を横断的,発展的に組み合わせて総合的に指導することが大切である。さらに,各教科等の時間を「道徳の時間」の事前指導,事後指導として位置づけることも可能であろう。このように考えれば,各教科等での指導から「道徳の時間」への流れも当然必要なのである。

　また,小学校5,6年生で外国語活動が導入されるが,この外国語活動の目標は,小学校学習指導要領の第4章に「外国語を通じて,言語や文化について体験的に理解を深め,積極的にコミュニケーションを図ろうとする態度の育成を図り,外国語の音声や基本的な表現に慣れ親しませながら,コミュニケーション能力の素地を養う」ことと示されている。この活動は,日本人としての自覚をもって世界の人々との親善に努めることにも大きくつながっていくものである。このような特色をもった外国語活動と「道徳の時間」の関連を十分考慮し,国際理解にかかわった資料や情報を積極的に精選し,よりよい「道徳の時間」の授業展開を図ることが必要である。

(2) 特別活動と「道徳の時間」の関連

　特別活動においては,目標を,小学校学習指導要領の第6章で「望ましい集団活動を通して,心身の調和のとれた発達と個性の伸長を図り,集団の一員としてよりよい生活や人間関係を築こうとする自主的,実践的な態度を育てるとともに,自己の生き方についての考えを深め,自己を生かす能力を養う。」と示している。「道徳の時間」に関していえば,特別活動は「道徳の時間」に育成した道徳的実践力ついてよりよい学級や学校の生活や人間関係を築こうとする実践的な活動の中で,児童自身が実際に言動に表し,集団の一員としてのよりよい生き方についての考えを深めたり身につけたりする場や機会である。そこでは,児童が特別活動でのさまざまな活動において経験した道徳的行為や道徳的実践について,「道徳の時間」にそれらを取り上げ,学級の児童全体で道徳的意義について考えられるようにし,道徳的価値として自覚できるようになる。

　また,「道徳の時間」における指導が特別活動でのさまざまな活動場面に

生かされ、体験活動をとおして道徳的実践力と道徳的実践との有機的な関連を図ることが可能となるのである。

特に、特別活動の内容の中でも学級活動については、「学級や学校の生活づくり」をはじめ、「日常の生活や学習への適応及び健康安全」など日常の学校生活での実践の指導に重点がおかれており、このことを通じて道徳性の育成が図られるのである。

さらに特別活動の内容である学校行事との関連を取り上げるならば、儀式的行事、文化的行事、健康安全・体育的行事、遠足・集団宿泊的行事、勤労生産・奉仕的行事など多くの学校行事によって道徳的な体験を「道徳の時間」に生かしていくことが必要である。また、「道徳の時間」で培われた道徳的価値の自覚や自己の生き方についての考えの深まりを、さまざまな学校行事をとおして道徳的実践につなげることが大切である。

（3）総合的な学習の時間と「道徳の時間」との関連

「道徳の時間」と総合的な学習の時間の関連を深めていくことは重要な課題のひとつである。総合的な学習の時間は、その目標を、小学校学習指導要領の第5章で「横断的総合的な学習や探究的な学習を通して、自ら課題を見付け、自ら学び、自ら考え、主体的に判断し、よりよく問題を解決する資質や能力を育成するとともに、学び方やものの考え方を身につけ、問題の解決や探究活動に主体的、創造的、協同的に取り組む態度を育て、自己の生き方を考えることができるようにする。」としている。このことから、総合的な学習の時間においては、横断的・総合的な学習や探究的な学習をとおして、道徳性の育成が図られるものである。

「道徳の時間」においては、教育活動全体で展開される道徳教育を補充、深化、統合し、道徳的価値の自覚および自己の生き方についての考えを深めるという視点から、基本的な道徳的価値の全般にわたって自覚を図る授業が展開されるのである。ここでは、「道徳の時間」での道徳的価値の自覚が深まる場合や、「道徳の時間」で取り扱う主題と総合的な学習の時間の学習とを関連づけ、児童に道徳的価値の自覚を図る場合、等が大切になってくる。

7-4 「道徳の時間」の指導における多様な展開と工夫

(1)「道徳の時間」における教材の開発と活用

　「道徳の時間」の目標の達成を図り，児童に充実感を与えられるような生き生きとした指導を展開するためには，「道徳の時間」の資料となる魅力ある教材を開発，充実し，効果的な活用を進めることが重要である。すなわち，「道徳の時間」の教材の充実が「道徳の時間」の充実に直接的にかかわるといってよい。学習指導要領「第3章 道徳　第3 指導計画の作成と内容の取扱い」の3の(3)では，以下のように示されている。

　(3) 先人の伝記，自然，伝統と文化，スポーツなどを題材とし，児童が感動を覚えるような魅力的な教材の開発や活用を通して，児童の発達の段階や特性等を考慮した創意工夫ある指導を行うこと。

このように，教材の開発と活用についていっそう充実することが求められている。「道徳の時間」に生かす教材は，児童が道徳的価値の自覚を深めていくための手がかりとして重要な役割を担っている。このため，「道徳の時間」に用いられる資料の具備すべき要件が『小学校学習指導要領解説 道徳編』には以下の5つの項目としてあげられている。

　ア　人間尊重の精神にかなうもの。
　イ　ねらいを達成するのにふさわしいもの。
　ウ　児童の興味や関心，発達の段階に応じたもの。
　エ　多様な価値観が引き出され深く考えることができるもの。
　オ　特定の価値観に偏しない中立的なもの。

　さらに，選択を心がけたい資料の具備する要件についても，以下の6項目が掲げられている。

・児童の感性に訴え，感動を覚えるようなもの。
・人間の弱さやもろさに向き合い，生きる喜びや勇気を与えられるもの。
・生や死の問題，先人が残した生き方の知恵など人間としてよりよく生きることの意味を深く考えさせられるもの。
・体験活動や日常生活等を振り返り，道徳的価値の意義や大切さを考えることができるもの。
・悩みや葛藤等の心の揺れ，人間関係の理解等の課題について深く考える

ことができるもの。
・多様で発展的な学習活動を可能にするもの。

　これらの要件は道徳的価値の自覚と自己の生き方についての考えをいっそう深めることをめざす道徳の時間の実際において重要なものであり、その要件を備えた多様な教材の開発と活用が求められるのである。

　そこで、教材の開発にあたっては、まず日頃から報道や、書籍、身近な出来事に対して関心をもち、柔軟な発想のもとで、教材を広く求めていく姿勢が大切である。具体例の中心としては、多様な生き方が織り込まれ、生きる勇気や知恵などを感じることのできる「先人の伝記」や、自然の偉大さや生命の尊さなど感性に訴えることのできる「自然」、その有形無形の美しさに郷土や国への誇り、愛情を感じさせることが多い「伝統と文化」、実際に活躍しているアスリートなどのチャレンジ精神や力強い生き方、苦悩などにふれることによって、道徳的な価値や生き方についての自覚を深めやすいものがあげられる。

　教材の活用にあたっては、名作や古典、随想、民話、詩歌などの読み物や生きた教材としての地域住民による語り聞かせはもとより、地域の文化、出来事を取材した郷土資料、映像ソフト、映像メディア、インターネットなどを中心とした情報通信などの教材、実話、写真、劇、漫画、紙芝居などの多彩な形式の教材、複数時間にわたって指導に生かすことができる教材といったぐあいに、多くの教材の活用が求められる。また、児童が身につける道徳の内容をわかりやすく表した「心のノート」の「道徳の時間」での有効的な活用も望まれるところである。

（2）読み物資料と視聴覚資料

　「道徳の時間」の**読み物資料**は多くの学校で利用されているが、その種類としては、昔話、寓話、逸話、物語、伝記、詩、日記、小説、随筆、論説文、作文、新聞・雑誌の記事など活字となったもので広範囲に存在する。特に、読み物資料として最も多く使用されているものが、各出版社によって編集、出版されている「副読本」である。ここでは、児童・生徒の発達段階や、これまでの読書、経験、興味、関心なども十分考慮して、「道徳の時間」の学習を活発に展開し、目標を達成させるために適切な選択を行うことが必

要である。

　実際に「道徳の時間」において，読み物資料を用いる場合，多様な形式の同じものを十分に検討したうえで用い，単に登場人物への共感を中心とした展開だけではなく，資料に対する感動を大切にしたり，迷い，葛藤を大切にしたり，知見や気づきを得ることを重視するなど，各々の資料の特徴を生かすように工夫しなければならない。

　一方，「道徳の時間」の視聴覚資料には，映画，テレビ，ラジオの放送，録画，スライド，録音，紙芝居（絵芝居），写真，絵図，模型，標本，地図など多くのものがあげられる。これらの視聴覚資料は，児童・生徒の視覚に直接訴えかけることができるため，児童・生徒の興味関心を高め，内容の理解が高まるものである。視聴覚資料は，それぞれ特性をもっているため，そこでの「道徳の時間」の学習内容に適したものかどうか，さらに児童・生徒の発達段階や，興味関心も踏まえ適切な活用が望まれる。

（3）教師の説話

　説話とは，教師の体験や願い，あることについての感じ方や考え方などを語ったり，日常の生活問題や新聞，雑誌，テレビなどで取り上げられた問題などを盛り込んで話したりすることによって，ねらいの根底にある「道徳的価値」を子どもがいっそう主体的に考えられるようにしようとする指導方法である。

　したがって説話は「道徳の時間」によく活用されており，子どもたちの道徳性の向上に有効な指導方法として定着している。具体的には，導入の段階で全体に対して見通しをもたせたり，興味を引き出すために行われるほか，終末において，まとめの意味で行われることも多い。

　教師による説話は，子どもたちの心に強く残ることや，教師への理解も深まること，用いられる題材が多様であるなどの利点がある。特に教師の人間性がにじみでる説話は，教師が子どもの心情に訴え，心の中に深い感銘を与えることによって子どもが道徳的価値を自己のものとしてとらえ，人間としての生き方についての自覚を深めることができるのである。

　ただし，説話を与える際に留意しなければならない点は，教師が本時のねらい，資料の内容，子どもの実態等をしっかりと踏まえ，指導過程に位置づ

けることが重要である。そのためには，導入段階，展開段階，終末段階の各々の段階での説話の内容を十分に吟味することが必要である。また，教師は説話の時間を長々と説教の時間にしたり主観的な意見表明の場面にしないように心がけなければならない。もちろん，特定の価値観を押しつけることのないよう注意する必要がある。

(4)「道徳の時間」の多様な指導方法

「道徳の時間」の指導においては，児童の一人ひとりが道徳的価値の自覚および自己の生き方についての考えを深めることで，自律的に道徳的実践力を育むという特質が十分考慮され，それに応じた指導方法でなくてはならない。

「道徳の時間」に生かす指導方法については多様なものがあげられるが，以下のような工夫が必要である。（読み物，視聴覚資料については先に述べているので省略する。）

「道徳の時間」の主たる指導方法としては，**話し合い**が第一にあげられる。話し合いの方法は，一定の主題について教師と児童・生徒間，児童・生徒間どうしで自由に意見を述べ合い，児童生徒相互の考えを深める中心的な学習活動である。クラス全体で話し合い活動を行うことによって，学習課題が明確になったり，重要な問題や課題にあらためて気づいたりすることができるなど，集団学習の利点を生かすことができる。また，話し合いの中で，自らの意見をだしたり他者の意見を聞くことによって，成員相互間での自由な意見交換ができ，ものの見方や考え方，感じ方の共通点や相違点が明確となり，自己理解，他者理解が深められる。このことによって，道徳的価値への自覚や理解が高まってゆくのである。

話し合いを行ううえでの留意点としては，話し合いのできる課題であるのかを吟味しなければならない。子ども自身が自分のこととして理解でき，判断できるような身近なものや社会的関心が高く，子どもが興味をもっているものが話題として望ましい。また，話し合いが全体にわたらず，一部の子どもたちだけで進められることはあってはならない。学級全体で進められるように配慮することが求められる。

話し合いの展開については，以上のような一般的な方法以外にも，シンポ

ジウム，パネルディスカッション，バズセッション，ディベートなど工夫されたいくつかの方法もある。

パネルディスカッション（panel discussion）とは，ひとつのテーマに対して異なった意見や立場をもつ代表がパネリスト（論者）となり討議を行う方法である。この討議の過程で，適切にまとめたり，話題提供を行う司会者の役割は大きい。パネラー以外の者も自分の考えを述べ，討議に参加することもできる。

シンポジウム（symposium）は，もともと古代ギリシアの饗宴に由来している言葉で，いっしょにお酒を飲む（酒宴）ことを意味するといわれる。討論法のひとつの形式であり，選ばれた数名の発表者の意見を発表し，その後，参加者から質問や意見を出し合い，話し合うもので，対立する意見を戦わせるよりもむしろ，課題解決の方法を探る特色をもっている。

バズセッション（buzz session）は，6人前後のグループ（小集団）に分かれて同時に討議する方法であり，そのグループの中で，リーダー役，記録係等を決めて，テーマについて討議し，最終的にグループでのまとめを全体において発表し共有する。バズ（buzz）とは，ハチがブンブンという音をたてることで，ハチの巣を突っついたときのようにブンブンと賑やかな状態の討議を意味する。利点として，短時間で多くの参加者全員に発言の機会が得られ，積極的な参加が期待できる。

ディベート（debate）は，最近よく行われている討議法のひとつである。一般的に，課題に対する賛否の立場を明らかにして公開の場で議論を戦わせる場合をディベートとよんでいる。ディスカッションとの違いは，与えられた課題に対して，ディベートの参加者ははじめから賛否の姿勢を明確にしたうえで討論に臨むことがあげられる。つまり，ディベートでは当事者間の意見対立が前提条件なのである。

ディベートを行う場合は，賛否のいずれかの立場で与えられた課題の内容を掘り下げ，論拠に必要な資料の収集と分析を行い，主張する論理について効果的に組み立て，説得力があるように意見を述べていく。一方の側は，相手の論理と反対の立場を鮮明にして討論を行う。相手の論理の矛盾点や根拠に乏しいこと，論理の飛躍やすり替えなどを見抜いて正当性を崩そうとする。反論を受けてさらに反論に対する答弁を行う。双方が相手の論理を崩そ

うとして討論するのがディベートである。したがって，自分の論理を攻撃に耐えるよう緻密に組み立てるのはもちろんのこと，予想される反論についても事前に考察を加え，反論に対する反論も十分に練り上げておく必要がある。

実際にディベートを進めるにあたっての留意点として，一つの課題について話し合うこと，肯定側，否定側に機械的に分けられること，一定のルールに従うこと，証明された議論を戦わせること，審判によって判断が下されること，があげられる。

（5）体験活動を生かした「道徳の時間」

児童は，日常の生活や学校での生活においてさまざまな体験をしている。ここでの多様な体験の中で，児童はさまざまな道徳的価値にふれ，道徳性の育成が図られている。このため，体験活動と「道徳の時間」の関連性や位置づけの明確化を行うことは重要な問題となる。

小学校学習指導要領「第1章 総則 第1 教育課程編成の一般方針」の2の後段では，道徳教育を進めるうえでの配慮事項として，「集団宿泊活動やボランティア活動，自然体験活動などの豊かな体験を通して児童の内面に根ざした道徳性の育成が図られるよう配慮しなければならない」と示されている。さらに「第3章 道徳 第3 指導計画の作成と内容の取扱い」の3の（2）においても，「集団宿泊活動やボランティア活動，自然体験活動などの体験活動を生かすなど，児童の発達の段階や特性等を考慮した創意工夫ある指導を行うこと」と示されている。

学校での教育活動においては，上記に示された以外にも伝統や文化にかかわる体験や，勤労生産にかかわる体験などが総合的な学習の時間，特別活動を中心に実施されている。さらに低学年の生活科においては，多くの体験に基づいた授業が展開されている。

このような多様な体験活動の中では，さまざまな道徳性が育まれているが，「道徳の時間」での授業展開の中では，これらの体験活動を効果的に生かすことにより，道徳的価値の自覚を深めるための指導のいっそうの充実をみるのである。

まずここでは，「体験」に焦点をあてて考えてみることにしよう。

「体験」という言葉は教育界において，現在改めて大きくクローズアップされるに至っているのであるが，この言葉の意味は必ずしも明確にとらえられていない。この意味の把握や意味規定にとっておおいに参考となるひとつが，通常「体験」または「体験する」と訳されるドイツ語の本来の意味である。「体験」は，ドイツ語においては Erlebnis という名詞であり，「体験する」という動詞は erleben となる。er とは古いドイツ語で「根底から」生じ「内面から」作用するという意味の接頭語であり，これに「生きる，生活する」という意味の leben（レーベン）が続いて erleben（エアレーベン）となると，「生きる」の意味は深まりの方向で協調され，ただ単に「生きる」というのではなく，「生きている」という実感や充実感をともなった生き方と解釈することができるのである。

　したがって，体験活動を生かす「道徳の時間」の指導においては，エアレーベンの実感ある「体験」がバックボーンとならなければならない。このように，「体験」の意味をより深く，明瞭にすることが必要不可欠となるのである。具体的には，この「体験」とは自分が身をもって経験する活動である。この活動そのものが，教育上，十分な意味をもつことは明らかであるが，しかし「体験」のもつ教育的意義の本質は，ただ活動するそのことよりも，この活動をとおし，その内面において，子どもが全心を傾けて客観的陶冶財，すなわち，真理，価値と出会い，これをとらえるところから生じる達成感や充実感を味わうことにある。このような内的感動を「**体験の深まり**」とよんでいるのである。

　これに対し，身をもって経験する活動の範囲や内容の多様性を「**体験の広がり**」とよんでいる。ここで「体験の広がり」と「体験の深まり」とは無関係とはいえないが，一応，両者を分けるとすれば，「体験」の教育的価値の決め手となるキーポイントは，その「広がり」よりも「深まり」にあると考えるのである。

　このような考えに基づいて，筆者は「体験」を深浅の二つの層に分け，主として「広がり」を念頭において，これを「第一の層」，主として「深まり」を念頭において，これを「第二の層」としている。体験活動を生かす「道徳の時間」の充実した指導においては，これまで述べたような意味での「体験の深まり」の追求を踏まえたものでなければならない。

実際の「道徳の時間」においては，体験活動を踏まえて，児童がさまざまな道徳的価値に気づき，その意味や大切さについて考えを深める中心的な時間として位置づけられるものであり，「道徳の時間」が直接的体験活動のみを行うことではないことにも留意することが肝要である。つまり，体験活動での広がり，深まりを「道徳の時間」での資料に基づく話し合いに意図的に生かすような創意工夫ある指導が大切なのである。

(6) 生命の尊重

小学校学習指導要領「第1章 総則 第1 教育課程の一般方針」の2においては，道徳教育の目標に「人間尊重の精神と生命に対する畏敬の念」が併記されているが，これは人間尊重の精神が生命に対する畏敬の念に根ざすことにより，より深まりと広がりをもってとらえられるからである。

人間尊重の精神は，生命の尊重，人格の尊重，人権の尊重，人間愛などの根底を貫く精神であり，道徳教育の目標の中で一貫して述べられている。ここでの生命の尊重は，人間尊重の精神の重要な要素であり，生命に対する畏敬の念は，人間の存在そのものあるいは生命そのものの意味を深く問うときに求められる基本的精神であるとされている。具体的には，生命のかけがえのなさに気づき，生命あるものを慈しみ，畏れ，敬い，尊ぶことを意味するものである。

さらに，小学校学習指導要領「第3章 道徳 第2 内容」の3に「主として自然や崇高なものとのかかわりに関すること」という項目があるが，その具体的な教育活動として小学校1，2学年においては「(1) 生きることを喜び，生命を大切にする心をもつ。」「(2) 身近な自然に親しみ，動植物に優しい心で接する。」「(3) 美しいものに触れ，すがすがしい心をもつ。」があげられている。

学校教育での実際においては，子どもに生命に関する道徳的な体験を想起させ，「道徳の時間」に生かすなどの工夫をすることが必要である。以下に子どもの植物の栽培体験を行った際の観察日記の一部を紹介したい。

5月にサルビアの種子をまいたが，あんな小さな種子が小さな芽を出し，ぐんぐん大きくなり，数十枚の葉をつけ，真っ赤な花をたくさんつけていくなんて，今までこんなこと考えたことなかったけども，本当に

びっくりした。おどろいたというより，神秘的だなあーと思った。

　自分達が植えた花が咲いたのをみると嬉しくなり，来年は自分の家で栽培してみたいと思った。

　まさにこれは「生命的世界」であり，生命への暗黙のふれ合いを告白していることにほかならない。

[森山賢一]

【引用・参考文献】
小寺正一・藤永芳純 編 『新版　道徳教育を学ぶ人のために』　世界思想社　2003
文部科学省 『小学校学習指導要領』（平成20年3月告示）　2008
文部科学省 『小学校学習指導要領解説　道徳編』　東洋館出版社　2008
森山賢一 編著 『総合演習の理論と実践』　学文社　2007
村田 昇 編著 『道徳の指導法』　玉川大学出版部　2003
佐々木 明 『道徳教育の研究』　学文社　1999

第8章

「道徳の時間」の指導構想

8-1 「道徳の時間」の難しさとその背景

（1）学校における道徳教育の難しさ

　「例えば学校のホームルームで『悪い人を殺していいか？』なんて議題があるわけがない。しかしもしそれが議題になったとしたら皆が良い子ぶり『それはいけない事です』って言うに決まってる。もちろんそう答えるのが正しいし人間は公共の場などでは表面上はそうでなければいけない。」（大場・小畑，2004，p.66）

　この言葉は，ある漫画に描かれた主人公の高校生が，インターネットの掲示板を見ながら話している台詞である。ホームルームが話題になっているが，この台詞は，学校における道徳教育の難しさを暗示している。なぜなら，学校という舞台で道徳問題を取りあげることは，見えない一定の規則にしたがってその道徳問題を処理することである，という見方が示されているからである。

　ところで，子どもたちは「道徳の時間」を，どのような時間として経験しているのだろうか。2003（平成15）年度に実施された「道徳教育推進状況調査」によると，小学校では，学年が上がるにつれて，道徳の時間を「楽し

図8-1　小学校における子どもたちは道徳の時間をどのようにとらえているか

> 貴校において道徳の時間を楽しいあるいはためになると感じている児童・生徒はどの程度いると思いますか。それぞれ該当するものを1つ選んでください。

問8　小学校1・2年（合計）

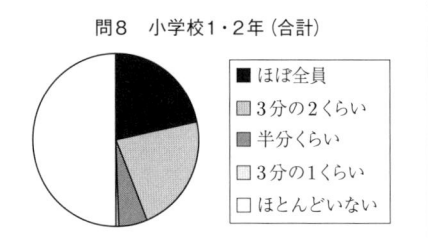

小学校1・2年		合　計（校）	
1	ほぼ全員	9,964	21.7%
2	3分の2くらい	10,213	22.2%
3	半分くらい	2,557	5.6%
4	3分の1くらい	221	0.5%
5	ほとんどいない	22,955	50.0%
合　計		45,910	100.0%

問8　小学校3・4年（合計）

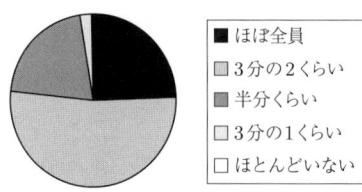

小学校3・4年		合　計（校）	
1	ほぼ全員	5,671	24.7%
2	3分の2くらい	11,990	52.1%
3	半分くらい	4,818	21.0%
4	3分の1くらい	497	2.2%
5	ほとんどいない	16	0.1%
合　計		22,992	100.0%

問8　小学校5・6年（合計）

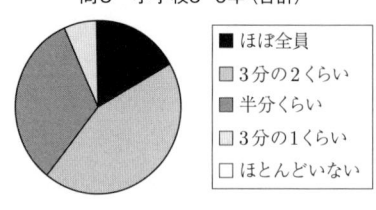

小学校5・6年		合　計（校）	
1	ほぼ全員	3,877	16.9%
2	3分の2くらい	10,061	43.8%
3	半分くらい	7,533	32.8%
4	3分の1くらい	1,435	6.3%
5	ほとんどいない	41	0.2%
合　計		22,947	100.0%

（平成15年度「道徳教育推進状況調査」文部科学省 をもとに作成）

いあるいはためになる」と感じている児童・生徒の割合が少なくなっている（図8-1参照）。小学校から中学校までをとおしてみても，同様の結果が示されている。特に，中学校においては，道徳の時間を「楽しいあるいはためになる」と感じている生徒が「3分の1くらい」である割合が，学年が上がるとともに，増加傾向にある（図8-2参照）。たしかに，以前，大学の講義で，受講者である大学1年生に「『道徳の時間』では，どのようなことをしていましたか」と尋ねると，「憶えていない」「テレビをみていた」「国語の授業と似てた」「本を読む時間だった」「道徳の時間なんてあった？」と

図 8-2　中学校における子どもたちは道徳の時間をどのようにとらえているか

> 貴校において道徳の時間を楽しいあるいはためになると感じている児童・生徒はどの程度いると思いますか。それぞれ該当するものを1つ選んでください。

問8　中学校1年（合計）

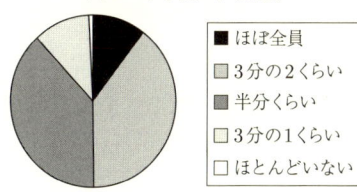

凡例：■ほぼ全員　□3分の2くらい　■半分くらい　□3分の1くらい　□ほとんどいない

中学校1年		合　計（校）	
1	ほぼ全員	1,109	10.3%
2	3分の2くらい	4,245	39.5%
3	半分くらい	4,133	38.5%
4	3分の1くらい	1,187	11.0%
5	ほとんどいない	72	0.7%
	合　計	10,746	100.0%

問8　中学校2年（合計）

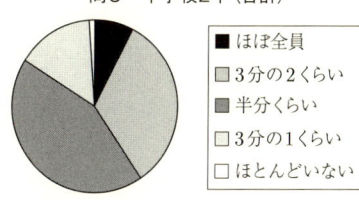

中学校2年		合　計（校）	
1	ほぼ全員	819	7.6%
2	3分の2くらい	3,568	33.2%
3	半分くらい	4,647	43.3%
4	3分の1くらい	1,591	14.8%
5	ほとんどいない	117	1.1%
	合　計	10,742	100.0%

問8　中学校3年（合計）

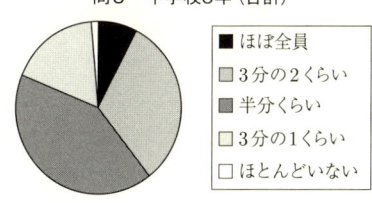

中学校3年		合　計（校）	
1	ほぼ全員	815	7.6%
2	3分の2くらい	3,439	32.1%
3	半分くらい	4,453	41.5%
4	3分の1くらい	1,890	17.6%
5	ほとんどいない	133	1.2%
	合　計	10,730	100.0%

（平成15年度「道徳教育推進状況調査」文部科学省 をもとに作成）

いった声が聞かれた（5-1節(3)も参照）。

　このように，「道徳の時間」は，子どもたちにとって，成長するとともに授業に対する興味を喪失し，学びの経験として根づいていない，という問題がある。そこで，本章では，まず「道徳の時間」の難しさとその背景について考察し，「道徳の時間」の目標や位置づけについて説明する。次に，「道徳の時間」が授業として成立するためには「意見を組み合わせる力」が重要であることを指摘し，「道徳の時間」の構想について述べる。

(2)「道徳の時間」の難しさ

　教師は，道徳の時間をどのようにとらえているのだろうか。先にみた2003（平成15）年度に実施された「道徳教育推進状況調査」によると，小学校，中学校とともに，「道徳の時間の指導をいっそう充実させるために各教師に求められること」として，最も多い割合を占めているのは「4. 教材の分析，魅力ある教材の選定および開発・活用等の工夫」である。次に高い割合を占めているのは，「2. 児童・生徒の悩みや心の揺れ等を含め考えていることの的確な把握や理解」である（図8-3(1), (2) 参照）。

　続けて，同調査において「実際に，学校として重点をおいて取り組んでいること」（図8-4(1), (2) 参照）をみると，小学校では，「2. 児童・生徒の悩みや心の揺れ等を含め考えていることの的確な把握や理解」が最も高い割合になっている。中学校では，「4. 教材の分析，魅力ある教材の選定および開発・活用等の工夫」が最も高い割合になっている。ここには，「道徳の時間」を子どもたちの悩みや学級の問題などと結びつけながら，教材を開発し，子どもたち一人ひとりの成長と結びつけようとする教師の姿が示されている。以前，教師を対象とした道徳教育に関する講習の中で「道徳の時間」の難しさについて尋ねた際にも，「子どもたちからでてきたクラスの問題を道徳の時間につなげたいが，計画にはないので，計画と実際のずれがある」という意見が，悩みとしてあがったことがある。このように，教師は「道徳の時間」を子どもたちの日常と重ねながら進めていこうと考えている。

　それにもかかわらず，「道徳の時間」は，子どもたちにとって，何を学ぶのか明確ではない。たとえば，学習内容を「道徳の時間」においてすっきりとまとめてしまうことは難しいため，子どもによっては内容が腑に落ちないこともある。また，子どもたちの意見が広がりすぎて，テーマがみえにくくなったり，逆に，教師の求める回答を子どもがすぐに答えたり，良い子の考えしかでてこなかったりと，なかなか話し合いにならないこともある。さらに，授業者である教師が，授業の中で，「そうだよね」「やっぱりね」という言葉を続けて発することによって，それ以上深まらなくなってしまう場合もある。このように，「道徳の時間」は，他の教科活動と同じように授業を展開しようとする場合，適切に進まずその難しさが現れてくる[1]。つまり「道徳の時間」が授業として成立するためには，教科活動とは異なる工夫が必要

図8-3

> 道徳の時間の指導の充実と教師のかかわり等についておたずねします。それぞれ該当するものを3つ選んでください。
> 【設問】 ①貴校において，道徳の時間の指導をいっそう充実させるために各教師に特に求められることは何だと思いますか。

1. 道徳教育の目標や道徳の時間の役割等基本的なことについての理解，2. 児童・生徒の悩みや心の揺れ等を含め考えていることの的確な把握や理解，3. ねらいや主題構成の工夫，4. 教材の分析，魅力ある教材の選定および開発・活用等の工夫，5. 指導過程の適切な構成方法の工夫，6. 体験活動を生かす工夫，7. 児童・生徒が自ら成長を実感し，課題や目標を見いだせるようにする支援，8. 多様な指導技術の修得，9. 他の教師等との協力的な指導や連携，10. 児童・生徒の道徳性についてその成長等を把握し指導に生かす工夫

(1) 小学校（全体）の表と図（道徳の時間の指導をいっそう充実させるために各教師に求められること）

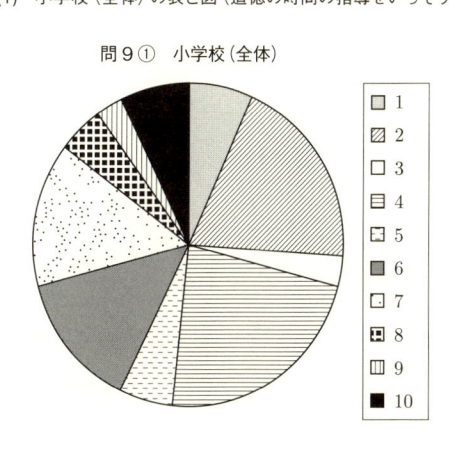

問9① 小学校（全体）

①	合	計
1	4,694	6.8%
2	13,480	19.5%
3	2,071	3.0%
4	15,572	22.5%
5	3,823	5.5%
6	9,513	13.7%
7	9,944	14.4%
8	3,225	4.7%
9	2,075	3.0%
10	4,816	7.0%
合　計	69,213	100.0%

(2) 中学校（全体）の表と図（道徳の時間の指導をいっそう充実させるために各教師に求められること）

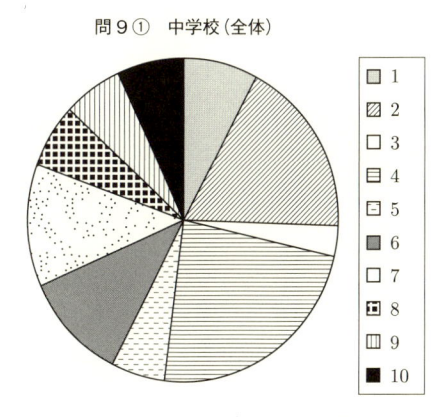

問9① 中学校（全体）

①	合	計
1	2,515	7.8%
2	5,795	17.9%
3	1,006	3.1%
4	7,539	23.3%
5	1,791	5.5%
6	3,562	11.0%
7	3,880	12.0%
8	2,151	6.6%
9	1,956	6.0%
10	2,193	6.8%
合　計	32,388	100.0%

（平成15年度「道徳教育推進状況調査」文部科学省 をもとに作成）

図8-4

> 道徳の時間の指導の充実と教師のかかわり等についておたずねします。それぞれ該当するものを3つ選んでください。
> 【設問】 ②実際に，学校として重点をおいて取り組んでいることは何ですか。

1. 道徳教育の目標や道徳の時間の役割等基本的なことについての理解，2. 児童・生徒の悩みや心の揺れ等を含め考えていることの的確な把握や理解，3. ねらいや主題構成の工夫，4. 教材の分析，魅力ある教材の選定および開発・活用等の工夫，5. 指導過程の適切な構成方法の工夫，6. 体験活動を生かす工夫，7. 児童・生徒が自ら成長を実感し，課題や目標を見いだせるようにする支援，8. 多様な指導技術の修得，9. 他の教師等との協力的な指導や連携，10. 児童・生徒の道徳性についてその成長等を把握し指導に生かす工夫

(1) 小学校（全体）の表と図（実際に，学校として重点をおいて取り組んでいること）

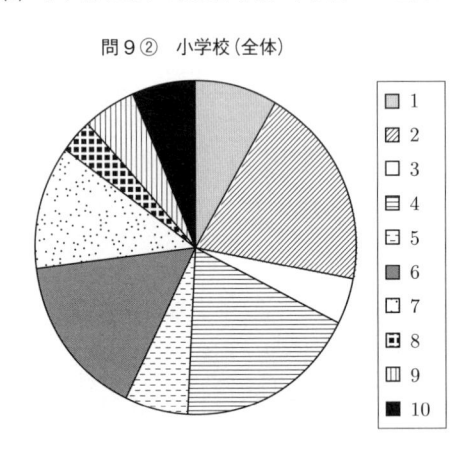

問9② 小学校（全体）

②	合	計
1	5,783	8.4%
2	13,734	19.8%
3	3,052	4.4%
4	12,835	18.5%
5	4,332	6.3%
6	11,019	15.9%
7	8,218	11.9%
8	2,332	3.4%
9	3,626	5.2%
10	4,277	6.2%
合 計	69,208	100.0%

(2) 中学校（全体）の表と図（実際に，学校として重点をおいて取り組んでいること）

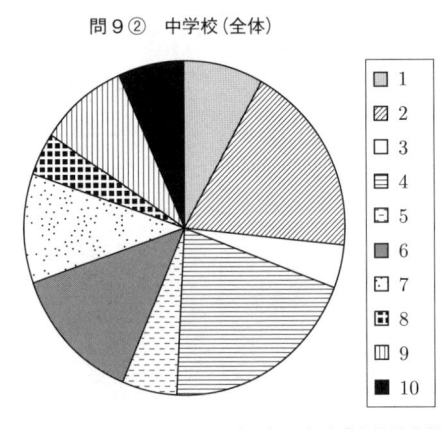

問9② 中学校（全体）

②	合	計
1	2,658	8.2%
2	6,061	18.7%
3	1,345	4.2%
4	6,438	19.9%
5	1,814	5.6%
6	4,305	13.3%
7	3,434	10.6%
8	1,361	4.2%
9	2,867	8.9%
10	2,067	6.4%
合 計	32,350	100.0%

（平成15年度「道徳教育推進状況調査」文部科学省 をもとに作成）

とされる。

　教師にとっても，「道徳の時間」と子どもたちの日常の姿とのつながりがわかりにくい，といった問題がある。どれほど「道徳の時間」を積み重ねても，子どもたちの行為は変化することなく，何のための「道徳の時間」なのだろうか，と考えてしまうのである。また，言葉では理解できていても行為がともなわない子どもなど，「道徳の時間」を積み重ねても子どもたちの成長する姿が変わらないため，授業と生活の結びつきがみえなくなり，「道徳の時間」の学習効果を実感しにくい，という問題もあるだろう。このように，「道徳の時間」の意義は，教師にとってもみえにくくなっている。

　では，これらの「道徳の時間」の難しさは，何に起因しているのだろうか。それは，「道徳の時間」を日常起きていることと一体化して考えすぎることに原因がある。たしかに，教材選定の基準のひとつとして，日常の子どもたちの姿やその問題があげられる。しかし，よく考えてみると，子どもたちの問題は，いつ起こるかわからないことであり，内容も多様である。また，一つひとつの事例は，個別的である。すなわち，子どもたちの問題や行動は，固有の文脈を有し，突発的に起こることである。そのため，それらの出来事は授業に用いられる副読本と同じではない。ここに，「道徳の時間」において，子どもたちの起こす問題を，それより先に取りあげることやその都度取りあげることの難しさがある。たとえば，「社会」の授業は，現実の社会と結びついているが，社会で起きていることをすべて，あるいはその都度取りあげているわけではない。なぜなら，その都度取りあげていては，限られた時間の中で系統的な授業を行うことは難しいからである。このように，「道徳の時間」は，教科ではないが授業である限り，こうした問題を有している。

　もちろん，「道徳の時間」と子どもたちの日常との関連は重要である。しかし，「道徳の時間」をクラスの問題や子どもたちの姿と直接結びつくものとしてとらえ，直接的な効果を求めれば求めるほど，教材とのギャップが生じたり，教材選定が難しくなる。いいかえれば，日常起きていることを道徳と結びつけて考えすぎてしまうため，「あつかいが難しい」「効果が現れない」と感じてしまうのである。

　また，目の前で起きている出来事をすべて道徳としてとらえた場合，授業

において，何を教材とするのか，何が道徳的価値なのか，といった道徳の内容がぼやけたり，教授方法の難しさが現れてくる。さらに，実際の出来事と学習内容がずれることによって，「道徳の時間」を意味のない時間として感じることにもつながるだろう。しかし，「道徳の時間」は，出来事に付随するのではなく，出来事を分析的にとらえる視点を提供する授業である。分析的にとらえるというのは，出来事に織り込まれた多層な道徳的価値や枠組みを見いだし，検討することである。その意味で，「道徳の時間」は，構造的，系統的な道徳的価値の把握に基づいた指導内容，指導計画が重要となる。すなわち，「道徳の時間」の学習をとおして，一人ひとりの子どもたちが，多様で多層な日常を道徳的価値と結びつけたり，見直すことができるように，授業を構想することが求められているのである。

それでは，どのようなことに注意しながら，「道徳の時間」を構想すればよいのだろうか。まず，「道徳の時間」の目標を確認しよう。

8-2 「道徳の時間」の目標とその構想

(1)「道徳の時間」の目標

小学校における「道徳の時間」の目標には，次のように記されている（「小学校学習指導要領」第3章 第1 後段）。

> 道徳の時間においては，以上の道徳教育の目標に基づき，各教科，外国語活動，総合的な学習の時間及び特別活動における道徳教育と密接な関連を図りながら，計画的，発展的な指導によってこれを補充，深化，統合し，道徳的価値の自覚及び自己の生き方についての考えを深め，道徳的実践力を育成するものとする。

中学校における「道徳の時間」の目標には，次のように記されている（「中学校学習指導要領」第3章 第1 後段）。

> 道徳の時間においては，以上の道徳教育の目標に基づき，各教科，総合的な学習の時間及び特別活動における道徳教育と密接な関連を図りながら，計画的，発展的な指導によってこれを補充，深化，統合し，道徳

> 的価値及びそれに基づいた人間としての生き方についての自覚を深め，道徳的実践力を育成するものとする。

　これらの目標に示されている"道徳的実践力"とは，「人間としてよりよく生きていく力であり，一人一人の児童が道徳的価値の自覚及び自己の生き方についての考えを深め，将来出会うであろう様々な場面，状況においても，道徳的価値を実現するための適切な行為を主体的に選択し，実践することができるような内面的資質を意味している。それは，主として，道徳的心情，道徳的判断力，道徳的実践意欲と態度を包括するものである。」（文部科学省，2008b，pp. 30-31）と考えられている。中学校においては，「道徳的実践力とは，人間としてよりよく生きていく力であり，一人一人の生徒が道徳的価値を自覚し，人間としての生き方について深く考え，将来出会うであろう様々な場面，状況においても，道徳的価値を実現するための適切な行為を主体的に選択し，実践することができるような内面的資質を意味している。それは，主として，道徳的心情，道徳的判断力，道徳的実践意欲と態度を包括するものである。」（文部科学省，2008d，p. 32）とされる。

　このように，「道徳の時間」の目標は，内面的資質としての道徳的実践力の育成にある。また，小学校と中学校における目標の違いは，子どもたちの成長にともなって，自己の生き方についての考えを深めることから，人間としての生き方についての自覚を深めることへと移行していることにある。

　ところで，「道徳の時間」の目標である内面的資質としての道徳的実践力の育成は，諸教育活動における道徳教育で行うことはできないのだろうか。なぜ，「道徳の時間」が必要なのだろうか。目標をみると，「道徳の時間」は諸教育活動を「補充，深化，統合」すると記されている。"補充"とは，通常の教育活動における道徳教育では取りあげる機会の少ない道徳的価値を「道徳の時間」において取りあげることである。"深化"とは，通常の教育活動において，簡単にしかふれることのできない道徳的価値を深めることである。"統合"とは，通常の教育活動にみられる散発的な道徳的体験を自己とのかかわりから全体的なつながりとしてとらえなおすことである。これらのことから，「道徳の時間」は，道徳教育の要の時間として位置づくのである。

　また，道徳の内容は，子どもたちの成長とともに変化する。たとえば，

「小学校学習指導要領　第3章　道徳　第2　内容」の1の(1)をみてみよう。第1学年および第2学年の内容は、「(1)健康や安全に気を付け，物や金銭を大切にし，身の回りを整え，わがままをしないで，規則正しい生活をする。」である。第3学年および第4学年の内容は、「(1)自分でできることは自分でやり，よく考えて行動し，節度のある生活をする。」である。第5学年および第6学年の内容は、「(1)生活習慣の大切さを知り，自分の生活を見直し，節度を守り節制に心掛ける。」である。これら一連の内容は，子どもの成長にともなって，規則を身につけることから自分自身で考えることへと移行し，最終的には，それらを振り返ることのできることへと移行している。そのため，「道徳の時間」における内容を，子どもたちの成長と重ねながらとらえる視点が重要といえる。

　またピアジェ（J. Piaget：1896-1980）やコールバーグ（L. Kohlberg：1927-1987）による道徳性の発達段階にそくして道徳教育をとらえた場合，子どもたちの道徳に関する理解は，6つの段階に分類される。第1段階は，道徳的判断の理由はみずからが罰せられたくないから，という理由によるものが位置づけられ，第2段階は，報酬と罪を交換原理でとらえ，自分の欲求を満たすことが重要な理由として位置づけられている。第3段階は，身近な周囲の人間の判断を重視し，他人による評価が理由になる。第4段階は，身近な人間の関係を超えて，社会における義務や秩序維持を判断の理由としてあげる。第5段階は，法的な観点は維持されつつも，道徳的価値と法的な観点がずれることもあると気づき，道徳的価値を成立させている集団による判断を理由にあげる。第6段階は，自己自身の良心に基づく判断をなす（永野，1985）。このように，道徳に関する理解は，自己中心的な理解（第1段階，第2段階）から，よい子志向を経て（第3段階，第4段階），自律的な理解（第5段階，第6段階）へと到達するとされる（1-4節も参照）。

　このように考えると，「道徳の時間」は，子どもたちの成長にともなって，いくつかの段階を経ていることに気づくだろう。たとえば，他者のことを考えることを教える段階から，他者と同じことばかりを考えることの問題を提起する段階へ，そして，自己の判断と他者の判断を考慮し，きまりやしくみをつくることを考える段階である。このように，「道徳の時間」を構造的に考えること――授業内容の構造化――が重要である。

(2) 意見を組み合わせる力
　「道徳の時間」は，子どもたちの意見をただ聞いているだけでは成立しない。教師は，授業のなかで，一人ひとりの子どもの意見を聞きながら，組み立てていかなければならない。たとえば，教師は，子どもたちの発言に潜む道徳的価値を発見することや確認すること，比較すること，深めることなどを行うことによって，ある視点から提案された意見と別の視点から提案された意見の中にある重なりを子どもたちが見いだすことができるように，意見を組み合わせていく必要があるだろう。教師が子どもたちの意見を組み合わせることによって，子どもたちは，一面的な道徳の理解ではなく，別の世界に開かれ，道徳的価値を多層な次元からとらえることが可能になる。このように，子どもたちの意見を組み合わせることは，「道徳の時間」において，教師に求められる大切な技術のひとつである。
　さらに，「意見を組み合わせる力」は，道徳的価値のぶつかりあいを組み込んだ授業を展開する際にも，重要な役割をはたす。たとえば，正義を求めることと他者への配慮といった，時にはぶつかりあう場面が，道徳の学習内容には含まれている。それらを取りあげる場合，他者のことを考える子どもと，たとえだれであっても原則を適応することを考える子どもとが現れるだろう。それらの意見のぶつかりあいをどのように展開するかは，意見の組み合わせ方による。意見の組み合わせ方には，ぶつかりあいに重なり合いを見いだすのか，異なりを見いだすのか，などがあるだろう。このように，「道徳の時間」が授業として成立するためには，**「意見を組み合わせる力」**が重要である。
　また，道徳的価値のぶつかりあう場面で，さらに折り合いのあわない第三の視点を導入することも，授業を活性化させる方法のひとつである。「道徳の時間」は，ひとつの方向に向かう授業としてではなく，一方を進めると他方が進まない，あるいは両方が損傷するような道徳的価値を取りあげることによって，なぜ折り合わないのか，その折り合わなさを考えることができる。このような道徳的価値の探究は，一つひとつの道徳的価値の重要さを確認したうえで，ぶつかりあいをみつけ，考察を重ねることによって，発展した考えを導き出すことにつながるだろう。
　このように，「道徳の時間」は，子どもたち一人ひとりが，自己の生き方

と道徳的価値の結びつきを発見する時間である。いいかえれば,「道徳の時間」では,子どもたち一人ひとりが構造化された道徳的価値について学び,その道徳的価値と自己とのかかわりを知ることによって,自己の生き方について考えることができるのである。すなわち,子どもたちが,「道徳の時間」の中で,自己への問いかけを行い,未来の社会や自己のあり方を考えることができるようになることが,内面的資質としての道徳的実践力の育成といえる。いうまでもなく,自己の生き方と道徳的価値の結びつきを発見するためには,自己自身への問いかけが重要な役割を果たす。

（3）他者とともに生きる世界を考察する「道徳の時間」

「道徳の時間」は,学びあいの授業を中心にする。みずからの成長や変化は,なにも子どもたちにのみに起こることではない。「道徳の時間」で取りあげる内容は,現代社会の課題であり,教師にとっても解決できない課題である。その場合,子どもたちとともに考えることによって,お互いの思考を深め,内容を深めていくことが重要である。

このことは,「道徳の時間」は,学校の教室という場所でありながら,現代社会に生きる者どうしによる対話という側面をもつことを意味する。ここでは,教師は,教師でありながら,大人でもあり社会構成員でもあるという二重の役割を背負っている。この二重の役割は,本来,子どもたちも背負っている。この二重の役割が授業において現れることによって,多角的な視点が生まれ,学びあいは活発になり,道徳的価値についての考えが深まる。

このように,「道徳の時間」は,一人で考えるだけではなく,教師も含めた学級のみんなで考えることをとおして,ある見方や考え方を探究する時間といえる。この「時間」は,学級のみんなで考えることと一人ひとりで考えることが重なり,一人で考えることとは異なる「時間」が発生する。すなわち,「道徳の時間」において,子どもたちが経験するのは,学級で考える「時間」である。この学級で考える「時間」は,私的な考えを公的な意見に変換する。そのため,「道徳の時間」では,最初,一人ひとりの意見が違っていたり,異なる視点から提案される。ここで発生する意見のぶつかりあいやすれ違いは,「私の考え」を「私たちの考え」へ移行する際に表れる出来事である。すなわち,「道徳の時間」は,学級で考えることをとおして,「私

たちの」道徳的行為の意味を形成する時間なのである。

このように考えると,「道徳の時間」は, 他者とともに生きる世界を考察する時間である, といえる。ともに生きる世界とは, 子どもたちが現在だれかとともに生きている世界であり, これからだれかとともに生きる世界でもある。だれかとともに生きる世界は, 現在を中心としながらも, 過去と未来——これまでとこれから——を含んでいる。そのため,「道徳の時間」は, 現在の問題や関心を中心にしながらも, 未来へ向かう視点を含んでいる。未来とは, 自己の生き方にかかわって生まれる時間であり, 未来の社会や世界, 未来の自己のことである。

現在・過去・未来という「時間」軸を意識した授業を構想することは, 現在の世界を中心にしながらも, 未来へ向けた世界を構築しようとする姿勢を育むだろう。その意味で,「道徳の時間」は,「時間」軸の連続性に基づいて,「そのままでいい」という現在を肯定する視点と,「どのように生きるのか」という未来を含む視点という二重の視点が交差する。この交差は,「道徳の時間」が, 公的な生活の場所を現在進行の形で生きて考える時間であることを意味する。

それでは, これらの構想を実現するために求められている具体的な工夫について, 次節でみていこう。

8-3 「道徳の時間」における具体的な工夫

(1) 発問の工夫と「学習指導案」

「道徳の時間」は, 子どもたちからみれば, 次に行う行動や展開が読めない。教科活動であれば, 子どもたちは, 教科書をみることによって, 授業の流れを予想することもできるが,「道徳の時間」は, 本来, 予想したり, 予習したりすることはできない。いいかえれば, 教師の発問, 子どもたちの意見によって, 授業の骨子が組み立てられていくのである。このことは,「道徳の時間」は, ストーリーがあらかじめ決まっていないため, 教師からみれば, 授業のストーリーを考えなければならない, ということでもある。

授業のストーリーを考える手順は, まず,「道徳の時間」の中で子どもたちに最も考えさせたい場面や出来事を考えることからはじまる。次に, その場

面や出来事を中心に授業を組み立てていくことになる。組立ては，発問と子どもたちの反応や発言によって構成される。授業の中で，最も重要な発問は，「最も考えさせたい場面」と結びついていなければならない。教師の発問は，授業の流れと連動しており，授業を構成する重要な役割を担っている。こうした発問，授業の展開や仕組みを記したのが，「学習指導案」である。

そもそも，「学習指導案」は，子どもたちの実態に応じ，「何を，どのような順序，方法で指導し，評価し，さらに指導に生かすのかなど，学習指導の構想を一定の形式に表現したもの」である（文部科学省，2008b，p. 81）。いいかえれば，「学習指導案」は，子どもたちに最も考えさせたいことを中心にすえて，何をどのように考えさせるのかという手順や方法を記すとともに，授業者である教師の創意工夫や独自性を示したものである。

学習指導過程は，一般的に，「導入」「展開」「終末」の各段階によって構成される。学習への動機づけの段階である「導入」は，クラスの雰囲気づくりやこれから取り組む学習内容への問題意識をもたせる必要がある。「展開」は，子どもたち一人ひとりの発言を組み合わせながら進めていくため，授業者は，子どもたちが何について考えるのかを精選できるような発問やその順序を考えたり，一人ひとりの発言に含まれる道徳的価値やその背景をとらえていかなければならない。また，「展開」は，子どもたち一人ひとりが授業に参加できるための工夫や板書の工夫なども求められる。「終末」は，学習をとおしてみえてきたことを確認したり，子どもたち一人ひとりの道徳的価値への気づきや進展を深め，新たな課題について考える。

「終末」で行われる授業の振り返りやまとめは，とても重要である。まとめ方のひとつとして，問題の所在・ありかを提示することがある。この提示によって，道徳的価値をめぐる視点と自己の生き方を結びつけて考えることができる。つまり，問題の所在・ありかを提示することは，解決策やひとつの答えを提示することではない。もう一つのまとめ方として，次回の授業へのつながりを考えることがある。「道徳の時間」において発生した問いが次回の授業につながることを意識すると，「道徳の時間」の連動性が生じ，全体として道徳のイメージを子どもたち自身がつかんでいくことができる。

このように，教師の発問は，子どもたちの思考に大きくかかわっており，重要である。教師の発問とは，内容に関することだけではなく，声の調子や

話し方，言葉の用い方なども含まれる。切実感のある発問，自由な思考を促す発問，具体例を考える発問など，発問には，いくつかの種類がある。授業では，それらの種類を組み合わせながら用いることが望まれる。

(2) 教材の工夫

次に，教材選びについてみていこう。「小学校学習指導要領」によれば，次のことに配慮すること，と記されている（「小学校学習指導要領」第3章第3の3（3））。

> 先人の伝記，自然，伝統と文化，スポーツなどを題材とし，児童が感動を覚えるような魅力的な教材の開発や活用を通して，児童の発達の段階や特性等を考慮した創意工夫ある指導を行うこと。

中学校においても，ほぼ同様（児童→生徒）の内容である。先人の伝記は，多様な生き方を描いており，人間の弱さを含めた生きることの魅力や意味の深さについて考えることができる教材であり，自然は，感性に訴えるものが多く，スポーツは，アスリートにみられるチャレンジ精神や苦悩などから，道徳的価値や生き方についての自覚を深めることができる教材として，とらえられている。

そもそも，「道徳の時間」における教材は，道徳的価値を深める手掛かりであり，学びあう素材である。そのため，「道徳の時間」に用いる教材は，中立的で，多様な価値観が引き出され，深く考えることのできるものが望ましい。一言で読み物資料といっても，いくつかの種類がある。たとえば，感動をよぶ資料，登場人物に共感する資料，批判的観点を誘発する資料，迷いや葛藤を与える資料などである。

「道徳の時間」の中で扱う教材は，副読本だけではなく，郷土資料や映像メディア，漫画，絵画などもある。小説や漫画などは，子どもたちが，考える場面や文脈を理解しやすく，自己の生き方と重ねることのできる教材である。

いずれにしても，教材は，子どもたちが道徳的価値と自己の生き方を考えるきっかけである。授業の中で，教材をとおして，子どもたちが未来や将来の方向を考えようとするとき，すでに自己の生き方と道徳的価値はかかわっ

ており，重なっている。また，教材に示された道徳的価値と異なる価値を子どもたちが提示するとき，すでに子どもたちは自己の生き方を道徳的価値と重ね合わせながら考えている。

このように，「道徳の時間」は，教材からひとつの答えを学ぶ時間ではなく，教材をとおして道徳に関する構造やしくみを知ることによって，自己の生き方について考える時間である。自己の生き方には，どのような自己であるのか，どのような自己でありたいのか，といった倫理的な自己解釈が含まれている。

（3）分節化すること

「道徳の時間」における指導として，特に工夫が求められていることは，次のことである（「小学校学習指導要領」第3章 第3の3 (4)）。

> 自分の考えを基に，書いたり話し合ったりするなどの表現する機会を充実し，自分とは異なる考えに接する中で，自分の考えを深め，自らの成長を実感できるよう工夫すること。

中学校では，次のようになる（「中学校学習指導要領」第3章 第3の3 (4)）。

> 自分の考えを基に，書いたり討論したりするなどの表現する機会を充実し，自分とは異なる考えに接する中で，自分の考えを深め，自らの成長を実感できるよう工夫すること。

表現する機会を充実させるためには，まず，子どもたち一人ひとりが自分の考えをもつことが重要である。子どもたちが，自分の考えをもつためには，少なくとも，発問において「何について考えるのかを明確に示すこと」が重要であり，「どの場面での，どの登場人物の，どのような行為や判断，動機などの何について考えるのかを的確に，具体的に」指示することが重要であるとされる（文部科学省，2008b，p.96）。

こうした発問の適切さをとおしてだけではなく，子どもたちは，他者の意見を聞くことをとおして，自己の考えを浮かびあがらせることがある。その意味で，自分の考えを述べる機会とともに，他の子どもたちがどのように考えているかを知る機会も重要である。他の子どもたちの考えを知ることに

よって，自分と同じように考えている人がいることを知ったり，異なる意見と自分の考えを比較することができるようになるだろう。

このように，話し合い活動は，普段ぼんやりと考えていることや，暗黙のうちに受け入れているルールなどを，他の子どもたちの発言によって，言葉が与えられる活動である。その意味で，話し合い活動は，自己のとらえ方をはっきりさせたり，自己の考えを変容させるはたらきがある。たとえば，授業の中で，「いのちは大切」と一般的に用いられる言葉を，自分はどのように理解しているのだろうか，と自己への問いが生まれ，他の子どもたちのとらえ方と自分の考えとの異なるところに気づき，自分の言葉で語ろうとする中で，自分のとらえ方の形が生まれるのである。

ここで重要なことは，知ることと語ることを分けるという見方である。言葉を発することは，情報として知ることや感じることとは異なり，自ら考えることをとおして，その考えにぴったりとあてはまる言葉をみつけることである。また，言葉を発することは，不透明でみえないもの，わからないものを切り分けていくことでもある。こうしてはじめて，自己のとらえ方に言葉が与えられる。言葉が与えられることによって，それでもいい尽くせないこと，語れないものが残る。

さらに，話し合い活動を充実させるためには，「自分とは異なった考えに接する中で学習が深まるということを，日ごろの経験を通して実感させるように努めること」が求められている（文部科学省，2008b，p. 96）。ここでいう学習の深まりとは，異なる意見が，自分の考えや道徳に関する理解の深まりに寄与することであり，それまでの自分の考えを深める場合や，それまでの自分の考えでは不十分であることに気づく場合などがある。

いずれにしても，これらのことは，言葉を発することによって生じることである。すなわち，「道徳の時間」は，道徳に関するぼんやりとした構えを言葉にすることによって，行為を意味づけ直し，語り直すという**分節化**を行うことになる。この分節化によって，子どもたちは，多層な価値観を知ることができ，テーマに接近することができる。こうして，ひとつの言葉に込められた多層な意味を教室の中で復元することが，「道徳の時間」の充実にかかわるのである。

そのため，「道徳の時間」において一人ひとりが発言しやすい場面を，授

業の中に組み込むことが重要である。たとえば，だれでも応えることのできる発問を行うことがあるだろう。あるいは，3，4人のグループをつくり，1グループに1枚のスゴロクとサイコロを用意して升目に記された問いに答えていく，というゲーム感覚を取り入れることによって，グループにおける意見の出し合いを活発にすることなども考えることができる。これらの試みは，だれもが参加できる活動を導入することによって，他者に向かって語るという状況を設定し，日ごろ気にしていない言葉や意味の違いに注意を向けさせることになる。

　また，「道徳の時間」において，自分の考えをワークシートに書くことがある。書くという行為は，ひとりで考えることであり，自分の考えを整理することにつながる。そのため，一人ひとりが道徳的価値と自己とのかかわりを確認することにつながるだろう。さらに，「道徳の時間」では，子どもたちがみずからの成長を実感するために，発言したことや書いた内容の変化を，子どもたち自身が知ることのできる必要がある。その意味で，教師は，子ども自身が自らの変化を知ることができる工夫をすることが求められている。

（4）いくつかの指導方法

　「道徳の時間」に生かす指導方法の工夫として，『小学校学習指導要領解説 道徳編』によれば，次のことがあげられている（文部科学省，2008b, pp. 87-89）。

　①資料を提示する工夫。これは，「道徳の時間」で使用する資料をどのように子どもたちに提示するか，資料提示の方法を工夫することである。
　②話し合いの工夫。これは，意見を出し合う，まとめる，比較するなど活動にあわせた話し合いを考えることである。話し合い活動には，机の位置など教室空間の使用も影響をあたえている。
　③書く活動の工夫。これは，書くために必要な時間を確保することや，子ども一人ひとりが自分の考えをみずから実感できることや，バラバラになった考えをまとめることができるように工夫することである。書く活動は，基本的に，個別活動の意味が強い。
　④表現活動の工夫。これは，考えを述べるだけではなく，身体を動かすことや劇をすることなども表現活動として工夫することである。

⑤板書を生かす工夫。板書は，ただ時系列に順序を示すだけではなく，比較を提示する書き方や内容を構造的に示す書き方など工夫することができる。
⑥説話の工夫。これは，教師がある意図をもってまとまった話をする際に用いる工夫である。たとえば，教師が体験談を話す場合に求められる工夫である。

　また，「道徳の時間」では，写真や絵画の比較をとおして考えることや，統計資料を用いて考えることも効果的である。なぜなら，視覚的に変化を確認することは，その変化の背景を考えるきっかけになりやすいからである。背景にある理由の探究は，道徳的価値につながっている。また，五感にふれる授業を展開することも効果的である。たとえば，匂いなど，普段は意識することのない香りを授業の中に取り入れることによって，目にみえないことや気づきにくいことについて考えることができるようになる。

　さらに，「道徳の時間」は，自己の生き方に深くかかわる内容のため教師一人によって深められるものではなく，さまざまなスタッフと協力することによって充実する。指導体制は，道徳の内容の深さと広がりに対応して考えることが重要である。全体計画，年間指導計画，各学級における指導計画などを作成する際は，「道徳の時間」における指導体制の充実や他の教師との協力的指導をあらかじめ計画に含めておくとよいだろう。

　「道徳の時間」における協力的指導については，「校長や教頭などの参加による指導，他の教職員とのティーム・ティーチングなどの協力的な指導を行うことや，指導内容によっては，養護教諭や栄養教諭などの協力を得ることが効果的な場合もあると考えられる。学校の教職員が協力して指導に当たることができるような計画づくり」を心がける必要がある（文部科学省，2008b, p.90），とされているように，学校にかかわるさまざまなスタッフの支えによって実施することを心がける必要がある。このような「道徳の時間」が実現するためには，各学校における通常の教育活動における教師の連携のあり方も重要になるだろう。

（5）教室の雰囲気

　これまでみてきたように，「道徳の時間」は，子どもたちの発言によって

成り立つ。そのため，活発な発言や，他の子どもたちの発言と異なる発言，さらに深めた発言など，多様な意見がでることによって，授業は活性化する。つまり，「道徳の時間」において，多様な意見の提案が，道徳的価値の追究や深まりにつながるのである。

　多様な意見がだされる場所とは，意見が言いやすい雰囲気の場所，日ごろからどのようなことでも声にすることのできる場所である。その意味で，「道徳の時間」に大きく影響を与えているのは，空間の雰囲気である。雰囲気には，普段の子どもどうしの人間関係なども反映されている。

　このように，「道徳の時間」の充実は，日ごろから営まれている学級経営に支えられている。「道徳の時間」を充実させる観点から考えると，普段から，できるだけ子どもたちにとって教室が安心できる空間であるようにしていく必要があるだろう。安心できる空間とは，教師の発問にだれもが応えることのできる空間であり，他の子どもの言葉に反応し，他の子どもが言葉にすることができ，子どもたちが見えている世界を述べることのできる空間である。

　このような安心できる空間であるためには，教室の一人ひとりがだれかから承認されているということが重要である。承認されている空間とは，どのような発言をしても，その存在は認められている空間のことである。いいかえれば，どのような発言をしても壊れることの少ない関係――尊重と信頼の関係――によって構成されている空間のことである。教室では，絶えまない生徒どうしによる承認，教師による承認によって，意見が言いやすい雰囲気をつくりだすことができる。

8-4　「道徳の時間」の授業者としての探究

(1) アプローチの多様性とその選択

　「道徳の時間」の授業者として教師に問われていることは，自身の問題意識は何か，ということである。いいかえれば，授業を行うにあたって，授業者である私の見方・考え方を精選することが求められているのである。精選する過程で，なぜこのような授業をしようと考えたのか，という授業者としての問題意識や視点が明確になる。「道徳の時間」は，さまざまな問題を取

り扱うことができるが、授業者としての問題意識を明確にもつことによっ
て、ぼんやりとした授業やなんでもありの授業からの脱出につながる。
　たとえば、「いのち」に関する授業を行う際、なぜ「道徳の時間」におい
て「いのち」を取りあげるのかを授業者として追究することが求められる。
ある授業者は、自分の身体の状態に左右されることなく生きることのできる
環境や、「薄く生きている」といった「生の希薄さ」を問題だと考えるかも
しれない。別の授業者は、死んでも生き返るなどの「有限な生」という感覚
が薄くなっていることを問題だと考えるかもしれない。なぜ、「いのち」な
のか、授業の主眼は何か、授業者が問題と考えていることやその背景は何
か、などの探究が、授業を深まりのあるものへと変化させる。このように、
授業者の問題意識が、「道徳の時間」における道徳の内容を位置づける文脈
になる。その意味で、「道徳の時間」は、教師一人ひとりの見え方、思考や
経験が現れる時間にもなる。「道徳の時間」において問われていることは、
教師自身がその問題に悩んでいるか、内容とどのようにつきあっているかで
ある。
　このように「道徳の時間」は、取りあげる内容が同じテーマだったとして
も、いくつものアプローチがある。そのために、授業者が最初に悩むこと
は、どのようにその問題を取りあげたらよいのか、どのように接近すればよ
いのだろうか、ということである。たとえば、生命尊重といっても、生命の
とらえ方によって、三つのアプローチを考えることができる。三つのアプ
ローチとは、いのち（life）に含まれる三つの意味に対応する。三つの意味
とは、生活、生きること、生命、である。生活からのアプローチの場合、日
常の経験・感覚に焦点をあてて、他者とのかかわりについて考えることに
なるだろう。生きることからのアプローチは、極限の生から生について考える
ことであり、生を燃やす、費やすといわれる出来事について考えることに
なるだろう。生命からのアプローチは、生命のしくみを知ることである。ここ
では、生物学的・医療的アプローチから生命に近づくことによって、身体の
立体的な見方や驚き・発見があるだろう。もちろん、これら三つは、重なっ
てもいる。
　また、アプローチを考える際には、いくつかのデータを参照することも有
益である。たとえば、いのちの大切さに関する調査（神奈川県教育委員会、

2008) をみると，4年生の子どもたちは，いのちは生き返ると思っているという結果がでている。また，いのちに関する子どもたちの自由記述（神奈川県教育委員会，2008，p.21）をみると，子ども（小学校3年生，5年生，中学校2年生）たちが，「いのち」と聞いて思いつくことは，「一つだけ」「しんぞう」といった記述がみられる。このように，子どもたちの言葉から，「いのち」に対する複数のアプローチを考えることができる。

　道徳の授業において，こうした複数のアプローチがあるからこそ，ますます授業者の問題意識が重要になる。たとえば，「いのちはひとつ」の意味を授業者はどのようにとらえているのか，が授業の展開に大きく影響を与えるのである。ここでは，ひとつという言葉は，「生命のしくみ」としてとらえることもできるし，「かけがえのなさ」としてとらえることもできる。どのようにとらえるかによって，授業の内容や方法が異なる。

　このように道徳の授業では，それぞれの内容に関するアプローチの方法，内容の位置づけは，授業者にゆだねられている。どのように問題に接近するか，どのような視点で進めていくかは，授業を構成する際の中心になることである。ここで問われていることは，取り扱うテーマに関する教師のとらえ方である。「道徳の時間」の深まりは，教授方法だけではなく，問題へのアプローチの多様さと，それを支える授業者の知的な理解によっても生まれるといえる。

（2）「道徳の時間」と社会の結びつき

　「道徳の時間」は，学校教育における教育活動であると同時に，学校外の価値や活動と結びついた時間である。その意味で，「道徳の時間」は，答えがない授業，あるいは答えが一つだけではない授業である。このことが授業者にとってやりにくさを感じさせる。しかし，ここに「道徳の時間」の特徴がある。

　「道徳の時間」の効果を，目に見える成果として毎回確認することはできない。そのため，「道徳の時間」は，何かができるようになることを評価するという視点からとらえるだけでは十分ではない。むしろ，子ども自身が，授業の中で取り扱った内容と出来事とを重ね合わせることができたときに，授業の意義が発生する。なぜなら，ある出来事とある出来事を重ねて考えた

り，子どもが解決できない問題であっても，自分自身の眼で見ようとする子どもを育てることが，道徳の授業の主要なねらいだからである。

　また，「道徳の時間」は，子どもたちだけの時間ではない。大人である教師にとっても，意味ある時間として現れなければ，「道徳の時間」の充実とはいえないだろう。そこで，大人である教師も，授業の中で取り扱う問題について考えることが重要である。このような思考が，授業を深まりのある展開へと導くのである。大人である教師も，道徳的価値や授業内容に関する深まりを求められている。つまり，教師の学び続ける姿が，「道徳の時間」を活性化させることにつながる。大人としてよりよく生きようとすることと，よりよい社会をつくろうとすることが，「道徳の時間」に深くかかわっているのである。

　異なる他者との出会いが日常化する中で，道徳の内容はますます重要になっている。さまざまな家庭や地域社会における正しさを暗黙のうちに身にまとっている子どもたち一人ひとりの正しさを，どのように，ともに住む者どうしの作法へ変換できるのか。「道徳の時間」は，そのような営みにかかわるものである。子どもたちの成熟した姿をイメージしながら道徳的価値のぶつかりあいや折り合いの悪さを取り入れた「道徳の時間」が必要ではないだろうか。このように，「道徳の時間」は，異なる他者とともに過ごす時間と場所を「ともに」考える時間として構想することが望まれる。

〔藤井佳世〕

【注】
1) いうまでもなく，「道徳の時間」は教科ではない。このことをどれぐらい意識しているかが，授業のとらえ方や進め方に影響を与えるだろう。

【引用・参考文献】
神奈川県教育委員会　別冊「『いのち』を大切にする心をはぐくむ教育　『いのち』についてのアンケート調査」　2008
文部科学省　『小学校学習指導要領』（平成20年3月告示）　2008a
文部科学省　『小学校学習指導要領解説　道徳編』　東洋館出版社　2008b
文部科学省　『中学校学習指導要領』（平成20年3月告示）　2008c
文部科学省　『中学校学習指導要領解説　道徳編』　東洋館出版社　2008d
永野重史　編　『道徳性の発達と教育——コールバーグ理論の展開』　新曜社　1985
大場つぐみ（原作）・小畑　健（漫画）　『DEATH NOTE』1巻　集英社　2004

第9章

体験学習による道徳指導の充実

9-1　道徳教育における体験学習の意義

(1) 体験から学ぶことと体験学習

　私たちは生活の中でさまざまな体験をしている。たとえば，道を歩いていたら横から急に飛び出してきた自転車とぶつかったことがひとつの体験として語られたりする。しかし，毎朝食事をとることを体験として語る人はいない。このように体験は，当事者に強い印象をもたらす非日常的で一回性のエピソードである。

　近年，子どもたちの日常生活において人間関係が希薄化していたり，都会の人工的な環境に取り囲まれていたりすることから，大人の世代では当然経験しているような体験が子どもたちに不足していることが問題にされている。たとえば，地域社会の大人や異年齢の子どもたちと交流したり，自然や生き物と触れ合ったりする体験の少なさと，子どもたちの道徳性が未熟で「生きる力」が失われていることとの間に相関関係があるといわれたりする。そのため，学校教育において子どもたちの「生きる力」を育み，道徳性を育成するために，職場体験活動やボランティア活動などの社会体験，および自然体験を充実させることが求められている。

しかし，子どもたちに体験活動さえさせれば，「生きる力」や道徳性が育まれるであろうか。たしかに体験がその人の生き方や考え方に強い影響を及ぼす場合もあり，体験それ自体が教育効果をもつ場合も考えられる。しかし，体験の受けとめ方の個人差は大きく，偏った受けとめ方をしてしまうこともあるため，ただ体験をさせるだけでは教育的にマイナスの効果をもたらす可能性もある。したがって，学校の教育活動の一環として体験活動を通じて道徳性を育成しようとする場合には，事前に体験活動の目的を子どもたちに周知させることと，事後に体験活動を振り返って反省させることが不可欠であろう。

　では，一般的な意味での「体験から学ぶ」ことと，学校の教育活動として行われるいわゆる「体験学習」の違いはどこにあるのであろうか。「体験から学んだ」という場合，その人が事前に何かを学ぼうとする意図をもって活動したわけではなく，活動の結果，失敗した体験を後から振り返ることによって何らかの教訓を得たことを指していることが多い。このような体験の振り返りを行う動機は，何らかの目標を達成したい，あるいはよりよくなりたい，といった学習者個人の目的やその目的達成に向かう意欲であろう。これに対して，いわゆる「体験学習」の場合には，教師や指導者が子どもたちに成功体験をさせることで子どもたちに自信をつけさせることを目的とすることが多い。そのため事前に計画をたて，どのような体験をさせ，何を感じとらせるかあらかじめ想定したうえで体験活動を実施する。したがって，子どもたちの大多数が同じように感じとることができ，何度行っても同様の成果が得られるような活動が選ばれることとなる。これは，学校教育が意図的，計画的に行われるべきものであることからくる必然的な結果であろう。

　以上のことを整理すると，「体験から学ぶ」場合，学習を導く主体は学習者自身にあり，対象となる体験は過去の個別的で一回性の体験で，失敗から学ぶことが多い。これに対して，いわゆる「体験学習」では，教師が主体となって計画，指導し，対象となる体験は事前に計画，準備された集団で行う反復可能な体験で，成功体験をさせることで子どもたちに自信をつけさせようとすることが多い。

　では，学校教育における体験学習からは個別性，一回性の強い「体験から学ぶ」側面は排除されるべきであろうか。いわゆる「体験学習」では，あら

表9-1　「体験から学ぶ」ことといわゆる「体験学習」の違い

	「体験から学ぶ」	いわゆる「体験学習」
学習を導く主体	学習者（目的・意欲）	教師（計画・指導）
対象となる体験	過去の体験	事前に計画，準備された体験
主な学習目的	失敗から学ぶ	成功体験から自信をつける
体験の特性	個別性・一回性が強い	集団性・反復可能性が強い

かじめ構成された集団的な体験であるがゆえに，日常生活の場面とはやや異なったものになりやすい。そのため，子どもたちが体験活動を通じて一定の道徳的価値に気づいたとしても，それはあくまでもきっかけであって，日常生活に生かされてはじめて体験した内容に意義が生じることになる。これに対して，「体験から学ぶ」場合には，学習者自身の生活の中で体験した内容であるがゆえに，適切な反省が行われれば，即，生活の中で役立てることができる。そこで本章では，意図的，計画的に行われる集団的な体験活動を通じた学習だけでなく，子どもたち一人ひとりの過去の体験を反省させることで生じる学習も含めて「体験学習」とよぶことにする。したがって，本章における体験学習とは，教育者の意図的，計画的な教育活動のプロセスに学習者の個別的あるいは集団的な体験を組み込むことである。このようにとらえることで，体験学習に体験のもつ一回性の強い影響力と教育の意図や計画性の両方を取り入れることができる。

(2)「豊かな体験」とは

　中学校学習指導要領の「第1章 総則　第1 教育課程編成の一般方針」では，道徳教育を進めるにあたって，「職場体験活動やボランティア活動，自然体験活動などの豊かな体験を通して生徒の内面に根ざした道徳性の育成が図られるよう配慮しなければならない」とされている。その背景には，現代の子どもたちに，社会体験や自然体験，親や教師以外の地域の大人や異年齢の子どもたちとの交流といった直接体験の場が不足している，という問題意識がある。だが，例にあげられた職場体験活動，ボランティア活動，自然体験活動の何をもって「豊かな体験」といっているのであろうか。また，このような子どもたちに不足しているといわれる体験を補充することで，子ども

たちの体験が豊かになり，道徳性が育まれるのであろうか。

　まず，学習指導要領において「豊かな体験」の例としてあげられた職場体験活動，ボランティア活動，自然体験活動では，現代の子どもたちの日常的な体験で接触する機会が少ない大人や異年齢の子ども，自然と接触する機会がある。したがって，接触対象に多様性があるといえよう。そして，接触対象との関係のあり方についても，子どもたちの日常生活では親や教師から世話をしてもらうことが多いのに対して，職場体験活動やボランティア活動では他人の世話をするなど，他人の役に立ったり必要とされたりする機会がある。このように，接触対象との関係のあり方についても多様性があるだろう。

　学習指導要領では，このような接触対象の多様性や接触対象との関係のあり方の多様性をもって「豊かな体験」とよんでいると思われる。そして，子どもたちの日常生活における接触対象や接触対象との関係性の狭さや偏りを解消することは，それ自体意義のあることだと考えられる。しかし，それに加えて，現代の子どもたちの体験内容の狭さや偏りの問題についても考慮に入れる必要があるだろう。たとえば，成功体験か失敗体験のどちらかに偏った体験をしている子どもたちや，人間関係において親密な関係，対立関係，孤立状態のいずれかに偏った体験をしていて，対立の修復や利害の調整をうまく行うことが困難な子どもたちが増えている。それゆえに，失敗体験を克服して成功体験に至ったり，人間関係において対立関係を克服して親密な関係を築いたりするといった体験内容の豊かさについても配慮する必要がある。

　また，体験学習の事前計画によって体験における接触対象や関係性，体験内容の豊かさを追求するだけではなく，事後の反省活動によって体験をより豊かなものにすることも重要な課題であろう。なぜなら体験は，その当事者に強い印象をもたらすものであるがゆえに，受けとめる側の主観性が強まりやすく，狭くて偏った受けとめ方になりがちだからである。このような体験のもつ主観性の強さやその受けとめ方の狭さ，偏りを解消し，体験の受けとめ方をより豊かなものにするためには，体験の受けとめ方を互いに表現し，理解し合うことが大切である。特に，学校教育に意図的，計画的に組み込まれる集団的な体験活動では全員が同じ体験を共有しているがゆえに，体験した内容を表現し合うことで，自分と他人の受けとめ方の共通点と相違点を確

認しやすい。したがって事後の反省活動では，子どもたちが体験した内容を自分で確認するだけにとどまらず，互いに表現し合うことで他人と共通する受けとめ方に共感させるとともに，自分では気づかなかった受けとめ方に気づかせるよう配慮するとよい。それによって，他者に共感する態度を育てるとともに，多様な価値観や考え方を受け入れられる寛容さや視野の広さを育てることができるであろう。

　以上をまとめると，体験の内容をより豊かなものにするには，計画段階において体験の接触対象や接触対象との関係のあり方に関する多様性を確保することに加えて，活動中の失敗や人間関係のトラブルを教師や子どもたちが当然のものとして受けとめて克服に向けて努力することで体験内容の多様性を確保すること，そして事後の反省活動において体験の受けとめ方の多様性を確保することが大切である。

（3）体験学習の課題と習慣形成の必要性

　現在，道徳教育に関連づけて行われている体験学習には，体験それ自体が道徳的価値を志向するものと，体験をとおして道徳的価値の自覚が図られるものとがある。体験それ自体が道徳的価値を志向する活動の例としては，構成的グループエンカウンターやモラルスキルトレーニングといった一般に道徳の時間に実施される活動があげられる。体験をとおして道徳的価値の自覚が図られる活動の例としては，職場体験活動やボランティア活動，自然体験活動など，一般に特別活動や総合的な学習の時間に実施される活動があげられる。

　構成的グループエンカウンターやモラルスキルトレーニングの詳細については次節で述べるが，教室内でそれほど多くの準備を必要とせずに実施でき，読み物資料を読んで発問に答えるだけの道徳授業のマンネリ化を改善できることから道徳授業への導入が進んでいる。構成的グループエンカウンターのゲーム的活動やモラルスキルトレーニングのロールプレイングは，一定の条件のもとに設定された人間関係の体験を行わせることで，子どもたちに道徳的価値の大切さを実感させることを目的としている。そして，構成的グループエンカウンターでは体験を通じて感じた内容を互いに表現し合い，受け入れ合うシェアリングという活動が，モラルスキルトレーニングでは

ロールプレイングで行った活動のよさを賞賛し合う活動や日常生活での応用の状況を記録させる**フィードバック**という活動が，それぞれ反省活動として含まれている。

また，職場体験活動やボランティア活動，自然体験活動は，実際の人間関係の中で体験活動が行われ，子どもたちの日常的な経験において不足する人間関係のあり方などの体験を補充する効果を期待することができる。そして，実際の人間関係の中で学んだ内容は子どもたちに強い印象をもたらすがゆえに，その後の日常生活においても子どもたちの考え方や行動に影響をもたらす可能性が高いであろう。

このように道徳教育に体験学習を導入することで，子どもたちにより道徳的価値の大切さを実感させ，子どもたちの考え方や行動によい影響をもたらす可能性は高い。しかし，いずれの場合も，体験活動を通じて学んだ内容を子どもたちが実生活に応用して実践しながら道徳的行動を身につけさせる指導過程までは含まれていない。そのため体験学習の後，しばらくの間は子どもたちの言動によい変化がみられたとしても，それが定着せず，一過性のものに終わってしまう可能性も高いであろう。そして，体験活動の内容が非日常的で子どもたちに強い印象をもたらすものであればあるほど，日常生活とのギャップからその体験活動による影響は一過性のものになりやすい。

体験学習の成果を一過性のもので終わらせないためには，体験活動を通じて学んだ内容を子どもたちが実生活に応用して実践し，その結果を表現し合い，互いに理解し合う活動を繰り返すことで，道徳的な行動を習慣化する指導過程を確立することが必要である。ドイツの哲学者ディルタイ（W. Dilthey: 1833-1911）は，体験と理解の相互依存関係により，体験における「主体のとらえる狭さからおこる欠陥は是正され，体験自体は他の人たちを理解することによって広くなり，完全なものになる」（Dilthey, 1958／尾形訳, 1981, p. 95）と述べ，体験・表現・理解を循環することで理解を深めるべきことを論じている。このような体験・表現・理解の循環を通じて習慣形成を行う方法を確立することで体験学習を道徳教育の中に明確に位置づけ，体験学習をより効果的なものにすることが可能となる。

(4) 道徳的習慣形成の体験学習

では，体験学習は道徳教育の中にどのように位置づけられるべきであろうか。まず，わが国の道徳教育の基本的な考え方の特徴と課題について明らかにした後，その課題を克服するひとつの方法として，道徳的習慣形成の体験学習の方法を提示したい。

わが国の道徳教育の特徴と課題　わが国の道徳教育の基本的な考え方の特徴と課題については，1990年代以降アメリカで行われている**人格教育**（character education）の第一人者であるリコーナ（T. Lickona：1943- ）の考え方と対比することで明らかになる（2-2節(4)と4-3節(2)も参照）。人格教育は，民主主義社会の基盤となる尊重と責任を基礎学力とともに習得すべき道徳的価値の中核におき，それらを実践的に身につけさせようとする教育運動である。

まず，わが国の道徳教育では道徳性の育成をめざしているのに対して，リコーナの人格教育では人格の形成をめざしている。『中学校学習指導要領解説 道徳編』によれば，道徳性とは「人間としての本来的な在り方やよりよい生き方を目指してなされる道徳的行為を可能にする人格的特性であり，人格の基盤をなすもの」である（文部科学省，2008, p. 16）。これに対して人格とは「効力ある価値観（operative values）」，すなわち実践されている価値観であり，道徳的認識・道徳的感情・道徳的行為の三つの部分からなる。したがって，道徳性が身についているかどうかは，「私は道徳的行為を行いたい」あるいは「私は道徳的行為を行うべきだ」という考えの表明によって推測することしかできないのに対し，人格が備わっているかどうかは，すでに道徳的行為が継続的に実践されていること，すなわち習慣化されていることによって確認される。また，人格は道徳性だけではなく，学業や職業において成功するために必要とされる能力や資質をも含む包括的な概念である。

次に，わが国の道徳教育では，子どもたちの道徳性を育成するために，子どもたちに特定の道徳的価値に気づかせ，その結果を日常生活の実践に活かせるよう促すことに主眼がおかれている。これに対して，リコーナの人格教育では，人格は習慣によって成り立つことから，子どもたちに人格について考えさせ，人格的な行動をさせて習慣づけることに主眼がおかれている。こ

のことから，わが国の道徳教育には，子どもたちが道徳的価値に気づいてその大切さを理解すれば実践できるはずである，という「わかればできるはず」という考え方がその根底にあるといえよう。この考え方のもとをたどれば，真の知に至れば徳のある人間になれると考えたソクラテスの思想につながる。これに対して，リコーナの人格教育には，道徳的行動を実践させればその意義がわかり，その行動が習慣化されるはずである，という「やってみればわかるはず」という考え方がその根底にある。この考え方のもとをたどれば，徳とは行為している状態のことであり，実践することで獲得されると考えたアリストテレスの思想につながる。

「わかればできるはず」という考え方を道徳教育の実践に適用すると，「道徳的行動の意義（道徳的価値）を理解させれば，子どもたちはそれをやってみようと思うはず」と考えることになろう。そして「やってみればわかるはず」という考え方は，「道徳的行動を実践させてその結果を反省させれば，子どもたちはその道徳的行動の意義を理解するはず」と考えることになろう。ここでは，道徳的価値の理解が先か道徳的行動の実践が先かについては問題ではない。ディルタイの体験・表現・理解の循環の考え方を適用すれば，道徳的行動の実践（体験）と道徳的価値の理解とは反省活動（表現）を間に挟んで循環する関係にあることが望ましい。

したがって，体験活動は1回で終えるべきではなく，事前に活動の目的や意義を理解させたうえで体験活動を実施し，反省活動を通じて活動の成果を評価して残された課題を確認させながら，さらなる体験活動につなげていく形で一定期間継続して行われることが望ましい。そして，体験活動，反省活動，道徳的価値の理解の三つの活動の循環を通じて道徳的習慣を形成する一連の学習活動全体を広義の体験学習ととらえるべきである。

また，習慣形成の観点からみれば，体験活動には構成的グループエンカウンターやモラルスキルトレーニング，職場体験活動やボランティア活動，自然体験活動といった非日常的活動だけではなく，日常生活の中での実践も含めるべきである。そして，構成的グループエンカウンターやモラルスキルトレーニング，職場体験活動やボランティア活動，自然体験活動といった体験学習は，子どもたちに強い印象をもたらすことから，日常生活の中で道徳的行動を実践し，習慣化するためのきっかけとして用いるとよい。

道徳的習慣形成の体験学習の方法　習慣形成の学習活動については，具体的には次の手順で行うとよいであろう。

①認識：道徳的習慣について教師が模範を示すか，模範となる人物の行動・習慣を紹介する。

　家庭においても，学校においても，子どもたちは信頼する大人の行うことをまねて行動する傾向が強い。したがって，子どもたちにだけ習慣を身につけることを強要しても，大人がその習慣を実践していなければ，子どもたちがよい習慣を身につけることは難しい。まず，大人自らがその習慣を実践して模範を示すことが大切である。大人自身がまだ身につけていない習慣を子どもたちに身につけさせようとする場合には，大人も子どもたちとともにその習慣を身につける努力をするべきである。

②受容と自覚：理想像として受容させ現状の問題と道徳的習慣の意義を自覚させる。

　子どもたちが提示されたよい習慣を受け入れ，「やってみよう」と思うようになったら，まず，子どもたちの現在の行動習慣と道徳的習慣とを比較させ，それぞれの行動を続けた場合にどのような結果につながるか，イメージさせる。これによって，子どもたちに現在の行動を修正してよい習慣を身につける必要性を理解させる。そして，よい習慣を身につけた結果，自分はどのようになりたいのか，未来の自分の姿をより具体的にイメージさせ，自分が到達したい理想像を明確にさせる。

③目標設定：実現可能な行動目標と評価基準を設定させる。

　いつ，何を，どのように行うのか，具体的な実行計画と実現可能な目標を定め，その目標に到達できたかどうかを判定する評価基準を定める。実行計画と評価基準の決定に際しては，教師や親だけではなく，子ども自身も参加させるべきである。それによって子どもたちに責任感や主体性が育成される。

④実践：教師，仲間，家族が協力し，支援する。

　子どもたちが習慣を身につけようと努力している期間には，大人も特に意識してその習慣を実践し，模範を示すことが大切である。そして，子どもたちがその習慣を持続できていることを褒めて，よい習慣を奨励する雰囲気づくりに努めるべきである。学校や地域社会において期間と目標を定め，その目標を最もよく達成できた子どもを表彰することも，道徳的習慣を奨励する

図9−1 道徳的習慣形成と体験活動の関係

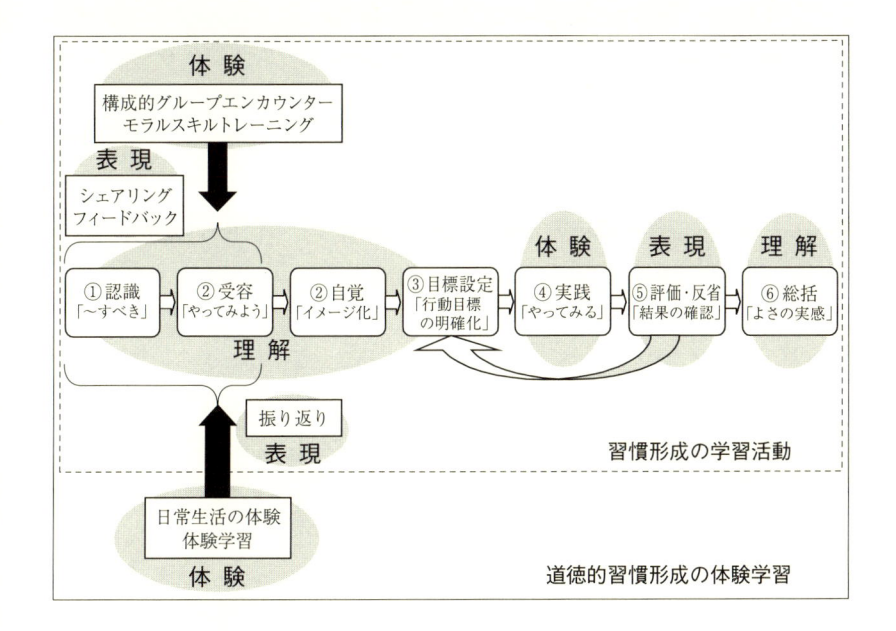

```
体　験
  構成的グループエンカウンター
  モラルスキルトレーニング
表　現
  シェアリング
  フィードバック

①認識      ②受容       ③自覚        ④目標設定      ④実践      ⑤評価・反省   ⑥総括
「〜すべき」 「やってみよう」「イメージ化」 「行動目標     「やってみる」「結果の確認」 「よさの実感」
                                    の明確化」
                  理　解                      体　験      表　現       理　解

            振り返り
             表　現
  日常生活の体験
  体験学習                                              習慣形成の学習活動
  体　験                                       道徳的習慣形成の体験学習
```

雰囲気づくりに役立つ。

⑤評価・反省：目標達成度と成果，課題を明確化し，新たな目標を設定させる。

　子どもたちに，自分の行動の結果について定められたルールに従って評価させ，反省をさせる時間を定期的にもつことが必要である。計画どおりに実践できていない場合には，その理由と，実践できるようにするための方法を考えさせる。必要であれば，教師や親が助言，指導を行ったり，行動計画やルールの修正について子どもたちと話し合ったりしてもよい。

⑥総括：身につけた道徳的習慣について振り返り，よさを実感させる。

　総括の際には，その行動を習慣化したことで子どもたちの生活や考え方がどのように変わったか，についても反省させ，その習慣のよさを実感させる。

　以上の手順を①→②→③→④→⑤→③→④→⑤→③→④→⑤→……と繰り返した後，⑥の総括としての評価・反省を行い，身につけた習慣のよさを実感

させることで，道徳的習慣を形成することができると考えられる。このような，子どもたちが道徳的価値に気づき，習慣化するまでのプロセスと体験学習の関係とをあわせて図式化して整理すると図9-1のようになる。

　この図では，まず「道徳の時間」に日常生活の体験や職場体験活動，ボランティア活動，自然体験活動の振り返り，あるいは構成的グループエンカウンターやモラルスキルトレーニングのシェアリングやフィードバックの活動を通じて，その道徳的価値を「認識」させ，子どもたちに自分の問題として「受容」させる。このときに，子どもたちが客観的に「～すべきである」と受けとめるだけではなく，自分の問題として受けとめさせることで，「やってみよう」と思うところまで理解を深めさせることが大切である。詳細は次節で述べるが，読み物資料を用いた道徳授業であれば，一般論や他人事として考えさせるのではなく，子どもたちが自分の問題として受けとめさせたり，自分自身の体験を振り返らせたりできるよう発問を工夫する必要がある。また，構成的グループエンカウンターやモラルスキルトレーニングを行う場合には，その体験を通じてどのような道徳的価値に気づかせるのか，という体験学習の目的を事前に子どもたちに意識させたうえで実施し，事後のシェアリングやフィードバックといった反省活動では，体験を通じてその道徳的価値の大切さについて一人ひとりが実感した内容を表現させることが大切である。

　こうして子どもたちがその道徳的価値の大切さを十分に実感し，「やってみよう」と思ったところから，習慣形成の学習活動をはじめるべきである。その次に子どもたちによい習慣を身につけた自身の姿を明確にイメージさせることで，その習慣を身につける必要性を「自覚」させる。そして，身につけようとする習慣について具体的な行動目標を明確にさせる。そして，日常生活の中で実践してその成果を評価し，反省する活動を一定期間の中で繰り返すことになる。一定期間の実践の後，総括として子どもたちが身につけた習慣のよさを確認させて実感させることで，その後の習慣の継続につなげていく。このようなプロセスの中で，図9-1に示したように体験・表現・理解の循環をさせながら習慣形成を行っていく。それによって道徳的価値の理解についても「認識」「受容」「自覚」段階の知的な理解から「総括」段階の実感に基づく理解へと深化することになる。

このように，従来の「道徳の時間」の学習活動と日常生活での体験や体験学習を含めた教育活動全体を道徳的習慣形成の体験学習ととらえることで，それぞれの教育活動の効果と全体としての道徳教育の効果をより高めることができるであろう。このような体験学習のとらえ方をもとにして，次節では，学校の教育活動全体を通じて行われる道徳教育の要となる「道徳の時間」と体験学習との連携のあり方について説明する。

9-2　「道徳の時間」と体験学習の連携

（1）読み物資料を用いた授業における体験学習

　『中学校学習指導要領解説　道徳編』によれば，本来「道徳の時間」は「各教科，総合的な学習の時間及び特別活動などで学習した道徳的諸価値を，全体にわたって人間としての在り方や生き方という視点からとらえなおし，自分のものとして発展させていこうとする時間」である（文部科学省，2008, p. 31）。しかし，学校現場の実態として，学習指導要領に示された道徳の内容項目を一つひとつ取り上げて，その道徳的価値に気づかせることに終始しがちな傾向がみられる。しかも，2008（平成20）年告示の学習指導要領改訂により，内容項目については「各学年においてすべて取り上げること」が明記されたために，この傾向はいっそう強まるおそれがある。もちろん，まだ道徳的価値に気づいていない子どもたちには，道徳の内容項目を一つひとつ取り上げてその道徳的価値に気づかせることが必要な場合もある。しかし，子どもたちの実態として，道徳的価値について知ってはいるが実践できていない場合も多い。したがって，「道徳の時間」には，子どもたちに道徳的価値に気づかせるだけではなく，それを自分たちの問題として受けとめさせ，具体的な行動目標をたてさせるところまで指導することが理想である。

　ところが，「道徳の時間」に用いられている読み物資料の教師用指導書に示された発問例は文章の読解のための発問が中心で，道徳的価値についても，主人公の立場から客観的に考えさせるものになっていることが多い。そのため，教師用指導書を参考にして「道徳の時間」の授業を行うと，子どもたちは読み物資料の文章の中から発問の正解を探そうとしてしまいがちであ

る。その結果，自分の問題として考えを深めることなく，「～すべきである」という客観的な道徳的価値の理解で終わってしまう。

　この問題を改善するためには，教師みずからが心を動かされるような教材を探して授業をつくり，子どもたちの心をゆさぶる方法も考えられるが，道徳教育に熱心に取り組む一部の教師を除けば，「道徳の時間」の指導にそれほど多くの時間と労力を割くことは現実的ではない。そこで，読み物資料を利用しながら発問を工夫することで，子どもたちに道徳的価値にかかわる自分のこれまでの体験を振り返らせることで自分の問題として考えさせ，具体的な行動目標をたてさせる指導案づくりの方法を提案したい。

① ねらいとする道徳的価値に則して子どもたちにできるようになってほしい具体的な行動目標を学習のねらいとする。たとえば，「感謝」について扱いたいのであれば，ただ「感謝の気持ちをもつこと」だけがねらいではなく，「感謝の気持ちを言葉や態度で表現できるようになること」をねらいとすべきである。

② 子どもたちに自分のこれまでの体験を振り返らせて現状の問題点に気づかせる発問を考える。たとえば，「これまでに『ありがとう』と言えなかったことがあるか」，「そのとき自分はどのように感じたか，そして相手はどのような態度だったか」といった発問が考えられる。

③ その問題点をそのまま放置すれば将来自分は，あるいは社会はどうなるか，そして，行動目標を達成すれば将来自分は，あるいは社会はどうなるか，についてイメージ化させる発問を考える。たとえば，感謝の気持ちを表現する「ありがとう」という言葉を子どもたちが家庭や学校であまり使っていない，とすれば，「誰も『ありがとう』と言わないとどんな学級になるだろうか」，そして「『ありがとう』を言わないまま大人になったら自分はどのような人生を送るだろうか」といった発問が考えられる。また逆に，「『ありがとう』という言葉がたくさん交わされるとどんな学級になるだろうか」，そして「いつも『ありがとう』と言える自分になったらどのような人生を送るだろうか」といった発問も考えられる。

④ 子どもたちに気づかせたい点に焦点をあてて資料を読ませるとすれば，資料のどの部分を中心に理解させればよいかを考える。中心的に理

解させたい部分については発問して考えさせてもよいが，それ以外については教師が解説することで読解の発問を極力少なくしたい。
⑤　①〜④の発問や活動をもとにして指導過程を組み立てる。一例として，②の発問は導入段階の発問とし，展開前段に④の資料の理解，展開後段に③の発問を入れ，終末段階で①の行動目標について具体的に考えさせる，という形式が考えられる。

　この形式の道徳授業の場合，読み物資料は子どもたちに自分の体験を振り返らせるためのきっかけとして用いられており，ほとんどの発問にいわゆる「正解」が存在しない。そのため，子どもたちは自分の体験を振り返りながら，自分の言動の結果が自分の周囲の人々や社会に及ぼす影響，そして自分の言動の積み重ねが将来の自分の人生に及ぼす影響について自由に想像力を働かせて，自分の意見を表現することができる。そして，互いに意見を表現し合うことで，自分と他人の受けとめ方の共通点に共感させるともとに，相違点に気づかせて想像力の幅を広げることができる。

　ここで，自分の言動の結果が自分の周囲の人々や社会に及ぼす影響についてイメージする力を空間的想像力，自分の言動の積み重ねが将来の自分の人生に及ぼす影響について想像する力を時間的想像力とよぶことにする。さまざまな内容項目についてこのような形式の授業を繰り返し行うことで，空間的想像力と時間的想像力を子どもたちに身につけさせることも，この形式の授業のねらいのひとつである。このような道徳授業を継続的に実施することで，子どもたちが空間的想像力と時間的想像力を身につけ，その思考方法を習慣化することができれば，生活の中で自分の言動が周囲の人々や社会に及ぼす影響や，その言動の積み重ねが自分の将来に及ぼす影響を考えたうえで行動できる思いやりや思慮深さを身につけるであろう。

　また，この形式の道徳授業では子どもたちに具体的な行動目標をたてさせるが，その行動目標を習慣化する活動については特別活動などと連携して行う必要がある。この点については（3）の「他の教育活動における体験学習との連携」で説明することにする。

（2）教室内で行える体験活動の導入

　道徳の時間に教室内で行える体験活動の例として，構成的グループエンカ

ウンターやモラルスキルトレーニングがあげられる。ここでは構成的グループエンカウンターとモラルスキルトレーニングの体験活動の特徴と，道徳の時間にこれらの体験活動を導入することの意義について説明する。

構成的グループエンカウンター　構成的グループエンカウンター（Structured Group Encounter）では，**エクササイズ**とよばれるグループで行うさまざまな課題が用意されている。このエクササイズを通じて自分の本音を互いに表現し合い，それを認め合う体験を子どもたちにさせることで，子どもたちの人間関係を築くスキルと自己肯定感を高めることができるようになっている。ただし，一般的に，構成的グループエンカウンターのエクササイズは集団活動を通じてよりよい人間関係を形成することに主眼がおかれているため，道徳の時間よりも特別活動の時間にふさわしい活動が多い。そのため，エクササイズの活動自体は子どもたちが楽しめるものであるが，道徳の時間の学習のねらいにあったエクササイズを用いなければ，何を学んだのかわからないままに終わってしまいがちである。

構成的グループエンカウンターのエクササイズを導入することで体験を通じて実感させられると思われる道徳的価値としては，個性の伸長・異なる意見の尊重・思いやり・生命の尊重・集団生活の向上などがあげられる。しかし，エクササイズを行うだけで子どもたちがこれらの道徳的価値に気づくわけではないことに注意すべきである。読み物資料などを用いた道徳授業の導入や展開の学習活動の一部としてエクササイズを導入することで，ねらいとする道徳的価値を子どもたちが体験的に実感できるように授業を組み立てることが大切である。

ここでは一例として，互いに助け合うことの大切さを体験させることができる「あなたは誰？　私は誰？」というエクササイズを紹介する。このエクササイズでは，まず子どもたちを1つの輪になるように並べてから，輪の中心に向かって左側を向かせる。そして，一人ひとりに動物などの絵が描かれた紙を配り，前の人の背中に洗濯ばさみなどでその紙をとめさせる。そのとき，何の絵が描かれているかしゃべらないように注意しておく。全員の背中に紙がつけられたら，しゃべらずにジェスチャーだけで自分の背中の紙に書かれている絵と同じ絵の紙が背中についている人を探させる。同じ絵の人

が見つかったらグループになって他の同じ絵の人を探す。同じ絵の人がすべてグループになったら終了となる。その後，グループごとに感じたことを率直に語り合うシェアリングを行う。

モラルスキルトレーニング モラルスキルトレーニング (Moral Skill Training) は，コミュニケーション技術を向上させる訓練法であるソーシャルスキルトレーニングをより道徳教育に関連づけ，道徳的な技能を高める訓練法である。道徳の読み物資料を用いながら行うモラルスキルトレーニングの基本パターンとして次のようなものが示されている。

① 資料の提示：最初に読み物資料を提示する。
② ペアインタビュー：読み物資料の登場人物になって二人組で互いにインタビューしあう。
③ ロールプレイング1：読み物資料のある場面を実際に演じてみる。その際，シナリオどおりに演じるのではなく，読み物資料の状況設定の中で子どもたちが自由に演じてよいこととする。
④ シェアリング：ロールプレイングの感想などを話し合わせて，良い行動方法を強化させ，悪い部分を修正させる。
⑤ メンタルリハーサル：別な場面についてイメージさせ，その場面で自分はどう行動するか考えさせる。
⑥ ロールプレイング2：イメージした行動を演じさせる。③，④を通じて身につけたスキルを一般化させる。
⑦ シェアリング：ロールプレイングの感想などを話し合わせて，良い行動方法を強化させ，悪い部分を修正させる。
⑧ 課題の提示：身につけたことを日常生活の場面で実践する課題をだす。

この基本パターンを実施することで，子どもたちは日常生活での自分の言動の問題点について客観的にみつめ直し，ロールプレイングを通じてよりよい言動を体験することができるようになっている。モラルスキルトレーニングを導入することで，体験を通じて実感させられると思われる道徳的価値としては，礼儀・思いやり・親切・感謝・友情・助け合いなどがあげられる。なお，モラルスキルトレーニングを実施するにあたっては，教師が正しい行

動の仕方を教え込むのではなく，子どもたち一人ひとりが話し合いを通じてさまざまな行動の仕方を考えたうえで，よりよい方法をみずから選択できるように配慮する必要がある。それによって，子どもたちにいわゆる正しい行動の仕方をただ単に教え込むのではなく，さまざまな行動の仕方がもたらす影響について道徳的に考える習慣を身につけさせることが大切である。

体験活動を導入する利点　　道徳の時間に構成的グループエンカウンターやモラルスキルトレーニングを導入することの利点として，先に述べたように教室内で多くの準備を必要とせずに実施でき，読み物資料を読んで発問に答えるだけの道徳授業によるマンネリ化を改善できることももちろんあげられるであろう。しかし，道徳の時間の本来の目的である道徳的価値に気づかせて実践へと向かわせることを見失ってしまえば，単なるゲーム的な活動に終わってしまうことになる。構成的グループエンカウンターやモラルスキルトレーニングを道徳の時間に導入することの本来の意義は，体験活動を通じて道徳的価値の大切さを実感させる点にあることに留意すべきである。

　また，これらの体験活動が道徳の時間に効果的に導入されたとしても，子どもたちが道徳的価値に気づいてそれを自分の問題として受けとめ，実践してみようと思う段階にとどまり，それを日常生活での実践において習慣化する活動は不十分である。したがって，特別活動など他の教育活動との連携を図ることで道徳の時間に学んだ道徳的価値を日常生活の中で実践し，習慣化することが必要である。

（3）他の教育活動における体験学習との連携

　学校の教育活動全体を通じて行われる道徳教育と「道徳の時間」との関係については，中学校学習指導要領「第1章 総則　第1の2」では「学校における道徳教育は，道徳の時間を要として学校の教育活動全体を通じて行うものであ」ると規定されている。そして，「第3章 道徳　第1」では「道徳の時間」においては「各教科，総合的な学習の時間及び特別活動などにおける道徳教育と密接な関連を図りながら，計画的，発展的な指導によりこれを補充，深化，統合し，道徳的価値及びそれに基づいた人間としての生き方についての自覚を深め，道徳的実践力を育成する」とされている。しかし，

図9-2 「道徳の時間」と他の教育活動との連携

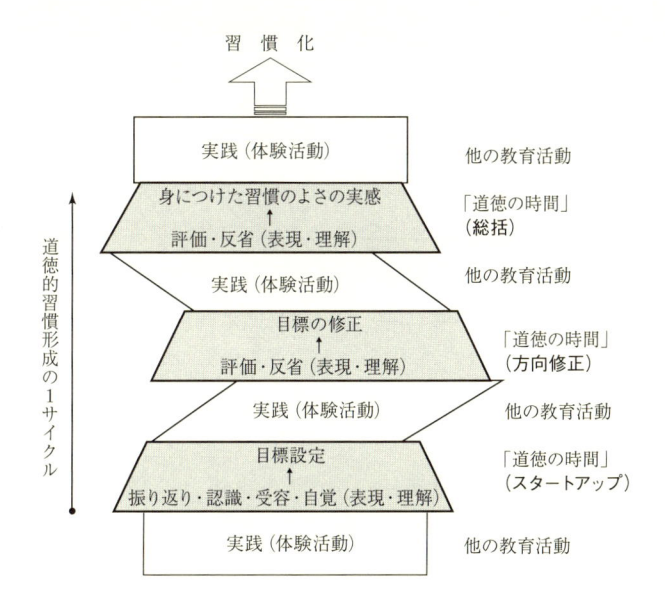

```
                        習 慣 化
                          ↑
          ┌─────────────────────────┐
          │     実践（体験活動）      │    他の教育活動
          ├─────────────────────────┤
           \  身につけた習慣のよさの実感 /    「道徳の時間」
            \       ↑            /     （総括）
             \ 評価・反省（表現・理解）/
              ├───────────────┤
              │  実践（体験活動）  │      他の教育活動
             /─────────────────\
            /     目標の修正      \      「道徳の時間」
           /        ↑             \    （方向修正）
          /  評価・反省（表現・理解）  \
          ├─────────────────────────┤
          │     実践（体験活動）      │    他の教育活動
         /───────────────────────────\
        /         目標設定             \    「道徳の時間」
       / 振り返り・認識・受容・自覚（表現・理解）\  （スタートアップ）
       ├─────────────────────────────┤
       │        実践（体験活動）         │   他の教育活動
       └─────────────────────────────┘
```
（左側：道徳的習慣形成の1サイクル）

「道徳の時間」と他の教育活動との連携の具体的なあり方については明示されておらず，学校現場の裁量にゆだねられている。

そこで，ここでは道徳的習慣形成の体験学習における「道徳の時間」と他の教育活動との関係を示してみることにする。図9-2はひとつの道徳的習慣を形成する際の「道徳の時間」と他の教育活動との関係を図示したものである。「道徳の時間」ではスタートアップ，方向修正，総括の三段階を通じてひとつの道徳的習慣を扱うが，内容項目については身につけさせようとする道徳的習慣と関連する複数の道徳的価値を扱うことができる。

まず，**スタートアップ**の段階として，他の教育活動の中でみられる子どもたちの習慣について「道徳の時間」に取り上げ，子どもたちにその習慣をそのまま続けることで生じる問題について表現させ，理解させる。そして，よい習慣を身につけることで，どのような変化が自分自身や周囲に生じるかをイメージさせ，具体的な行動目標を設定させる。

そして，他の教育活動や日常生活の中で一定期間，その行動目標を達成できるよう実践するが，その期間中の「道徳の時間」において実践の過程で生

じた問題を取り上げて子どもたちに反省させ，**方向修正**を行う。そして，行動目標の達成状況を評価し，必要に応じて行動目標の修正を行う。

　その後，さらに他の教育活動や日常生活の中で，行動目標を達成できるよう実践し，最初に設定した期間の終わりの「道徳の時間」に**総括**として行動目標の達成状況を評価させ，反省させることで子どもたちに身につけた習慣のよさを実感させる。これで体験学習を通じた道徳的習慣形成の1サイクルが終了するが，その後の教育活動に向けて新たな習慣形成の目標をたてさせて，継続的に目標の達成状況を確認させることが望ましい。

　以上の過程で「道徳の時間」は，他の教育活動で生じた道徳的習慣にかかわる課題に気づかせて目標設定させることで方向づけし，途中で必要に応じて方向修正をしながら目標達成および習慣形成へと向かわせる働きをしている。

　このように道徳的習慣形成の観点からみた場合，「道徳の時間」は道徳的習慣形成の実践を方向づけたり方向修正したりする過程を通じて，他の教育活動における道徳教育を「補充，深化，統合」している。そして，スタートアップとしての「道徳の時間」において「道徳的価値及びそれに基づいた人間としての生き方についての自覚を深め」ながら道徳的習慣に関する具体的な行動目標をたてさせる。次に，実践の過程での「道徳の時間」において行動目標が方向修正されながら習慣化される。さらに，総括としての「道徳の時間」において習慣形成の過程を振り返らせてその道徳的習慣のよさを実感させることで「道徳的実践力を育成する」ことになる。

（4）家庭や地域社会との連携

　中学校学習指導要領の「第3章 道徳　第3 指導計画の作成と内容の取扱い」では，「道徳の時間」の授業公開，授業や教材開発への保護者や地域の人々の参加といった形で家庭や地域社会との相互連携を図るよう配慮するべきことが示されている。体験学習による道徳的習慣形成の方法を導入した場合の家庭や地域社会との連携の方法として，まず，子どもたちの体験活動や習慣形成の実践の場を家庭や地域社会に求めることが考えられる。そして，道徳的習慣形成のスタートアップ・方向修正・総括としての「道徳の時間」の授業を，家庭や地域社会の人々に公開することが考えられる。それによっ

て，家庭や地域社会での子どもたちの道徳的習慣形成のための活動に対する理解と支援をえることが期待できるであろう。その結果，学校での教育活動・家庭生活・地域社会での活動全体を通じて，「道徳の時間」を道徳的習慣形成のための要の時間とすることができる。さらに，職場体験活動やボランティア活動，自然体験活動などを通じて学校が地域社会の支援を受けるとともに，子どもたちの体験活動が地域社会の活性化につながるような相互に支え合う関係ができれば理想的である。

(5) 体験学習による道徳的習慣形成の意義

以上，本章で述べてきた体験学習による道徳的習慣形成の方法を道徳教育に導入する意義として次の五点があげられる。

第一に，「道徳の時間」の授業の成果を日常生活に具体的に反映させ，測定できる点である。従来の「道徳の時間」は1授業時間単位で授業が実施されることが多く，日常生活での言動を振り返らせることはあっても，ねらいとする道徳的価値について授業後も継続して指導し，日常生活に反映させることが困難であった。そのため，「道徳の時間」の授業の成果は主に子どもたちのワークシートなどへの記述内容でしか測ることができなかった。これに対して体験学習による道徳的習慣形成の方法では，一定期間に複数の「道徳の時間」を使って継続的に日常生活のあり方を反省させ，行動目標を明確にたてさせて評価，反省させることになる。そのため，授業の成果は学校や家庭での子どもたちの行動が具体的にどのように変わったか，そして，その行動がどの程度定着したか，によって測ることができる。

第二に，子どもたちの日常生活を体験活動の場にできる点である。体験学習による道徳的習慣形成の方法によって，子どもたちは日常生活で普段意識せずに行っている言動を意識化し，それを改善する活動に取り組むことになる。この活動によって，それまで無意識に身についていた言動の問題に気づき，新たな習慣を身につけるまでの日常生活のプロセスが子どもたちにとって強い印象をもたらすひとつの体験となる。

第三に，道徳的実践力の育成が指導課程に明確に含まれている点である。従来の「道徳の時間」では，子どもたちに道徳的価値の大切さに気づかせるだけにとどまることが多く，実際に実践するかどうかは子どもたちにゆだね

られていた。体験学習による道徳的習慣形成の方法では，子どもたちに具体的な行動目標をたてさせて，教師・仲間・家族の支援のもとで実践させ，評価・反省させるところまで含まれている。さらに，体験を通じて身につけた習慣のよさを実感させることで，その後もよい習慣を持続できる可能性が高まる。

　第四に，「道徳の時間」と他の教育活動との連携を強化しやすい点である。体験学習による道徳的習慣形成の方法は，他の教育活動での実践を前提としており，行動目標の達成度の確認や評価・反省については特別活動の時間を用いることもできる。

　最後に，学校と家庭や地域との連携を強化しやすい点である。道徳的習慣形成の「道徳の時間」の授業を家庭や地域社会の人々に公開することで，家庭や地域社会での子どもたちの道徳的習慣形成のための活動に対する理解と支援をえることができる。そして，子どもたちの家庭や地域社会での言動に具体的によい変化が表れれば，家庭や地域社会の人々のさらなる理解と支援を期待できるであろう。

［吉田　誠］

【引用・参考文献】

Dilthey, W., 1958／尾形良助 訳　『精神科学における歴史的世界の構成』　以文社　1981

林　泰成 編著　『モラルスキルトレーニングプログラム』　明治図書　2008

Lickona, T., 1991／三浦　正 訳　『リコーナ博士のこころの教育論——「尊重」と「責任」を育む学級環境の創造』　慶應義塾大学出版会　1997

Lickona, T., 2004／水野修次郎・望月文明 訳　『「人格教育」のすべて——家族・学校・地域社会ですすめる心の教育』　麗澤大学出版会　2005

諸富祥彦 他編著　『エンカウンターで道徳』　明治図書　2002

◆ 付　　録 ◆

注）法令中の「条」「項」「号」などの漢数字は算用数字を用いた。「条」に続くカッコ内は見出しを示す（法令に付されているものは（　）内に，便宜的に付したものは〔　〕内に示す）。法令に付されている見出しの位置は，「条」の後に移動した。「項」は丸囲み数字を示した（①，②……は法令に付されているもの，❶，❷……は便宜的に付したもの）。「号」は法令では漢数字表記であるが，ここでは四角囲み数字で示した（1, 2……）。

◆ 日本国憲法（抄）

昭和 21 年 11 月 3 日憲法

日本国民は，正当に選挙された国会における代表者を通じて行動し，われらとわれらの子孫のために，諸国民との協和による成果と，わが国全土にわたつて自由のもたらす恵沢を確保し，政府の行為によつて再び戦争の惨禍が起こることのないやうにすることを決意し，ここに主権が国民に存することを宣言し，この憲法を確定する。そもそも国政は，国民の厳粛な信託によるものであつて，その権威は国民に由来し，その権力は国民の代表者がこれを行使し，その福利は国民がこれを享受する。これは人類普遍の原理であり，この憲法はかかる原理に基くものである。われらは，これに反する一切の憲法，法令及び詔勅を排除する。

日本国民は，恒久の平和を念願し，人間相互の関係を支配する崇高な理想を深く自覚するのであつて，平和を愛する諸国民の公正と信義に信頼して，われらの安全と生存を保持しようと決意した。われらは，平和を維持し，専制と隷従，圧迫と偏狭を地上から永遠に除去しようと努めてゐる国際社会において，名誉ある地位を占めたいと思ふ。われらは，全世界の国民が，ひとしく恐怖と欠乏から免かれ，平和のうちに生存する権利を有することを確認する。

われらは，いづれの国家も，自国のことのみに専念して他国を無視してはならないのであつて，政治道徳の法則は，普遍的なものであり，この法則に従ふことは，自国の主権を維持し，他国と対等関係に立たうとする各国の責務であると信ずる。

日本国民は，国家の名誉にかけ，全力をあげてこの崇高な理想と目的を達成することを誓ふ。

第 11 条〔基本的人権の享有と性質〕　国民は，すべての基本的人権の享有を妨げられない。この憲法が国民に保障する基本的人権は，侵すことのできない永久の権利として，現在及び将来の国民に与へられる。

第 13 条〔個人の尊重，生命・自由・幸福追求の権利の尊重〕　すべて国民は，個人として尊重される。生命，自由及び幸福追求に対する国民の権利については，公共の福祉に反しない限り，立法その他の国政の上で，最大の尊重を必要とする。

第 14 条〔法の下の平等〕　すべて国民は，法の下に平等であつて，人種，信条，性別，社会的身分又は門地により，政治的，経済的又は社会的関係において，差別されない。

❷ （以下略）
第15条〔公務員の性質，普通選挙と秘密投票の保障〕　（略）
❷　すべて公務員は，全体の奉仕者であつて，一部の奉仕者ではない。
❸　（以下略）
第19条〔思想及び良心の自由〕　思想及び良心の自由は，これを侵してはならない。
第20条〔信教の自由〕　信教の自由は，何人に対してもこれを保障する。いかなる宗教団体も，国から特権を受け，又は政治上の権力を行使してはならない。
❷　何人も，宗教上の行為，祝典，儀式又は行事に参加することを強制されない。
❸　（略）
第21条〔集会・結社・表現の自由，検閲の禁止，通信の秘密〕　集会，結社及び言論，出版その他一切の表現の自由は，これを保障する。
❷　検閲は，これをしてはならない。通信の秘密は，これを侵してはならない。
第23条〔学問の自由〕　学問の自由は，これを保障する。
第25条〔生存権〕　すべて国民は，健康で文化的な最低限度の生活を営む権利を有する。
❷　（略）
第26条〔教育を受ける権利，教育の義務，義務教育の無償〕　すべて国民は，法律の定めるところにより，その能力に応じて，ひとしく教育を受ける権利を有する。
❷　すべて国民は，法律の定めるところにより，その保護する子女に普通教育を受けさせる義務を負ふ。義務教育は，これを無償とする。

◆ 教育基本法

　　　　平成18年12月22日法律第120号
教育基本法（昭和22年法律第25号）の全部を改正する。
　我々日本国民は，たゆまぬ努力によって築いてきた民主的で文化的な国家を更に発展させるとともに，世界の平和と人類の福祉の向上に貢献することを願うものである。
　我々は，この理想を実現するため，個人の尊厳を重んじ，真理と正義を希求し，公共の精神を尊び，豊かな人間性と創造性を備えた人間の育成を期するとともに，伝統を継承し，新しい文化の創造を目指す教育を推進する。
　ここに，我々は，日本国憲法の精神にのっとり，我が国の未来を切り拓く教育の基本を確立し，その振興を図るため，この法律を制定する。
第1章　教育の目的及び理念
第1条（教育の目的）　教育は，人格の完成を目指し，平和で民主的な国家及び社会の形成者として必要な資質を備えた心身ともに健康な国民の育成を期して行われなければならない。
第2条（教育の目標）　教育は，その目的を実現するため，学問の自由を尊重しつつ，次に掲げる目標を達成するよう行われるものとする。

1. 幅広い知識と教養を身に付け，真理を求める態度を養い，豊かな情操と道徳心を培うとともに，健やかな身体を養うこと。
2. 個人の価値を尊重して，その能力を伸ばし，創造性を培い，自主及び自律の精神を養うとともに，職業及び生活との関連を重視し，勤労を重んずる態度を養うこと。
3. 正義と責任，男女の平等，自他の敬愛と協力を重んずるとともに，公共の精神に基づき，主体的に社会の形成に参画し，その発展に寄与する態度を養うこと。
4. 生命を尊び，自然を大切にし，環境の保全に寄与する態度を養うこと。
5. 伝統と文化を尊重し，それらをはぐくんできた我が国と郷土を愛するとともに，他国を尊重し，国際社会の平和と発展に寄与する態度を養うこと。

第3条（生涯学習の理念）　国民一人一人が，自己の人格を磨き，豊かな人生を送ることができるよう，その生涯にわたって，あらゆる機会に，あらゆる場所において学習することができ，その成果を適切に生かすことのできる社会の実現が図られなければならない。

第4条（教育の機会均等）　すべて国民は，ひとしく，その能力に応じた教育を受ける機会を与えられなければならず，人種，信条，性別，社会的身分，経済的地位又は門地によって，教育上差別されない。
② 国及び地方公共団体は，障害のある者が，その障害の状態に応じ，十分な教育を受けられるよう，教育上必要な支援を講じなければならない。
③ 国及び地方公共団体は，能力があるにもかかわらず，経済的理由によって修学が困難な者に対して，奨学の措置を講じなければならない。

第2章　教育の実施に関する基本

第5条（義務教育）　国民は，その保護する子に，別に法律で定めるところにより，普通教育を受けさせる義務を負う。
② 義務教育として行われる普通教育は，各個人の有する能力を伸ばしつつ社会において自立的に生きる基礎を培い，また，国家及び社会の形成者として必要とされる基本的な資質を養うことを目的として行われるものとする。
③ 国及び地方公共団体は，義務教育の機会を保障し，その水準を確保するため，適切な役割分担及び相互の協力の下，その実施に責任を負う。
④ 国又は地方公共団体の設置する学校における義務教育については，授業料を徴収しない。

第6条（学校教育）　法律に定める学校は，公の性質を有するものであって，国，地方公共団体及び法律に定める法人のみが，これを設置することができる。
② 前項の学校においては，教育の目標が達成されるよう，教育を受ける者の心身の発達に応じて，体系的な教育が組織的に行われなければならない。この場合において，教育を受ける者が，学校生活を営む上で必要な規律を重んずるとともに，自ら進んで学習に取り組む意欲を高めることを重視して行われなければならない。

第7条（大学）　大学は，学術の中心として，高い教養と専門的能力を培うとともに，深く真理を探究して新たな知見を創造し，これらの成果を広く社会に提供することにより，社会の発展に寄与するものとする。

② 大学については，自主性，自律性その他の大学における教育及び研究の特性が尊重されなければならない。

第8条（私立学校）　私立学校の有する公の性質及び学校教育において果たす重要な役割にかんがみ，国及び地方公共団体は，その自主性を尊重しつつ，助成その他の適当な方法によって私立学校教育の振興に努めなければならない。

第9条（教員）　法律に定める学校の教員は，自己の崇高な使命を深く自覚し，絶えず研究と修養に励み，その職責の遂行に努めなければならない。

② 前項の教員については，その使命と職責の重要性にかんがみ，その身分は尊重され，待遇の適正が期せられるとともに，養成と研修の充実が図られなければならない。

第10条（家庭教育）　父母その他の保護者は，子の教育について第一義的責任を有するものであって，生活のために必要な習慣を身に付けさせるとともに，自立心を育成し，心身の調和のとれた発達を図るよう努めるものとする。

② 国及び地方公共団体は，家庭教育の自主性を尊重しつつ，保護者に対する学習の機会及び情報の提供その他の家庭教育を支援するために必要な施策を講ずるよう努めなければならない。

第11条（幼児期の教育）　幼児期の教育は，生涯にわたる人格形成の基礎を培う重要なものであることにかんがみ，国及び地方公共団体は，幼児の健やかな成長に資する良好な環境の整備その他適当な方法によって，その振興に努めなければならない。

第12条（社会教育）　個人の要望や社会の要請にこたえ，社会において行われる教育は，国及び地方公共団体によって奨励されなければならない。

② 国及び地方公共団体は，図書館，博物館，公民館その他の社会教育施設の設置，学校の施設の利用，学習の機会及び情報の提供その他の適当な方法によって社会教育の振興に努めなければならない。

第13条（学校，家庭及び地域住民等の相互の連携協力）　学校，家庭及び地域住民その他の関係者は，教育におけるそれぞれの役割と責任を自覚するとともに，相互の連携及び協力に努めるものとする。

第14条（政治教育）　良識ある公民として必要な政治的教養は，教育上尊重されなければならない。

② 法律に定める学校は，特定の政党を支持し，又はこれに反対するための政治教育その他政治的活動をしてはならない。

第15条（宗教教育）　宗教に関する寛容の態度，宗教に関する一般的な教養及び宗教の社会生活における地位は，教育上尊重されなければならない。

② 国及び地方公共団体が設置する学校は，特定の宗教のための宗教教育その他宗教的活動をしてはならない。

第3章　教育行政

第16条（教育行政）　教育は，不当な支配に服することなく，この法律及び他の法律の定めるところにより行われるべきものであり，教育行政は，国と地方公共団体との適切な役割分担及び相互の協力の下，公正かつ適正に行われなければならな

い。
② 国は，全国的な教育の機会均等と教育水準の維持向上を図るため，教育に関する施策を総合的に策定し，実施しなければならない。
③ 地方公共団体は，その地域における教育の振興を図るため，その実情に応じた教育に関する施策を策定し，実施しなければならない。
④ 国及び地方公共団体は，教育が円滑かつ継続的に実施されるよう，必要な財政上の措置を講じなければならない。

第17条（教育振興基本計画）　政府は，教育の振興に関する施策の総合的かつ計画的な推進を図るため，教育の振興に関する施策についての基本的な方針及び講ずべき施策その他必要な事項について，基本的な計画を定め，これを国会に報告するとともに，公表しなければならない。
② 地方公共団体は，前項の計画を参酌し，その地域の実情に応じ，当該地方公共団体における教育の振興のための施策に関する基本的な計画を定めるよう努めなければならない。

第4章　法令の制定
第18条　この法律に規定する諸条項を実施するため，必要な法令が制定されなければならない。
附則（抄）
（施行期日）
① この法律は，公布の日から施行する。

◆ 教育基本法（旧法）

　　　昭和22年3月31日法律第25号
　われらは，さきに，日本国憲法を確定し，民主的で文化的な国家を建設して，世界の平和と人類の福祉に貢献しようとする決意を示した。この理想の実現は，根本において教育の力にまつべきものである。
　われらは，個人の尊厳を重んじ，真理と平和を希求する人間の育成を期するとともに，普遍的にしてしかも個性ゆたかな文化の創造をめざす教育を普及徹底しなければならない。
　ここに，日本国憲法の精神に則り，教育の目的を明示して，新しい日本の教育の基本を確立するため，この法律を制定する。

第1条（教育の目的）　教育は，人格の完成をめざし，平和的な国家及び社会の形成者として，真理と正義を愛し，個人の価値をたつとび，勤労と責任を重んじ，自主的精神に充ちた心身ともに健康な国民の育成を期して行われなければならない。
第2条（教育の方針）　教育の目的は，あらゆる機会に，あらゆる場所において実現されなければならない。この目的を達成するためには，学問の自由を尊重し，実際生活に即し，自発的精神を養い，自他の敬愛と協力によって，文化の創造と発展に貢献するように努めなければならない。
第3条（教育の機会均等）　すべて国民は，ひとしく，その能力に応ずる教育を受

ける機会を与えられなければならないものであつて，人種，信条，性別，社会的身分，経済的地位又は門地によつて，教育上差別されない。
❷ 国及び地方公共団体は，能力があるにもかかわらず，経済的理由によつて修学困難な者に対して，奨学の方法を講じなければならない。
第4条（義務教育）　国民は，その保護する子女に，九年の普通教育を受けさせる義務を負う。
❷ 国又は地方公共団体の設置する学校における義務教育については，授業料は，これを徴収しない。
第5条（男女共学）　男女は，互に敬重し，協力し合わなければならないものであつて，教育上男女の共学は，認められなければならない。
第6条（学校教育）　法律に定める学校は，公の性質をもつものであつて，国又は地方公共団体の外，法律に定める法人のみが，これを設置することができる。
❷ 法律に定める学校の教員は，全体の奉仕者であつて，自己の使命を自覚し，その職責の遂行に努めなければならない。このためには，教員の身分は，尊重され，その待遇の適正が，期せられなければならない。
第7条（社会教育）　家庭教育及び勤労の場所その他社会において行われる教育は，国及び地方公共団体によつて奨励されなければならない。
❷ 国及び地方公共団体は，図書館，博物館，公民館等の施設の設置，学校の施設の利用その他適当な方法によつて教育の目的の実現に努めなければならない。
第8条（政治教育）　良識ある公民たるに必要な政治的教養は，教育上これを尊重しなければならない。
❷ 法律に定める学校は，特定の政党を支持し，又はこれに反対するための政治教育その他政治的活動をしてはならない。
第9条（宗教教育）　宗教に関する寛容の態度及び宗教の社会生活における地位は，教育上これを尊重しなければならない。
❷ 国及び地方公共団体が設置する学校は，特定の宗教のための宗教教育その他宗教的活動をしてはならない。
第10条（教育行政）　教育は，不当な支配に服することなく，国民全体に対し直接に責任を負つて行われるべきものである。
❷ 教育行政は，この自覚のもとに，教育の目的を遂行するに必要な諸条件の整備確立を目標として行われなければならない。
第11条（補則）　この法律に掲げる諸条項を実施するために必要がある場合には，適当な法令が制定されなければならない。
附則
　この法律は，公布の日から，これを施行する。

◆ 教育ニ関スル勅語（1890年）

朕惟フニ我カ皇祖皇宗國ヲ肇ムルコト宏遠ニ德ヲ樹ツルコト深厚ナリ我カ臣民克ク忠ニ克ク孝ニ億兆心ヲ一ニシテ世々厥ノ美ヲ濟セルハ此レ我カ國體ノ精華ニシテ教育ノ淵源亦實ニ此ニ存ス爾臣民父母ニ孝ニ兄弟ニ友ニ夫婦相和シ朋友相信シ恭儉己レヲ持シ博愛衆ニ及ホシ學ヲ修メ業ヲ習ヒ以テ智能ヲ啓發シ德器ヲ成就シ進テ公益ヲ廣メ世務ヲ開キ常ニ國憲ヲ重シ國法ニ遵ヒ一旦緩急アレハ義勇公ニ奉シ以テ天壤無窮ノ皇運ヲ扶翼スヘシ是ノ如キハ獨リ朕カ忠良ノ臣民タルノミナラス又以テ爾祖先ノ遺風ヲ顯彰スルニ足ラン斯ノ道ハ實ニ我カ皇祖皇宗ノ遺訓ニシテ子孫臣民ノ俱ニ遵守スヘキ所之ヲ古今ニ通シテ謬ラス之ヲ中外ニ施シテ悖ラス朕爾臣民ト俱ニ拳々服膺シテ咸其德ヲ一ニセンコトヲ庶幾フ

明治二十三年十月三十日

御名　御璽

◆ **小学校学習指導要領**（平成20年3月告示）〈抜粋〉

第1章　総　　則
第1　教育課程編成の一般方針

1. 各学校においては，教育基本法及び学校教育法その他の法令並びにこの章以下に示すところに従い，児童の人間として調和のとれた育成を目指し，地域や学校の実態及び児童の心身の発達の段階や特性を十分考慮して，適切な教育課程を編成するものとし，これらに掲げる目標を達成するよう教育を行うものとする。

　学校の教育活動を進めるに当たっては，各学校において，児童に生きる力をはぐくむことを目指し，創意工夫を生かした特色ある教育活動を展開する中で，基礎的・基本的な知識及び技能を確実に習得させ，これらを活用して課題を解決するために必要な思考力，判断力，表現力その他の能力をはぐくむとともに，主体的に学習に取り組む態度を養い，個性を生かす教育の充実に努めなければならない。その際，児童の発達の段階を考慮して，児童の言語活動を充実するとともに，家庭との連携を図りながら，児童の学習習慣が確立するよう配慮しなければならない。

2. 学校における道徳教育は，道徳の時間を要（かなめ）として学校の教育活動全体を通じて行うものであり，道徳の時間はもとより，各教科，外国語活動，総合的な学習の時間及び特別活動のそれぞれの特質に応じて，児童の発達の段階を考慮して，適切な指導を行わなければならない。

　道徳教育は，教育基本法及び学校教育法に定められた教育の根本精神に基づき，人間尊重の精神と生命に対する畏敬（い）の念を家庭，学校，その他社会における具体的な生活の中に生かし，豊かな心をもち，伝統と文化を尊重し，それらをはぐくんできた我が国と郷土を愛し，個性豊かな文化の創造を図るとともに，公共の精神を尊び，民主的な社会及び国家の発展に努め，他国を尊重し，国際社会の平和と発展や環境の保全に貢献し未来を拓（ひら）く主体性のある日本人を育成するため，その基盤としての道徳性を養うことを目標とする。

　道徳教育を進めるに当たっては，教師と児童及び児童相互の人間関係を深めるとともに，児童が自己の生き方についての考えを深め，家庭や地域社会との連携を図りながら，集団宿泊活動やボランティア活動，自然体験活動などの豊かな体験を通して児童の内面に根ざした道徳性の育成が図られるよう配慮しなければならない。その際，特に児童が基本的な生活習慣，社会生活上のきまりを身に付け，善悪を判断し，人間としてしてはならないことをしないようにすることなどに配慮しなければならない。

3. 学校における体育・健康に関する指導は，児童の発達の段階を考慮して，学校の教育活動全体を通じて適切に行うものとする。特に，学校における食育の推進並びに体力の向上に関する指導，安全に関する指導及び心身の健康の保持増進に関する指導については，体育科の時間はもとより，家庭科，特別活動などにおいてもそれぞれの特質に応じて適切に行うよう努めることとする。また，それらの指導を通して，家庭や地域社会との連携を図りながら，日常生活において適切な体育・健康に関する活動の実践を促し，生涯を通じて健康・安全で活力ある生活を送るための基礎が培われるよう配慮しなければならない。

第2 内容等の取扱いに関する共通的事項

1. 第2章以下に示す各教科,道徳,外国語活動及び特別活動の内容に関する事項は,特に示す場合を除き,いずれの学校においても取り扱わなければならない。

2. 学校において特に必要がある場合には,第2章以下に示していない内容を加えて指導することができる。また,第2章以下に示す内容の取扱いのうち内容の範囲や程度等を示す事項は,すべての児童に対して指導するものとする内容の範囲や程度等を示したものであり,学校において特に必要がある場合には,この事項にかかわらず指導することができる。ただし,これらの場合には,第2章以下に示す各教科,道徳,外国語活動及び特別活動並びに各学年の目標や内容の趣旨を逸脱したり,児童の負担過重となったりすることのないようにしなければならない。

3. 第2章以下に示す各教科,道徳,外国語活動及び特別活動及び各学年の内容に掲げる事項の順序は,特に示す場合を除き,指導の順序を示すものではないので,学校においては,その取扱いについて適切な工夫を加えるものとする。

4. 学年の目標及び内容を2学年まとめて示した教科及び外国語活動の内容は,2学年間かけて指導する事項を示したものである。各学校においては,これらの事項を地域や学校及び児童の実態に応じ,2学年間を見通して計画的に指導することとし,特に示す場合を除き,いずれかの学年に分けて,又はいずれの学年においても指導するものとする。

5. 学校において2以上の学年の児童で編制する学級について特に必要がある場合には,各教科,道徳,外国語活動及び特別活動の目標の達成に支障のない範囲内で,各教科,道徳,外国語活動及び特別活動の目標及び内容について学年別の順序によらないことができる。

第3 授業時数等の取扱い

1. 各教科,道徳,外国語活動,総合的な学習の時間及び特別活動(以下「各教科等」という。ただし,1及び3において,特別活動については学級活動(学校給食に係るものを除く。)に限る。)の授業は,年間35週(第1学年については34週)以上にわたって行うよう計画し,週当たりの授業時数が児童の負担過重にならないようにするものとする。ただし,各教科等や学習活動の特質に応じ効果的な場合には,夏季,冬季,学期末等の休業日の期間に授業日を設定する場合を含め,これらの授業を特定の期間に行うことができる。なお,給食,休憩などの時間については,学校において工夫を加え,適切に定めるものとする。

2. 特別活動の授業のうち,児童会活動,クラブ活動及び学校行事については,それらの内容に応じ,年間,学期ごと,月ごとなどに適切な授業時数を充てるものとする。

3. 各教科等のそれぞれの授業の1単位時間は,各学校において,各教科等の年間授業時数を確保しつつ,児童の発達の段階及び各教科等や学習活動の特質を考慮して適切に定めるものとする。

4. 各学校においては,地域や学校及び児童の実態,各教科等や学習活動の特質等に応じて,創意工夫を生かし時間割を弾力的に編成することができる。

5. 総合的な学習の時間における学習活動により,特別活動の学校行事に掲げる各

行事の実施と同様の成果が期待できる場合においては，総合的な学習の時間における学習活動をもって相当する特別活動の学校行事に掲げる各行事の実施に替えることができる。

第4　指導計画の作成等に当たって配慮すべき事項
　1．各学校においては，次の事項に配慮しながら，学校の創意工夫を生かし，全体として，調和のとれた具体的な指導計画を作成するものとする。
　(1) 各教科等及び各学年相互間の関連を図り，系統的，発展的な指導ができるようにすること。
　(2) 学年の目標及び内容を2学年まとめて示した教科及び外国語活動については，当該学年間を見通して，地域や学校及び児童の実態に応じ，児童の発達の段階を考慮しつつ，効果的，段階的に指導するようにすること。
　(3) 各教科の各学年の指導内容については，そのまとめ方や重点の置き方に適切な工夫を加え，効果的な指導ができるようにすること。
　(4) 児童の実態等を考慮し，指導の効果を高めるため，合科的・関連的な指導を進めること。
　2．以上のほか，次の事項に配慮するものとする。
　(1) 各教科等の指導に当たっては，児童の思考力，判断力，表現力等をはぐくむ観点から，基礎的・基本的な知識及び技能の活用を図る学習活動を重視するとともに，言語に対する関心や理解を深め，言語に関する能力の育成を図る上で必要な言語環境を整え，児童の言語活動を充実すること。
　(2) 各教科等の指導に当たっては，体験的な学習や基礎的・基本的な知識及び技能を活用した問題解決的な学習を重視するとともに，児童の興味・関心を生かし，自主的，自発的な学習が促されるよう工夫すること。
　(3) 日ごろから学級経営の充実を図り，教師と児童の信頼関係及び児童相互の好ましい人間関係を育てるとともに児童理解を深め，生徒指導の充実を図ること。
　(4) 各教科等の指導に当たっては，児童が学習の見通しを立てたり学習したことを振り返ったりする活動を計画的に取り入れるよう工夫すること。
　(5) 各教科等の指導に当たっては，児童が学習課題や活動を選択したり，自らの将来について考えたりする機会を設けるなど工夫すること。
　(6) 各教科等の指導に当たっては，児童が学習内容を確実に身に付けることができるよう，学校や児童の実態に応じ，個別指導やグループ別指導，繰り返し指導，学習内容の習熟の程度に応じた指導，児童の興味・関心等に応じた課題学習，補充的な学習や発展的な学習などの学習活動を取り入れた指導，教師間の協力的な指導など指導方法や指導体制を工夫改善し，個に応じた指導の充実を図ること。
　(7) 障害のある児童などについては，特別支援学校等の助言又は援助を活用しつつ，例えば指導についての計画又は家庭や医療，福祉等の業務を行う関係機関と連携した支援のための計画を個別に作成することなどにより，個々の児童の障害の状態等に応じた指導内容や指導方法の工夫を計画的，組織的に行うこと。特に，特別支援学級又は通級による指導については，教師間の連携に努め，効果的な指導を行うこと。

(8) 海外から帰国した児童などについては，学校生活への適応を図るとともに，外国における生活経験を生かすなどの適切な指導を行うこと。
(9) 各教科等の指導に当たっては，児童がコンピュータや情報通信ネットワークなどの情報手段に慣れ親しみ，コンピュータで文字を入力するなどの基本的な操作や情報モラルを身に付け，適切に活用できるようにするための学習活動を充実するとともに，これらの情報手段に加え視聴覚教材や教育機器などの教材・教具の適切な活用を図ること。
(10) 学校図書館を計画的に利用しその機能の活用を図り，児童の主体的，意欲的な学習活動や読書活動を充実すること。
(11) 児童のよい点や進歩の状況などを積極的に評価するとともに，指導の過程や成果を評価し，指導の改善を行い学習意欲の向上に生かすようにすること。
(12) 学校がその目的を達成するため，地域や学校の実態等に応じ，家庭や地域の人々の協力を得るなど家庭や地域社会との連携を深めること。また，小学校間，幼稚園や保育所，中学校及び特別支援学校などとの間の連携や交流を図るとともに，障害のある幼児児童生徒との交流及び共同学習や高齢者などとの交流の機会を設けること。

第3章 道　　徳
第1　目　　標
　道徳教育の目標は，第1章総則の第1の2に示すところにより，学校の教育活動全体を通じて，道徳的な心情，判断力，実践意欲と態度などの道徳性を養うこととする。
　道徳の時間においては，以上の道徳教育の目標に基づき，各教科，外国語活動，総合的な学習の時間及び特別活動における道徳教育と密接な関連を図りながら，計画的，発展的な指導によってこれを補充，深化，統合し，道徳的価値の自覚及び自己の生き方についての考えを深め，道徳的実践力を育成するものとする。

第2　内　　容
　道徳の時間を要（かなめ）として学校の教育活動全体を通じて行う道徳教育の内容は，次のとおりとする。
〔第1学年及び第2学年〕
1．主として自分自身に関すること。
(1) 健康や安全に気を付け，物や金銭を大切にし，身の回りを整え，わがままをしないで，規則正しい生活をする。
(2) 自分がやらなければならない勉強や仕事は，しっかりと行う。
(3) よいことと悪いことの区別をし，よいと思うことを進んで行う。
(4) うそをついたりごまかしをしたりしないで，素直に伸び伸びと生活する。
2．主として他の人とのかかわりに関すること。
(1) 気持ちのよいあいさつ，言葉遣い，動作などに心掛けて，明るく接する。
(2) 幼い人や高齢者など身近にいる人に温かい心で接し，親切にする。
(3) 友達と仲よくし，助け合う。

(4) 日ごろ世話になっている人々に感謝する。
 3. 主として自然や崇高なものとのかかわりに関すること。
(1) 生きることを喜び，生命を大切にする心をもつ。
(2) 身近な自然に親しみ，動植物に優しい心で接する。
(3) 美しいものに触れ，すがすがしい心をもつ。
 4. 主として集団や社会とのかかわりに関すること。
(1) 約束やきまりを守り，みんなが使う物を大切にする。
(2) 働くことのよさを感じて，みんなのために働く。
(3) 父母，祖父母を敬愛し，進んで家の手伝いなどをして，家族の役に立つ喜びを知る。
(4) 先生を敬愛し，学校の人々に親しんで，学級や学校の生活を楽しくする。
(5) 郷土の文化や生活に親しみ，愛着をもつ。
〔第3学年及び第4学年〕
 1. 主として自分自身に関すること。
(1) 自分でできることは自分でやり，よく考えて行動し，節度のある生活をする。
(2) 自分でやろうと決めたことは，粘り強くやり遂げる。
(3) 正しいと判断したことは，勇気をもって行う。
(4) 過ちは素直に改め，正直に明るい心で元気よく生活する。
(5) 自分の特徴に気付き，よい所を伸ばす。
 2. 主として他の人とのかかわりに関すること。
(1) 礼儀の大切さを知り，だれに対しても真心をもって接する。
(2) 相手のことを思いやり，進んで親切にする。
(3) 友達と互いに理解し，信頼し，助け合う。
(4) 生活を支えている人々や高齢者に，尊敬と感謝の気持ちをもって接する。
 3. 主として自然や崇高なものとのかかわりに関すること。
(1) 生命の尊さを感じ取り，生命あるものを大切にする。
(2) 自然のすばらしさや不思議さに感動し，自然や動植物を大切にする。
(3) 美しいものや気高いものに感動する心をもつ。
 4. 主として集団や社会とのかかわりに関すること。
(1) 約束や社会のきまりを守り，公徳心をもつ。
(2) 働くことの大切さを知り，進んでみんなのために働く。
(3) 父母，祖父母を敬愛し，家族みんなで協力し合って楽しい家庭をつくる。
(4) 先生や学校の人々を敬愛し，みんなで協力し合って楽しい学級をつくる。
(5) 郷土の伝統と文化を大切にし，郷土を愛する心をもつ。
(6) 我が国の伝統と文化に親しみ，国を愛する心をもつとともに，外国の人々や文化に関心をもつ。
〔第5学年及び第6学年〕
 1. 主として自分自身に関すること。
(1) 生活習慣の大切さを知り，自分の生活を見直し，節度を守り節制に心掛ける。
(2) より高い目標を立て，希望と勇気をもってくじけないで努力する。

(3) 自由を大切にし，自律的で責任のある行動をする。
(4) 誠実に，明るい心で楽しく生活する。
(5) 真理を大切にし，進んで新しいものを求め，工夫して生活をよりよくする。
(6) 自分の特徴を知って，悪い所を改めよい所を積極的に伸ばす。
2. 主として他の人とのかかわりに関すること。
(1) 時と場をわきまえて，礼儀正しく真心をもって接する。
(2) だれに対しても思いやりの心をもち，相手の立場に立って親切にする。
(3) 互いに信頼し，学び合って友情を深め，男女仲よく協力し助け合う。
(4) 謙虚な心をもち，広い心で自分と異なる意見や立場を大切にする。
(5) 日々の生活が人々の支え合いや助け合いで成り立っていることに感謝し，それにこたえる。
3. 主として自然や崇高なものとのかかわりに関すること。
(1) 生命がかけがえのないものであることを知り，自他の生命を尊重する。
(2) 自然の偉大さを知り，自然環境を大切にする。
(3) 美しいものに感動する心や人間の力を超えたものに対する畏敬の念をもつ。
4. 主として集団や社会とのかかわりに関すること。
(1) 公徳心をもって法やきまりを守り，自他の権利を大切にし進んで義務を果たす。
(2) だれに対しても差別をすることや偏見をもつことなく公正，公平にし，正義の実現に努める。
(3) 身近な集団に進んで参加し，自分の役割を自覚し，協力して主体的に責任を果たす。
(4) 働くことの意義を理解し，社会に奉仕する喜びを知って公共のために役に立つことをする。
(5) 父母，祖父母を敬愛し，家族の幸せを求めて，進んで役に立つことをする。
(6) 先生や学校の人々への敬愛を深め，みんなで協力し合いよりよい校風をつくる。
(7) 郷土や我が国の伝統と文化を大切にし，先人の努力を知り，郷土や国を愛する心をもつ。
(8) 外国の人々や文化を大切にする心をもち，日本人としての自覚をもって世界の人々と親善に努める。

第3 指導計画の作成と内容の取扱い
 1. 各学校においては，校長の方針の下に，道徳教育の推進を主に担当する教師（以下「道徳教育推進教師」という。）を中心に，全教師が協力して道徳教育を展開するため，次に示すところにより，道徳教育の全体計画と道徳の時間の年間指導計画を作成するものとする。
 (1) 道徳教育の全体計画の作成に当たっては，学校における全教育活動との関連の下に，児童，学校及び地域の実態を考慮して，学校の道徳教育の重点目標を設定するとともに，第2に示す道徳の内容との関連を踏まえた各教科，外国語活動，総合的な学習の時間及び特別活動における指導の内容及び時期並びに家庭や地域社会との連携の方法を示す必要があること。

(2) 道徳の時間の年間指導計画の作成に当たっては，道徳教育の全体計画に基づき，各教科，外国語活動，総合的な学習の時間及び特別活動との関連を考慮しながら，計画的，発展的に授業がなされるよう工夫すること。その際，第2に示す各学年段階ごとの内容項目について，児童や学校の実態に応じ，2学年間を見通した重点的な指導や内容項目間の関連を密にした指導を行うよう工夫すること。ただし，第2に示す各学年段階ごとの内容項目は相当する各学年においてすべて取り上げること。なお，特に必要な場合には，他の学年段階の内容項目を加えることができること。
　(3) 各学校においては，各学年を通じて自立心や自律性，自他の生命を尊重する心を育てることに配慮するとともに，児童の発達の段階や特性等を踏まえ，指導内容の重点化を図ること。特に低学年ではあいさつなどの基本的な生活習慣，社会生活上のきまりを身に付け，善悪を判断し，人間としてしてはならないことをしないこと，中学年では集団や社会のきまりを守り，身近な人々と協力し助け合う態度を身に付けること，高学年では法やきまりの意義を理解すること，相手の立場を理解し，支え合う態度を身に付けること，集団における役割と責任を果たすこと，国家・社会の一員としての自覚をもつことなどに配慮し，児童や学校の実態に応じた指導を行うよう工夫すること。また，高学年においては，悩みや葛藤(かっとう)等の心の揺れ，人間関係の理解等の課題を積極的に取り上げ，自己の生き方についての考えを一層深められるよう指導を工夫すること。
　2. 第2に示す道徳の内容は，児童が自ら道徳性をはぐくむためのものであり，道徳の時間はもとより，各教科，外国語活動，総合的な学習の時間及び特別活動においてもそれぞれの特質に応じた適切な指導を行うものとする。その際，児童自らが成長を実感でき，これからの課題や目標が見付けられるよう工夫する必要がある。
　3. 道徳の時間における指導に当たっては，次の事項に配慮するものとする。
　(1) 校長や教頭などの参加，他の教師との協力的な指導などについて工夫し，道徳教育推進教師を中心とした指導体制を充実すること。
　(2) 集団宿泊活動やボランティア活動，自然体験活動などの体験活動を生かすなど，児童の発達の段階や特性等を考慮した創意工夫ある指導を行うこと。
　(3) 先人の伝記，自然，伝統と文化，スポーツなどを題材とし，児童が感動を覚えるような魅力的な教材の開発や活用を通して，児童の発達の段階や特性等を考慮した創意工夫ある指導を行うこと。
　(4) 自分の考えを基に，書いたり話し合ったりするなどの表現する機会を充実し，自分とは異なる考えに接する中で，自分の考えを深め，自らの成長を実感できるよう工夫すること。
　(5) 児童の発達の段階や特性等を考慮し，第2に示す道徳の内容との関連を踏まえ，情報モラルに関する指導に留意すること。
　4. 道徳教育を進めるに当たっては，学校や学級内の人間関係や環境を整えるとともに，学校の道徳教育の指導内容が児童の日常生活に生かされるようにする必要がある。また，道徳の時間の授業を公開したり，授業の実施や地域教材の開発や活用などに，保護者や地域の人々の積極的な参加や協力を得たりするなど，家庭や地域社会との共通理解を深め，相互の連携を図るよう配慮する必要がある。

5. 児童の道徳性については,常にその実態を把握して指導に生かすよう努める必要がある。ただし,道徳の時間に関して数値などによる評価は行わないものとする。

◆ 中学校学習指導要領 (平成20年3月告示)〈抜粋〉

第1章 総　則
第1　教育課程編成の一般方針

　1. 各学校においては,教育基本法及び学校教育法その他の法令並びにこの章以下に示すところに従い,生徒の人間として調和のとれた育成を目指し,地域や学校の実態及び生徒の心身の発達の段階や特性等を十分考慮して,適切な教育課程を編成するものとし,これらに掲げる目標を達成するよう教育を行うものとする。

　学校の教育活動を進めるに当たっては,各学校において,生徒に生きる力をはぐくむことを目指し,創意工夫を生かした特色ある教育活動を展開する中で,基礎的・基本的な知識及び技能を確実に習得させ,これらを活用して課題を解決するために必要な思考力,判断力,表現力その他の能力をはぐくむとともに,主体的に学習に取り組む態度を養い,個性を生かす教育の充実に努めなければならない。その際,生徒の発達の段階を考慮して,生徒の言語活動を充実するとともに,家庭との連携を図りながら,生徒の学習習慣が確立するよう配慮しなければならない。

　2. 学校における道徳教育は,道徳の時間を要(かなめ)として学校の教育活動全体を通じて行うものであり,道徳の時間はもとより,各教科,総合的な学習の時間及び特別活動のそれぞれの特質に応じて,生徒の発達の段階を考慮して,適切な指導を行わなければならない。

　道徳教育は,教育基本法及び学校教育法に定められた教育の根本精神に基づき,人間尊重の精神と生命に対する畏敬(いけい)の念を家庭,学校,その他社会における具体的な生活の中に生かし,豊かな心をもち,伝統と文化を尊重し,それらをはぐくんできた我が国と郷土を愛し,個性豊かな文化の創造を図るとともに,公共の精神を尊び,民主的な社会及び国家の発展に努め,他国を尊重し,国際社会の平和と発展や環境の保全に貢献し未来を拓(ひら)く主体性のある日本人を育成するため,その基盤としての道徳性を養うことを目標とする。

　道徳教育を進めるに当たっては,教師と生徒及び生徒相互の人間関係を深めるとともに,生徒が道徳的価値に基づいた人間としての生き方についての自覚を深め,家庭や地域社会との連携を図りながら,職場体験活動やボランティア活動,自然体験活動などの豊かな体験を通して生徒の内面に根ざした道徳性の育成が図られるよう配慮しなければならない。その際,特に生徒が自他の生命を尊重し,規律ある生活ができ,自分の将来を考え,法やきまりの意義の理解を深め,主体的に社会の形成に参画し,国際社会に生きる日本人としての自覚を身に付けるようにすることなどに配慮しなければならない。

　3. 学校における体育・健康に関する指導は,生徒の発達の段階を考慮して,学校の教育活動全体を通じて適切に行うものとする。特に,学校における食育の推進並びに体力の向上に関する指導,安全に関する指導及び心身の健康の保持増進に関する指

導については，保健体育科の時間はもとより，技術・家庭科，特別活動などにおいてもそれぞれの特質に応じて適切に行うよう努めることとする。また，それらの指導を通して，家庭や地域社会との連携を図りながら，日常生活において適切な体育・健康に関する活動の実践を促し，生涯を通じて健康・安全で活力ある生活を送るための基礎が培われるよう配慮しなければならない。

第2　内容等の取扱いに関する共通的事項

1. 第2章以下に示す各教科，道徳及び特別活動の内容に関する事項は，特に示す場合を除き，いずれの学校においても取り扱わなければならない。

2. 学校において特に必要がある場合には，第2章以下に示していない内容を加えて指導することができる。また，第2章以下に示す内容の取扱いのうち内容の範囲や程度等を示す事項は，すべての生徒に対して指導するものとする内容の範囲や程度等を示したものであり，学校において特に必要がある場合には，この事項にかかわらず指導することができる。ただし，これらの場合には，第2章以下に示す各教科，道徳及び特別活動並びに各学年，各分野又は各言語の目標や内容の趣旨を逸脱したり，生徒の負担過重となったりすることのないようにしなければならない。

3. 第2章以下に示す各教科，道徳及び特別活動並びに各学年，各分野又は各言語の内容に掲げる事項の順序は，特に示す場合を除き，指導の順序を示すものではないので，学校においては，その取扱いについて適切な工夫を加えるものとする。

4. 学校において2以上の学年の生徒で編制する学級について特に必要がある場合には，各教科の目標の達成に支障のない範囲内で，各教科の目標及び内容について学年別の順序によらないことができる。

5. 各学校においては，選択教科を開設し，生徒に履修させることができる。その場合にあっては，地域や学校，生徒の実態を考慮し，すべての生徒に指導すべき内容との関連を図りつつ，選択教科の授業時数及び内容を適切に定め選択教科の指導計画を作成するものとする。

6. 選択教科の内容については，課題学習，補充的な学習や発展的な学習など，生徒の特性等に応じた多様な学習活動が行えるよう各学校において適切に定めるものとする。その際，生徒の負担過重となることのないようにしなければならない。

7. 各学校においては，第2章に示す各教科を選択教科として設けることができるほか，地域や学校，生徒の実態を考慮して，特に必要がある場合には，その他特に必要な教科を選択教科として設けることができる。その他特に必要な教科の名称，目標，内容などについては，各学校が適切に定めるものとする。

第3　授業時数等の取扱い

1. 各教科，道徳，総合的な学習の時間及び特別活動（以下「各教科等」という。ただし，1及び3において，特別活動については学級活動（学校給食に係るものを除く。）に限る。）の授業は，年間35週以上にわたって行うよう計画し，週当たりの授業時数が生徒の負担過重にならないようにするものとする。ただし，各教科等（特別活動を除く。）や学習活動の特質に応じ効果的な場合には，夏季，冬季，学年末等の

休業日の期間に授業日を設定する場合を含め，これらの授業を特定の期間に行うことができる。なお，給食，休憩などの時間については，学校において工夫を加え，適切に定めるものとする。

　2．特別活動の授業のうち，生徒会活動及び学校行事については，それらの内容に応じ，年間，学期ごと，月ごとなどに適切な授業時数を充てるものとする。

　3．各教科等のそれぞれの授業の１単位時間は，各学校において，各教科等の年間授業時数を確保しつつ，生徒の発達の段階及び各教科等や学習活動の特質を考慮して適切に定めるものとする。なお，10分間程度の短い時間を単位として特定の教科の指導を行う場合において，当該教科を担当する教師がその指導内容の決定や指導の成果の把握と活用等を責任をもって行う体制が整備されているときは，その時間を当該教科の年間授業時数に含めることができる。

　4．各学校においては，地域や学校及び生徒の実態，各教科等や学習活動の特質等に応じて，創意工夫を生かし時間割を弾力的に編成することができる。

　5．総合的な学習の時間における学習活動により，特別活動の学校行事に掲げる各行事の実施と同様の成果が期待できる場合においては，総合的な学習の時間における学習活動をもって相当する特別活動の学校行事に掲げる各行事の実施に替えることができる。

第4　指導計画の作成等に当たって配慮すべき事項

　1．各学校においては，次の事項に配慮しながら，学校の創意工夫を生かし，全体として，調和のとれた具体的な指導計画を作成するものとする。

　(1) 各教科等及び各学年相互間の関連を図り，系統的，発展的な指導ができるようにすること。

　(2) 各教科の各学年，各分野又は各言語の指導内容については，そのまとめ方や重点の置き方に適切な工夫を加えるなど，効果的な指導ができるようにすること。

　2．以上のほか，次の事項に配慮するものとする。

　(1) 各教科等の指導に当たっては，生徒の思考力，判断力，表現力等をはぐくむ観点から，基礎的・基本的な知識及び技能の活用を図る学習活動を重視するとともに，言語に対する関心や理解を深め，言語に関する能力の育成を図る上で必要な言語環境を整え，生徒の言語活動を充実すること。

　(2) 各教科等の指導に当たっては，体験的な学習や基礎的・基本的な知識及び技能を活用した問題解決的な学習を重視するとともに，生徒の興味・関心を生かし，自主的，自発的な学習が促されるよう工夫すること。

　(3) 教師と生徒の信頼関係及び生徒相互の好ましい人間関係を育てるとともに生徒理解を深め，生徒が自主的に判断，行動し積極的に自己を生かしていくことができるよう，生徒指導の充実を図ること。

　(4) 生徒が自らの生き方を考え主体的に進路を選択することができるよう，学校の教育活動全体を通じ，計画的，組織的な進路指導を行うこと。

　(5) 生徒が学校や学級での生活によりよく適応するとともに，現在及び将来の生き方を考え行動する態度や能力を育成することができるよう，学校の教育活動全体を

通じ，ガイダンスの機能の充実を図ること。
 (6) 各教科等の指導に当たっては，生徒が学習の見通しを立てたり学習したことを振り返ったりする活動を計画的に取り入れるようにすること。
 (7) 各教科等の指導に当たっては，生徒が学習内容を確実に身に付けることができるよう，学校や生徒の実態に応じ，個別指導やグループ別指導，繰り返し指導，学習内容の習熟の程度に応じた指導，生徒の興味・関心等に応じた課題学習，補充的な学習や発展的な学習などの学習活動を取り入れた指導，教師間の協力的な指導など指導方法や指導体制を工夫改善し，個に応じた指導の充実を図ること。
 (8) 障害のある生徒などについては，特別支援学校等の助言又は援助を活用しつつ，例えば指導についての計画又は家庭や医療，福祉等の業務を行う関係機関と連携した支援のための計画を個別に作成することなどにより，個々の生徒の障害の状態等に応じた指導内容や指導方法の工夫を計画的，組織的に行うこと。特に，特別支援学級又は通級による指導については，教師間の連携に努め，効果的な指導を行うこと。
 (9) 海外から帰国した生徒などについては，学校生活への適応を図るとともに，外国における生活経験を生かすなどの適切な指導を行うこと。
 (10) 各教科等の指導に当たっては，生徒が情報モラルを身に付け，コンピュータや情報通信ネットワークなどの情報手段を適切かつ主体的，積極的に活用できるようにするための学習活動を充実するとともに，これらの情報手段に加え視聴覚教材や教育機器などの教材・教具の適切な活用を図ること。
 (11) 学校図書館を計画的に利用しその機能の活用を図り，生徒の主体的，意欲的な学習活動や読書活動を充実すること。
 (12) 生徒のよい点や進歩の状況などを積極的に評価するとともに，指導の過程や成果を評価し，指導の改善を行い学習意欲の向上に生かすようにすること。
 (13) 生徒の自主的，自発的な参加により行われる部活動については，スポーツや文化及び科学等に親しませ，学習意欲の向上や責任感，連帯感の涵養等に資するものであり，学校教育の一環として，教育課程との関連が図られるよう留意すること。その際，地域や学校の実態に応じ，地域の人々の協力，社会教育施設や社会教育関係団体等の各種団体との連携などの運営上の工夫を行うようにすること。
 (14) 学校がその目的を達成するため，地域や学校の実態等に応じ，家庭や地域の人々の協力を得るなど家庭や地域社会との連携を深めること。また，中学校間や小学校，高等学校及び特別支援学校などとの間の連携や交流を図るとともに，障害のある幼児児童生徒との交流及び共同学習や高齢者などとの交流の機会を設けること。

第3章 道　徳
第1　目　標

 道徳教育の目標は，第1章総則の第1の2に示すところにより，学校の教育活動全体を通じて，道徳的な心情，判断力，実践意欲と態度などの道徳性を養うこととする。
 道徳の時間においては，以上の道徳教育の目標に基づき，各教科，総合的な学習の時間及び特別活動における道徳教育と密接な関連を図りながら，計画的，発展的な指

導によってこれを補充，深化，統合し，道徳的価値及びそれに基づいた人間としての生き方についての自覚を深め，道徳的実践力を育成するものとする。

第2　内　　容

　道徳の時間を要(かなめ)として学校の教育活動全体を通じて行う道徳教育の内容は，次のとおりとする。
　1．主として自分自身に関すること。
　(1) 望ましい生活習慣を身に付け，心身の健康の増進を図り，節度を守り節制に心掛け調和のある生活をする。
　(2) より高い目標を目指し，希望と勇気をもって着実にやり抜く強い意志をもつ。
　(3) 自律の精神を重んじ，自主的に考え，誠実に実行してその結果に責任をもつ。
　(4) 真理を愛し，真実を求め，理想の実現を目指して自己の人生を切り拓(ひら)いていく。
　(5) 自己を見つめ，自己の向上を図るとともに，個性を伸ばして充実した生き方を追求する。
　2．主として他の人とのかかわりに関すること。
　(1) 礼儀の意義を理解し，時と場に応じた適切な言動をとる。
　(2) 温かい人間愛の精神を深め，他の人々に対し思いやりの心をもつ。
　(3) 友情の尊さを理解して心から信頼できる友達をもち，互いに励まし合い，高め合う。
　(4) 男女は，互いに異性についての正しい理解を深め，相手の人格を尊重する。
　(5) それぞれの個性や立場を尊重し，いろいろなものの見方や考え方があることを理解して，寛容の心をもち謙虚に他に学ぶ。
　(6) 多くの人々の善意や支えにより，日々の生活や現在の自分があることに感謝し，それにこたえる。
　3．主として自然や崇高なものとのかかわりに関すること。
　(1) 生命の尊さを理解し，かけがえのない自他の生命を尊重する。
　(2) 自然を愛護し，美しいものに感動する豊かな心をもち，人間の力を超えたものに対する畏敬の念を深める。
　(3) 人間には弱さや醜さを克服する強さや気高さがあることを信じて，人間として生きることに喜びを見いだすように努める。
　4．主として集団や社会とのかかわりに関すること。
　(1) 法やきまりの意義を理解し，遵(じゅん)守するとともに，自他の権利を重んじ義務を確実に果たして，社会の秩序と規律を高めるように努める。
　(2) 公徳心及び社会連帯の自覚を高め，よりよい社会の実現に努める。
　(3) 正義を重んじ，だれに対しても公正，公平にし，差別や偏見のない社会の実現に努める。
　(4) 自己が属する様々な集団の意義についての理解を深め，役割と責任を自覚し集団生活の向上に努める。
　(5) 勤労の尊さや意義を理解し，奉仕の精神をもって，公共の福祉と社会の発展に努める。

(6) 父母，祖父母に敬愛の念を深め，家族の一員としての自覚をもって充実した家庭生活を築く。

(7) 学級や学校の一員としての自覚をもち，教師や学校の人々に敬愛の念を深め，協力してよりよい校風を樹立する。

(8) 地域社会の一員としての自覚をもって郷土を愛し，社会に尽くした先人や高齢者に尊敬と感謝の念を深め，郷土の発展に努める。

(9) 日本人としての自覚をもって国を愛し，国家の発展に努めるとともに，優れた伝統の継承と新しい文化の創造に貢献する。

(10) 世界の中の日本人としての自覚をもち，国際的視野に立って，世界の平和と人類の幸福に貢献する。

第3　指導計画の作成と内容の取扱い

1. 各学校においては，校長の方針の下に，道徳教育の推進を主に担当する教師（以下「道徳教育推進教師」という。）を中心に，全教師が協力して道徳教育を展開するため，次に示すところにより，道徳教育の全体計画と道徳の時間の年間指導計画を作成するものとする。

(1) 道徳教育の全体計画の作成に当たっては，学校における全教育活動との関連の下に，生徒，学校及び地域の実態を考慮して，学校の道徳教育の重点目標を設定するとともに，第2に示す道徳の内容との関連を踏まえた各教科，総合的な学習の時間及び特別活動における指導の内容及び時期並びに家庭や地域社会との連携の方法を示す必要があること。

(2) 道徳の時間の年間指導計画の作成に当たっては，道徳教育の全体計画に基づき，各教科，総合的な学習の時間及び特別活動との関連を考慮しながら，計画的，発展的に授業がなされるよう工夫すること。その際，第2に示す各内容項目の指導の充実を図る中で，生徒や学校の実態に応じ，3学年間を見通した重点的な指導や内容項目間の関連を密にした指導を行うよう工夫すること。ただし，第2に示す内容項目はいずれの学年においてもすべて取り上げること。

(3) 各学校においては，生徒の発達の段階や特性等を踏まえ，指導内容の重点化を図ること。特に，自他の生命を尊重し，規律ある生活ができ，自分の将来を考え，法やきまりの意義の理解を深め，主体的に社会の形成に参画し，国際社会に生きる日本人としての自覚を身に付けるようにすることなどに配慮し，生徒や学校の実態に応じた指導を行うよう工夫すること。また，悩みや葛藤（かっとう）等の思春期の心の揺れ，人間関係の理解等の課題を積極的に取り上げ，道徳的価値に基づいた人間としての生き方について考えを深められるよう配慮すること。

2. 第2に示す道徳の内容は，生徒が自ら道徳性をはぐくむためのものであり，道徳の時間はもとより，各教科，総合的な学習の時間及び特別活動においてもそれぞれの特質に応じた適切な指導を行うものとする。その際，生徒自らが成長を実感でき，これからの課題や目標が見付けられるよう工夫する必要がある。

3. 道徳の時間における指導に当たっては，次の事項に配慮するものとする。

(1) 学級担任の教師が行うことを原則とするが，校長や教頭などの参加，他の教

師との協力的な指導などについて工夫し，道徳教育推進教師を中心とした指導体制を充実すること。
　(2) 職場体験活動やボランティア活動，自然体験活動などの体験活動を生かすなど，生徒の発達の段階や特性等を考慮した創意工夫ある指導を行うこと。
　(3) 先人の伝記，自然，伝統と文化，スポーツなどを題材とし，生徒が感動を覚えるような魅力的な教材の開発や活用を通して，生徒の発達の段階や特性等を考慮した創意工夫ある指導を行うこと。
　(4) 自分の考えを基に，書いたり討論したりするなどの表現する機会を充実し，自分とは異なる考えに接する中で，自分の考えを深め，自らの成長を実感できるよう工夫すること。
　(5) 生徒の発達の段階や特性等を考慮し，第2に示す道徳の内容との関連を踏まえて，情報モラルに関する指導に留意すること。
 4. 道徳教育を進めるに当たっては，学校や学級内の人間関係や環境を整えるとともに，学校の道徳教育の指導内容が生徒の日常生活に生かされるようにする必要がある。また，道徳の時間の授業を公開したり，授業の実施や地域教材の開発や活用などに，保護者や地域の人々の積極的な参加や協力を得たりするなど，家庭や地域社会との共通理解を深め，相互の連携を図るよう配慮する必要がある。
 5. 生徒の道徳性については，常にその実態を把握して指導に生かすよう努める必要がある。ただし，道徳の時間に関して数値などによる評価は行わないものとする。

◆ 索　引 ◆

■ 人　名 ■

アダム・スミス（A. Smith）　23
アリストテレス（Aristotelēs）　22, 177
アンスコム（G. E. M. Anscombe）　34
井上達夫　44
ウィットベック（C. Whitbeck）　38
オークショット（M. Oakeshott）　36
ガヴェル（S. Cavell）　121
川本隆史　44
カント（I. Kant）　4, 24
ギデンズ（A. Giddens）　116
ギリガン（C. Gilligan）　28, 55, 78
コールバーグ（L. Kohlberg）　14, 17, 27, 76, 97, 156
コルビー（A. Colby）　17
サンデル（M. Sandel）　34
スペンサー（H. Spencer）　4
セネット（R. Sennett）　74
ソクラテス（Sōkratēs）　6, 20, 177
テイラー（C. Taylor）　34
ディルタイ（W. Dilthey）　175
デカルト（R. Descartes）　47
デューイ（J. Dewey）　10, 87
　——の道徳教育論　10
トマセロ（M. Tomasello）　22
ノディングズ（N. Noddings）　28, 78
バウマン（Z. Bauman）　123
花崎皋平　44
ハーバーマス（J. Habermas）　31
ピアジェ（J. Piaget）　14, 156
プラトン（Pratōn）　21, 22
ヘア（R. M. Hare）　28
ヘーゲル（G. W. Fr. Hegel）　4, 8
ペスタロッチ（J. H. Pestalozzi）　13, 105
ボードリヤール（J. Baudrillard）　66
ホフマン（M. L. Hoffman）　79
ボルノウ（O. F. Bollnow）　113
丸山真男　3
ミード（G. H. Mead）　32
ヤスパース（K. Jaspers）　25
リコーナ（T. Lickona）　36, 176
リップス（T. Lipps）　48
ルソー（J.-J. Rousseau）　94
レヴィナス（E. Lévinas）　25, 50
ロールズ（J. Rawls）　27, 55

■ あ ■

新たな共存関係の枠組み　45
意見を組み合わせる力　157
異質な者　45
一般化された他者　32
意味空間　123
応答—可能性　52
応答性　51
思いやりと責任の道徳性　78

■ か ■

快—不快　67
学習指導案　159, 160
学習指導過程　160
学力向上　112
可傷性　50
家族共生モデル　114
学級　99
学級経営　99, 166
家庭・地域・教育機関の連携　81
家庭教育　108
慣習　11
　——道徳　10, 11
感受性　50
感情移入説　49
期待された役割　2
基本的生活習慣　109

教育基本法　108
共感　79
教材
　　──選び　161
　　──の開発　139
　　──の活用　139
教授学校論　13
共生　42, 114
　　エコロジカルな──　44
　　異なるものの──　45
　　思想としての──　44
共生原理　8, 9
共生社会　57, 84
共有価値　34
協力的指導　165
近代的な主観・主体　48
禁欲主義　8
ケア　53, 79, 125
　　──の倫理　28
ケアリング　27, 28, 78
携帯電話　70
原初状態　56
公共圏　73, 77
公正　55
　　──としての正義　55
構成的グループエンカウンター　184
効用の和　55
　　全市民の──　55
功利主義　56
個人化する社会　111
子育て支援　81
コミュニタリアニズム　34
コンヴィヴィアリティ　44

■　さ　■

差異性・異質性　45
裁判所モデル　114
差異への権利　45
死　120
シェアリング　174, 185
自己実現　116
自己選択─自己責任　65
自己の多元化　71

自己保存欲求　4
視聴覚資料　140
しつけ　109
実践的討議　31
自由　26
主観─客観（主体─客体）図式　47
受動性　50
消費者　119
自律　24
　　──原理　8, 9
深化　155
人格教育　34, 76, 176
人格主義的道徳論　5
信実性　116
心身二元論　49
シンバイオーシス　44
シンポジウム　142
親密圏　73
親密さのイデオロギー　73
生　118
生活学校論　13
正義　117
　　──の倫理　28
生殖医療　122
「生命」・「自然」の尊重　117
責任　52
説話　140
善意志　8
全般主義道徳　88, 105, 106
相互性・互恵性　54

■　た　■

第一原理（自由の優位）　56
第二原理（格差原理）　56
体験　144
　　──学習　119, 171, 172
　　──から学ぶ　171
　　──の広がり　144
　　──の深まり　144
第三者　124
代替不可能性　124
対話　76, 83
対話的関係　78

対話的存在　27
他者　25, 47, 74, 79, 169
　　——の絶対性　49
　　一般化された——　32
魂の想起説　21
注入主義　87
ディベート　142
ティーム・ティーチング　135
討議倫理　31
統合　155
道徳　21
　　——の普遍的法則　5
　　慣習——　10, 11
　　全般主義——　88, 105, 106
　　特設——　129
　　特設主義——　87, 105, 106
　　反省的——　10, 11
道徳教育推進教師　134
道徳教育論　10
　　デューイの——　10
道徳性　2
　　——認知発達のモデル　14
　　——認知発達論　27
　　——の発達段階論　76
　　——の発達理論　14
　　——発達の6段階論　14
　　思いやりと責任の——　78
道徳的
　　——価値　114
　　——原則　114
　　——実践力　132, 154
　　——習慣形成　178
　　——衝動　124
　　——ジレンマ　16, 76, 116
　　——判断　113
道徳の時間　155
　　——の深化　155
　　——の統合　155
　　——の補充　155
　　——の目標　154
動物の権利　121
徳育　34
特設主義道徳　87, 105, 106
特設道徳　129

特別活動　104
徳倫理学　34
独話　75

━━━ な ━━━

内的準拠性　116
内面的資質　155

━━━ は ━━━

ハインツのジレンマ　16, 28, 29
バズセッション　142
パターナリズム　54
発問の工夫　159
話し合い　141
　　——活動　163
パネルディスカッション　142
パーフェクト・チャイルド　111
「早寝早起き朝ごはん」国民運動　109
反省的思考　11
反省的道徳　10, 11
伴侶的経験　121
表現教科　102
平等　117
品性教育　34
フィードバック　175
負荷なき自我　35
副読本　153
ブレインストーミング　39
分節化　163
紛争解決　37
補充　155
ポスト近代型能力　111

━━━ ま ━━━

無知のヴェール　56
モラルジレンマ教材　76
モラルスキルトレーニング　185

━━━ や ━━━

豊かな体験　172

索引　215

用具教科　102
読み物資料　139, 181
弱さ　124

ら

ライフ・ポリティクス　117
類推説　48, 49
ルスポンサビリテ　52
ローカルな空間　123

編著者略歴

高　橋　　　勝
たか　はし　　　まさる

1969年　東京教育大学教育学部卒業
1977年　東京教育大学大学院教育学研究
　　　　科博士課程単位取得満期退学
　　　　（愛知教育大学専任講師，着任）
現　在　帝京大学大学院教職研究科長・
　　　　教授，横浜国立大学名誉教授
　　　　教育哲学・教育人間学専攻

主な著書・訳書

経験のメタモルフォーゼ（勁草書房, 2007）
情報・消費社会と子ども（明治図書, 2006）
文化変容のなかの子ども（東信堂, 2002）
学校のパラダイム転換（川島書店, 1997）
子どもの自己形成空間（川島書店, 1992）
作業学校の理論（明治図書, 1983）
教育人間学入門（監訳，玉川大学出版部, 2001）

Ⓒ　高　橋　　　勝　2011

2011年10月20日　初　版　発　行
2015年10月26日　初版第3刷発行

教　職　シ　リ　ー　ズ　4
道　徳　教　育　論

編著者　高　橋　　　勝
発行者　山　本　　　格

発行所　株式会社　培　風　館
東京都千代田区九段南4-3-12・郵便番号102-8260
電話(03)3262-5256(代表)・振替00140-7-44725

東港出版印刷・牧　製本

PRINTED IN JAPAN

ISBN 978-4-563-05854-8 C3337